초간단 토익

1초 문법 문제

초간단 시리즈 3

초간단 토익 1초 문법 문제

초판 1쇄 인쇄 2020년 11월 20일
초판 1쇄 발행 2020년 11월 25일

지은이 ㅣ Mr. 슈퍼 심플 토익
펴낸이 ㅣ 강인구
펴낸곳 ㅣ 누림북스
등 록 ㅣ 제2014-000144호
주 소 ㅣ 서울시 종로구 삼일대로 428(낙원동) 낙원상가 5층 500-8호
전 화 ㅣ 02-3144-3500
팩 스 ㅣ 02-6008-5712
이메일 ㅣ cdgn@daum.net
디자인 ㅣ 참디자인

ISBN 979-11-954647-7-7 (13740)

빈칸 앞뒤만 보고 1초 만에 풀어라!

초간단
토익 3

1초
문법
문제

Mr. 슈퍼 심플 토익 지음

누림북스

초간단
토익 ₃

1초
문법
문제

목차 *contents*

빈칸 앞뒤만 보고 1초 만에 풀어라!

일러두기 *Notice*

많은 토익 수험생들이 무턱대고 처음부터 끝까지 완벽하게 해석해서 문제를 풀려고 하는 경향이 있습니다. 하지만 토익은 문제 유형에 따라 전체 문장을 해석해야 할지, 아니면 빈칸 앞뒤만 보고 풀어야 할지를 빨리 결정해야 합니다. 그러기 위해서는 무조건 해석하는 것이 아니라, 보기와 빈칸을 중심으로 앞뒤를 살펴본 후에 문제가 원하는 포인트를 빨리 찾아낼 수 있어야 합니다.

초간단토익 3 『1초 문법 문제』는 지난 10년간 출제되었던 문제들 중에서 빈칸 앞뒤의 덩어리 표현을 보고 1초 만에 맞출 수 있는 문제를 짧게 재구성했음을 알려드립니다.

다음의 문제를 풀어보세요!

001 The architectural firm has indicated that finalized plans for the convention center **will _____ in a week.**

(A) delivers
(B) delivered
(C) be delivered
(D) delivering

문제풀이 사고과정

만약 여러분이 위의 문제를 처음부터 끝까지 해석해서 풀었다면, 이 문제에 대한 핵심 포인트를 놓치고 있는 것입니다. 물론 영어를 아주 잘 해서 모든 문제들을 완벽하게 해석해서 풀면 너무나 좋은 것은 당연합니다. 하지만 처음 토익을 공부하는 대부분 수험생들의 독해 속도는 그렇게 빠르지 않습니다. 그래서 빈칸 앞뒤만 보고 풀 수 있는 문제들조차 전체 문장을 다 읽고 풀게 되면 Part 7 독해 시간에 10문제에서 많게는 20문제 정도 풀지도 못하게 되는 경우가 발생하게 됩니다.

최근 토익이 진화 발전하면서 정확한 문장구조와 완벽한 해석을 통해서 풀어 내야 하는 문제의 비중이 점점 더 높아지고 있습니다. 하지만 항상 일정한 비율로 해석 없이 또는 빈칸 앞뒤의 단서가 되는 단어만 보고도 1초 안에 풀어낼 수 있는 문제들도 역시 높은 비중으로 출제되고 있습니다.

문제를 풀 때 무조건 해석하는 것이 아니라 선택지의 보기를 통해 문제가 원하는 포인트를 빨리 파악하는 것이 중요합니다. 이때 보기의 단어들을 혹시 모른다고 할지라도 단어의 형태가 비슷하게 생겼다면, 해석하지 않고 풀 수 있다는 강력한 표시라고 생각하세요.

위의 문제를 풀 때 여러분의 눈에는 가장 먼저 빈칸 앞의 조동사 will이 마치 매직 아이처럼 눈에 확 들어와야 합니다. 조동사 다음의 빈칸은 '동사원형'이 나와야 한다는 공식에 따라 (C) be delivered가 정답입니다. 이렇게 빈칸 앞뒤만 보고 정답을 고르는 것을 요령이라 생각하지 말고, 마치 복잡하게 그려 놓은 그림에 숨겨진 물건을 찾는 숨은그림찾기 놀이처럼, 첫눈에 딱~! 하고 맞힐 수 있는 문제들을 최대한 많이 만들어 놓으세요.

초간단 문법공식

1 단계

보기 분석하기
(무슨 유형인지 파악해라)

2 단계

빈칸 앞뒤 살펴보기
(뒤를 꼭 살펴라)

3-1 단계

멀리 떨어진
단서 잡아내기

최고의 컨디션으로 '실전' 연습

"
토익 **공부**!
실전훈련 하는 것이 중요하다!
"

해석이 필요 없는 문제도 처음부터 끝까지 해석을 하기 때문에 시간이 부족하게 되는 것이다. 평상시에 **P5&6**을 15분 안에 푸는 실전 연습을 꾸준히 하자.

3-2 단계

빠르고
바르게 독해하기

어려우면 '별표' 치고 스킵

"
토익 **시험**!
시간관리 하는 것이 중요하다!
"

어려운 문제에 너무 시간을 낭비하지 말자. 모르겠으면 아무 정답이나 빨리 고르고 별표치고 넘어가자. 고득점자들은 만약 시간이 남는다면 별표 친 문제만 다시 한 번 확인하자.

002 **After** performing extensive employee performance reviews, Mr. Lee in the marketing division **was** _____ **selected** as the employee of the year.

(A) increasingly
(B) annually
(C) equally
(D) finally

문제풀이 사고과정

① 처음부터 무조건 해석하지 말고 '보기'를 먼저 살펴본다.

(A) increasingly 점점 더, (B) annually 해마다, (C) equally 동등하게, (D) finally 마침내, 라는 뜻으로 의미가 모두 다른 어휘 문제임을 알 수 있습니다.

② '빈칸' 앞뒤의 잘 어울리는 덩어리 표현을 찾아본다.

빈칸 앞에 be동사 was가 있고, 뒤에 과거분사 selected가 있습니다. 즉, 수동태 사이에 빈칸은 '부사'가 정답입니다. 하지만 보기의 단어가 전부 부사어휘입니다.

③ 그래도 문제가 풀리지 않는다면 빠르게 '해석'을 한다.

빈칸 앞뒤만 보고 정답을 찾아내기 어렵다면 해석을 시도해 보세요. 해석을 하려는 순간 첫 단어 After가 나왔습니다. 그렇다면 '~한 후에, 마침내 …했다'라는 패턴으로 (D) finally가 정답입니다. 물론 처음부터 끝까지 문장을 완벽하게 해석을 해도 정답을 찾아낼 수 있었을 것입니다. 하지만 토익에 자주 출제되는 문장구조나 문제의 유형을 미리 알고 있다면, 첫 단어 After만 보고 바로 정답을 찾아낼 수 있습니다.

"무조건 끊으세요! 빈칸 다음에 '전,접,콤,마'가 나오면"

초간단 토익에서 가장 중요한 공식은 빈칸 다음에 '전치사, 접속사, 콤마, 마침표'가 나오면 무조건 끊는다는 것입니다. 이것 하나만 잘 적용해도 문제 풀 때 엄청난 위력을 발휘하게 될 거예요. 무조건 끊으세요! 전치사, 접속사, 콤마, 마침표 앞에서.

① He is not ＿＿＿＿＿ / for the matter.
　　　　　　　　　　　　전치사

② Don't be ＿＿＿＿＿ / when working with me.
　　　　　　　　　　　접속사

③ Please detach ＿＿＿＿＿ /, and send it
　　　　　　　　　　　콤마

④ Mr. Lee examined the data ＿＿＿＿＿ /.
　　　　　　　　　　　　　　　　　마침표

DAY 01

001 A building _____ must include detailed plans.

(A) permit
(B) permitted
(C) permitting
(D) permits

002 an increase _____ profits

(A) off
(B) at
(C) in
(D) up

003 proceed _____ with the expansion plans

(A) cautioning
(B) cautiously
(C) cautious
(D) cautioned

004 inspect the _____ site

(A) propose
(B) proposing
(C) proposal
(D) proposed

001　출제 포인트　빈칸은 '명사' 자리다. 빈칸 앞에 부정관사 A가 있기 때문에 '단수 명사'가 정답이다.

　핵심 보카　**permit**는 '허가하다'라는 뜻의 동사와 '허가증'이라는 뜻의 명사로 사용된다.

　기출 표현　**a building permit** '건축 허가증' 덩어리 표현을 암기하자.

　해석　건축 허가증은 자세한 설계도를 포함해야 한다.

정답: (A)

002　출제 포인트　전치사 문제는 빈칸 앞뒤의 어울리는 덩어리 표현을 미리 암기하고 있어야 한다. 증가나 감소를 의미하는 명사는 전치사 in과 잘 어울려 출제된다.

　핵심 보카　**increase**는 '증가, 증가하다'라는 뜻으로 명사와 동사가 동시에 되는 단어다.

　기출 표현　**increase in profits** '수익의 증가' 덩어리 표현을 암기하자.

　해석　수익에 있어서 증가

정답: (C)

003　출제 포인트　proceed 다음의 빈칸은 '부사'가 정답이다.

　핵심 보카　**proceed**는 '진행하다'라는 뜻의 자동사이다.

　기출 표현　**proceed cautiously** '조심스럽게 진행하다' 덩어리 표현을 암기하자.

　해석　확장 계획을 신중하게 진행하다

정답: (B)

004　출제 포인트　명사(site) 앞의 빈칸은 '형용사'가 정답이다. 보기에 형용사가 없을 때 현재분사나 과거분사가 정답이 될 수 있다. 분사도 일종의 형용사이기 때문이다.

　핵심 보카　**propose**는 '제안하다'라는 뜻의 동사다. **proposal**은 '제안'이라는 뜻의 명사다.

　기출 표현　**proposed site** '제안된 부지' 덩어리 표현을 암기하자.

　해석　제안된 부지를 조사하다

정답: (D)

005 Our contract was renewed _____ Mr. Lee

(A) to
(B) between
(C) over
(D) by

006 the _____ of the monument

(A) restorative
(B) restored
(C) restorable
(D) restoration

007 The press conference will begin _____.

(A) short
(B) shortly
(C) shorten
(D) shortage

008 The charity event _____ next Saturday.

(A) will be held
(B) to hold
(C) to be held
(D) will hold

005 　**출제 포인트**　수동태 다음에 행위의 주체자를 나타내는 전치사 'by'가 정답이다.

　핵심 보카　**renew**는 '갱신하다'라는 뜻의 동사다. **renewal**은 '갱신'이라는 뜻의 명사라는 사실이 중요하다.

　기출 표현　**renew the contract** '계약을 갱신하다' 덩어리 표현을 암기하자.

　해석　미스터리에 의해서 우리의 계약이 갱신되었다.

정답: (D)

006 　**출제 포인트**　'the _____ of'의 구조일 때 빈칸은 '명사'가 정답이다. 만약 뜻을 모를지라도 단어의 꼬리가 –tion으로 끝난 것이 명사다.

　핵심 보카　**store**는 '상점'과 '저장하다'라는 뜻으로 명사와 동사가 동시에 되는 단어다. 여기에 re–를 붙여 **restore**가 되면 '복원하다'라는 뜻의 동사가 된다. **restoration**은 '복원'이라는 뜻의 명사다.

　기출 표현　**the restoration of the monument** '기념비의 복원' 덩어리 표현을 암기하자.

　해석　기념비의 복원

정답: (D)

007 　**출제 포인트**　shortly는 미래를 의미하는 조동사 will과 어울려 출제된다.

　핵심 보카　**short**은 '짧은, 부족한'이란 뜻의 형용사다. **shortly**는 '곧'이란 뜻의 부사다. **shorten**은 '줄이다'라는 뜻의 동사다. **shortage**는 '부족'이라는 뜻의 명사다.

　기출 표현　**will begin shortly** '곧 시작할 것이다' 덩어리 표현을 암기하자.

　해석　기자회견이 곧 시작될 것이다.

정답: (B)

008 　**출제 포인트**　자선 행사가 열리는 것이기 때문에 '수동태'가 정답이다.

　핵심 보카　**hold**는 손으로 무엇을 '붙잡다'라는 뜻이다. 토익에서는 행사 등을 '개최하다'라는 의미로 자주 출제된다.

　기출 표현　**will be held** '열릴 것이다' 덩어리 표현을 암기하자.

　해석　자선 행사가 다음 주 토요일에 열릴 것이다.

정답: (A)

009 The tickets are too _____ .

    (A) expense

    (B) expensive

    (C) expensively

    (D) expensiveness

010 to use _____ when handing hazardous materials

    (A) cautious

    (B) cautiously

    (C) cautioned

    (D) caution

011 According to a report _____ in a magazine,

    (A) publishing

    (B) publish

    (C) published

    (D) to publish

012 a tour led by a _____ guide

    (A) know

    (B) knowingly

    (C) knowledge

    (D) knowledgeable

009　出제 포인트　빈칸 앞의 too는 '너무'라는 뜻의 부사이다. be동사 다음에 여러 가지 품사가 나올 수 있다. 하지만 토익은 대부분 '형용사'가 정답이 되는 경우를 출제하고 있다.

핵심 보카　**expense**는 '비용'이라는 뜻의 명사다. **expensive**는 '비싼'이라는 뜻의 형용사다.

기출 표현　**expensive ticket** '비싼 입장권' 덩어리 표현을 암기하자.

해석　티켓이 너무 비싸다.

정답: (B)

010　出제 포인트　타동사(use) 다음의 빈칸은 목적어, 즉 '명사'가 정답이다. 덩어리 표현을 모르면 의외로 부사를 고르기 쉽다. 함정에 속지 말자.

핵심 보카　**caution**은 '주의'라는 뜻의 명사다. **cautious**는 '주의하는'이란 뜻의 형용사다. **cautiously**는 '주의하여'라는 뜻의 부사다.

기출 표현　**use caution** '주의하다' 덩어리 표현을 암기하자.

해석　위험 물질을 다룰 때 조심하세요

정답: (D)

011　出제 포인트　'과거분사'가 앞의 명사(report)를 수식해주는 문장구조다.

핵심 보카　**publish**는 '출판하다, 발표하다'라는 뜻의 동사다.

기출 표현　**published report** '발표된 보고서' 덩어리 표현을 암기하자.

해석　잡지에 발표된 보고서에 따르면

정답: (C)

012　出제 포인트　명사(guide) 앞의 빈칸은 '형용사'가 정답이다.

핵심 보카　**knowledge**는 '지식'이라는 뜻의 명사다. **knowledgeable**은 '아는 것이 많은, 박식한'이란 뜻의 형용사다.

기출 표현　**knowledgeable guide** '박학다식한 가이드' 덩어리 표현을 암기하자.

해석　박학다식한 가이드가 이끄는 여행

정답: (B)

013 including the shipping _____

(A) figures
(B) values
(C) charges
(D) fares

014 Employees at Ledger Plumbing _____ hard.

(A) work
(B) workers
(C) working
(D) works

015 two forms of _____

(A) identification
(B) identified
(C) identical
(D) identifies

016 begin _____ at 7:00 P.M.

(A) prompts
(B) prompter
(C) prompted
(D) promptly

013 `출제 포인트` 자주 출제되는 '복합 명사'를 미리미리 암기해 두자.

`핵심 보카` **charge**는 서비스 '요금'이라는 뜻과 '책임'이라는 뜻이 있다. 참고로 **fares**는 '교통 요금'이라는 뜻이다.

`기출 표현` **shipping charges** '운송비' 덩어리 표현을 암기하자.

`해석` 배송 요금을 포함해서

정답: (C)

014 `출제 포인트` 주어가 복수명사(Employees)이기 때문에 '복수동사'가 정답이다. is, was, has, does, gets처럼 '동사s'는 단수라는 사실을 꼭 기억하자.

`핵심 보카` **work**는 '일, 일하다'라는 뜻으로 명사와 동사가 동시에 되는 단어다. 의미가 파생되어 '직장'이나 '작품'의 뜻으로 자주 쓰인다.

`기출 표현` **work hard** '열심히 일하다' 덩어리 표현을 암기하자.

`해석` 레져 플러밍의 직원들은 열심히 일한다.

정답: (A)

015 `출제 포인트` 전치사(of) 맨 끝의 빈칸은 '명사'가 정답이다.

`핵심 보카` **identify**는 '찾아내다, 알아보다'라는 뜻의 동사다. **identical**은 '동일한'이라는 뜻의 형용사다. **identification**은 '신분증명서'라는 뜻의 명사다.

`기출 표현` **two forms of identification** '두 가지 유형의 신분증' 덩어리 표현을 암기하자.

`해석` 두 가지 유형의 신분증

정답: (A)

016 `출제 포인트` 정확한 시각 앞에 빈칸이 있으면 promptly가 정답이다.

`핵심 보카` **prompt**는 '신속한'이란 뜻의 형용사다. **promptly**는 '신속하게'라는 뜻과 '정시에'라는 뜻의 부사다.

`기출 표현` **promptly at 7:00 P.M.** '7시 정각에' 덩어리 표현을 암기하자.

`해석` 7시 정각에 시작하다

정답: (D)

017 To _____ an advertisement, S+V….

(A) placed
(B) placing
(C) placement
(D) place

018 hold a welcome _____

(A) application
(B) reception
(C) extension
(D) graduation

019 Mr. Lee's _____ was apparent.

(A) enthuse
(B) enthusiastic
(C) enthusiasm
(D) enthusiastically

020 _____ of the new contract,

(A) Resulting
(B) Resulted
(C) To result
(D) As a result

017 출제 포인트 To 부정사 다음의 빈칸은 '동사원형'이 정답이다….

핵심 보카 **place**는 명사로 '장소'라는 뜻이고, 동사로는 '두다'라는 뜻이다.

기출 표현 **place an advertisement** '광고하다' 덩어리 표현을 암기하자.

해석 광고를 하기 위해서

정답: (D)

018 출제 포인트 welcome과 어울리는 '복합 명사'를 알고 있어야 한다.

핵심 보카 **reception**은 직장 동료의 '환영회'나 호텔이나 회사의 '접수처'를 의미한다. 참고로 안내데스크에서 일하는 '접수원'을 **receptionist**라고 한다.

기출 표현 **welcome reception** '환영회' 덩어리 표현을 암기하자.

해석 환영회를 열다

정답: (B)

019 출제 포인트 소유격(Mr. Lee's) 다음의 빈칸은 '명사'가 정답이다.

핵심 보카 **enthuse**는 '열변을 토하다'라는 뜻의 동사다. **enthusiastic**은 '열정적인'이란 뜻의 형용사다. **enthusiasm**은 '열정'이란 뜻의 명사다. **enthusiast**는 '애호가'라는 뜻의 사람 명사다. **enthusiastically**는 '열정적으로'라는 뜻의 부사다.

기출 표현 **apparent enthusiasm** '분명한 열정' 덩어리 표현을 암기하자.

해석 미스터리의 열정은 누가 봐도 분명했다.

정답: (C)

020 출제 포인트 토익에 자주 출제되는 덩어리 표현들을 평상시에 많이 암기해 놓자.

핵심 보카 **result**는 '결과'라는 뜻의 명사뿐만 아니라 동사로도 사용된다. **result in**은 '어떤 결과를 초래하다'라는 뜻이고, **result from**은 '어떤 원인으로부터 유래하다'라는 뜻이다.

기출 표현 **as a result of** '~의 결과로서' 덩어리 표현을 암기하자.

해석 새로운 계약의 결과로

정답: (D)

021 the _____ of the volunteers

(A) dedicate
(B) dedicated
(C) dedicating
(D) dedication

022 We are planning to _____ our business.

(A) expand
(B) exhibit
(C) include
(D) incline

023 a _____ biography of the founder

(A) fascinate
(B) fascinating
(C) fascinates
(D) fascination

024 his _____ popularity

(A) anticipating
(B) anticipation
(C) anticipate
(D) anticipated

021　|출제 포인트| 정관사 the와 전치사 of 사이의 빈칸은 '명사'가 정답이다.

　　　|핵심 보카| **dedicate**는 '헌신하다'라는 뜻의 동사다. **dedicated**는 '헌신적인'이란 뜻의 형용사다. **dedication**은 '헌신'이라는 뜻의 명사다.

　　　|기출 표현| **the dedication of** '～의 헌신' 덩어리 표현을 암기하자.

　　　|해석| 자원 봉사자들의 헌신

정답: (D)

022　|출제 포인트| expand는 '확장하다'라는 뜻으로 주로 market, division, business 등의 명사와 어울려 출제된다.

　　　|핵심 보카| ex–는 '밖으로'를 의미하는 접두어로 **expand**는 '확장하다'라는 뜻의 동사다. 스펠링이 비슷한 **extend**는 시간이나 길이를 '연장하다'와 의미를 구분해서 암기하자.

　　　|기출 표현| **expand the business** '사업을 확장하다' 덩어리 표현을 암기하자.

　　　|해석| 우리는 사업을 확장할 계획이다.

정답: (A)

023　|출제 포인트| 명사(biography) 앞의 빈칸은 '형용사'가 정답이다. 형용사가 없을 때 '분사'가 정답이 될 수 있다.

　　　|핵심 보카| **fascinate**는 '매혹하다'라는 뜻의 동사다. **fascinating**은 '매력적인'이란 뜻의 형용사다. **fascination**은 '매력'이란 뜻의 명사다.

　　　|기출 표현| **fascinating biography** '매력적인 자서전' 덩어리 표현을 암기하자.

　　　|해석| 창업자의 매력적인 자서전

정답: (B)

024　|출제 포인트| 명사(popularity) 앞에 '분사'가 나올 수 있다. 현재분사는 '～하는'이란 뜻이고, 과거분사는 '～된'이란 뜻이다.

　　　|핵심 보카| **anticipate**는 '기대하다, 예상하다'라는 뜻의 동사다. **anticipation**은 '기대, 예상'이라는 뜻의 명사다.

　　　|기출 표현| **anticipated popularity** '예상되는 인기' 덩어리 표현을 암기하자.

　　　|해석| 그의 예상되는 인기

정답: (D)

025 You should _____ early tomorrow morning.

(A) arriving
(B) arrival
(C) arrive
(D) arrived

026 obtain _____ from his supervisor

(A) permitted
(B) permssive
(C) permission
(D) permissible

027 Mr. Lee was _____ for his poems.

(A) famous
(B) more famously
(C) fame
(D) famously

028 Customers will be reimbursed _____ delay.

(A) except
(B) unless
(C) without
(D) instead

025 　**출제 포인트**　조동사(should) 다음의 빈칸은 '동사원형'이 정답이다.

　핵심 보카　**arrive**는 '도착하다'라는 뜻의 동사다. **arrival**은 단어의 꼬리가 −al로 끝났지만 '도착'이라는 뜻의 명사다.

　기출 표현　**should arrive early** '일찍 도착해야 한다' 덩어리 표현을 암기하자.

　해석　당신은 내일 아침 일찍 도착해야 한다.

정답: (C)

026 　**출제 포인트**　타동사(obtain) 다음의 빈칸은 '명사'가 정답이다.

　핵심 보카　**permit**는 '허락하다'라는 뜻의 동사와 '허가증'이라는 뜻의 셀 수 있는 명사다. 반면에 **permission**은 셀 수 없는 명사로 '허가, 인가'라는 뜻이다.

　기출 표현　**obtain permission** '허가를 받다' 덩어리 표현을 암기하자.

　해석　상사로부터 허가를 받다

정답: (C)

027 　**출제 포인트**　be동사 다음에 여러 가지 품사가 나올 수 있다. 하지만 토익은 대부분 '형용사'가 정답인 경우를 집중적으로 출제하고 있다.

　핵심 보카　**fame**은 '명성'이란 뜻의 명사다. **famous**는 '유명한'이란 뜻의 형용사다.

　기출 표현　**be famous for** '~로 유명하다' 덩어리 표현을 암기하자.

　해석　미스터리는 그의 시로 유명하다.

정답: (A)

028 　**출제 포인트**　전치사는 뒤에 나오는 명사와 한 덩어리로 암기해야 한다.

　핵심 보카　**reimburse**는 '상환해주다, 변제하다'라는 뜻이다. 좀 더 쉽게 표현하면 pay money back 즉, '돈을 다시 돌려주다'라는 뜻의 동사다. 토익에서 돈과 관련된 단어는 무조건 중요하다.

　기출 표현　**without delay** '지체없이' 덩어리 표현을 암기하자.

　해석　고객들은 지체없이 환급받을 것이다.

정답: (C)

029 You are _____ responsible for all preparation.

(A) person
(B) personal
(C) personally
(D) personality

030 _____ can help employees work more _____

(A) efficiencies
(B) efficiently
(C) efficient
(D) efficiency

029 　**출제 포인트** be동사와 형용사 사이의 빈칸은 '부사'가 정답이다. 빈칸 앞의 are만 보고 형용사를 고르는 실수를 하지 말자. 빈칸 뒤도 꼭 확인해야 한다.

　핵심 보카 보기들은 '사람, 개인'을 의미하는 **person**에서 파생된 단어들이다. **personal**은 '개인적인'이란 뜻의 형용사다. **personally**는 '개인적으로'라는 뜻의 부사다. **personality**는 '성격'이란 뜻의 명사다.

　기출 표현 **personally responsible** '개인적으로 책임이 있는' 덩어리 표현을 암기하자.

　해석 당신은 모든 준비에 개인적인 책임이 있습니다.

정답: (C)

030 　**출제 포인트** 자동사 work 다음의 빈칸은 '부사'가 정답이다.

　핵심 보카 **efficient**는 '효율적인'이란 뜻의 형용사다. **efficiently**는 '효율적으로'라는 뜻의 부사다. **efficiency**는 '효율성'이란 뜻의 명사다. 주의할 단어는 **effective**는 '효과적인, 유효한'이란 뜻으로 스펠링이 비슷 하지만 의미는 다르다.

　기출 표현 **work more efficiently** '더 효율적으로 일하다' 덩어리 표현을 암기하자.

　해석 직원들이 더 효율적으로 일하도록 도울 수 있다.

정답: (B)

DAY 01
Daily Checkup
기출 표현 암기하기

001	a building permit	건축 허가증
002	increase in profits	수익의 증가
003	proceed cautiously	조심스럽게 진행하다
004	proposed site	제안된 부지
005	renew the contract	계약을 갱신하다
006	the restoration of the monument	기념비의 복원
007	will begin shortly	곧 시작할 것이다
008	will be held	열릴 것이다
009	expensive ticket	비싼 입장권
010	use caution	주의하다
011	published report	발표된 보고서
012	knowledgeable guide	박학다식한 가이드
013	shipping charges	운송비
014	work hard	열심히 일하다
015	two forms of identification	두 가지 유형의 신분증
016	promptly at 7:00 P.M.	7시 정각에
017	place an advertisement	광고하다
018	welcome reception	환영회
019	apparent enthusiasm	분명한 열정
020	as a result of	~의 결과로서
021	the dedication of	~의 헌신
022	expand the business	사업을 확장하다
023	fascinating biography	매력적인 자서전
024	anticipated popularity	예상되는 인기
025	should arrive early	일찍 도착해야 한다
026	obtain permission	허가를 받다
027	be famous for	~로 유명하다
028	without delay	지체없이
029	personally responsible	개인적으로 책임이 있는
030	work more efficiently	더 효율적으로 일하다

DAY 02

031 He is considering _____ the company.

(A) to relocate
(B) relocation
(C) has relocated
(D) relocating

032 have the opportunity _____ the team

(A) to join
(B) joined
(C) joins
(D) has joined

033 maintain even _____ safety standards

(A) highest
(B) high
(C) highly
(D) higher

034 I have _____ submitted an application form.

(A) more
(B) already
(C) closely
(D) soon

031　**출제 포인트** consider는 '동명사'를 목적어로 취하는 동사다.

　핵심 보카 '다시(re)+위치시키다(locate)'라는 뉘앙스의 **relocate**는 '이전하다, 이전시키다'라는 뜻의 동사다. **relocation**은 '이전, 재배치'라는 뜻의 명사다.

　기출 표현 **relocate the company** '회사를 이전하다' 덩어리 표현을 암기하자.

　해석 그는 회사 이전을 고려 중이다.

정답: **(D)**

032　**출제 포인트** opportunity 다음에는 'to+동사원형'이 정답이다.

　핵심 보카 **opportunity**는 '기회'라는 뜻으로 **to** 부정사를 취하는 명사다.

　기출 표현 **opportunity to join** '참여할 수 있는 기회' 덩어리 표현을 암기하자.

　해석 팀에 합류할 기회를 갖다

정답: **(A)**

033　**출제 포인트** 보기 분석을 통해서 '비교급(higher)'과 '최상급(highest)'을 구별하는 문제임을 알 수 있다.

　핵심 보카 **even**은 '심지어'라는 뜻의 부사이다. 하지만 비교급 앞에 쓰이면 '훨씬'이라는 뜻으로 의미가 바뀐다.

　기출 표현 **even higher** '훨씬 더 높은' 덩어리 표현을 암기하자.

　해석 훨씬 더 높은 안전 기준을 유지하다.

정답: **(D)**

034　**출제 포인트** 현재완료 사이의 빈칸이 있을 때 'already, recently, lately, finally'가 보기 중에 있으면 대부분 정답이다.

　핵심 보카 **already**는 '이미'라는 뜻으로 현재완료와 잘 어울려 출제된다.

　기출 표현 **have already submitted** '이미 제출했다' 덩어리 표현을 암기하자.

　해석 나는 이미 신청서를 제출했다.

정답: **(B)**

035 The items will be shipped _____ three days.

(A) through
(B) behind
(C) around
(D) within

036 students _____ wish to attend the seminar

(A) who
(B) whose
(C) which
(D) what

037 His office _____ in Seoul.

(A) locate
(B) locating
(C) to locate
(D) is located

038 _____ regarded businessman

(A) high
(B) highly
(C) highest
(D) higher

035 　**출제 포인트**　within은 '～이내에'라는 뜻으로 뒤에 기간에 해당하는 명사가 나온다.
　핵심 보카　ship은 '배'라는 뜻의 명사뿐만 아니라 '운송하다'라는 뜻의 동사로 쓰인다.
　기출 표현　within three days '3일 이내에' 덩어리 표현을 암기하자.
　해석　물건은 3일 이내에 배송될 것이다.

정답: (D)

036 　**출제 포인트**　빈칸 앞에 사람 명사(students)가 있고, 뒤에 동사(wish)가 나오면 '주격 관계대명사' who가 정답이다.
　핵심 보카　wish는 '바라다'라는 뜻의 동사로 뒤에 to 부정사를 목적어로 취한다.
　기출 표현　students who wish to '～하기를 원하는 학생들' 덩어리 표현을 암기하자.
　해석　세미나에 참석하고 싶은 학생들

정답: (A)

037 　**출제 포인트**　사무실이 서울에 위치해 있는 상태이기 때문에 '수동태'가 정답이다.
　핵심 보카　locate는 '위치시키다'라는 뜻으로 주로 수동태 형태로 출제된다. 또한 의미가 전혀 다르게 어떤 것의 위치를 '찾아내다(= find)'라는 뜻도 있다는 것을 기억하자.
　기출 표현　located in Seoul '서울에 위치한' 덩어리 표현을 암기하자.
　해석　그의 사무실은 서울에 위치해 있다.

정답: (D)

038 　**출제 포인트**　과거분사(regarded) 앞의 빈칸은 '부사'가 정답이다.
　핵심 보카　high는 형용사로 '높은'이란 뜻이고 부사로 '높게'라는 뜻이다. 형용사와 부사가 같은 형태이다. 반면에 highly는 '높게'가 아니라 '매우'라는 뜻의 부사다.
　기출 표현　highly regarded '매우 존경받는' 덩어리 표현을 암기하자.
　해석　매우 존경받는 사업가

정답: (B)

039 ensure a fair _____ of funding

(A) distribute
(B) distributional
(C) distribution
(D) distributed

040 Please _____ yourself with the employee manual.

(A) familiarity
(B) familiarize
(C) familiarizing
(D) familiarly

041 after _____ a great deal of experience

(A) acquiring
(B) acquired
(C) acquire
(D) to acquire

042 This is to _____ your reservation for May 20.

(A) confirm
(B) confirms
(C) confirmed
(D) confirmation

039 **출제 포인트** 형용사(fair) 다음의 빈칸은 '명사'가 정답이다. 전치사 of 바로 앞의 빈칸은 대부분 '명사'가 정답이다.

핵심 보카 **distribute**는 '나누어 주다'라는 뜻의 동사다. **distribution**은 '유통, 분배, 배포'라는 뜻의 명사다.

기출 표현 **fair distribution** '공정한 분배' 덩어리 표현을 암기하자.

해석 자금의 공정한 분배를 보장하다

정답: (C)

040 **출제 포인트** Please 다음의 빈칸은 '동사원형'이 정답이다. 단어의 꼬리가 '-fy, -ize, -en'으로 끝난 것이 동사다.

핵심 보카 **familiar**는 '익숙한'이란 뜻의 형용사다. **familiarize**는 '익히다, 숙지하다'라는 뜻의 동사로 주로 재귀대명사를 사용해 출제된다.

기출 표현 **familiarize yourself with it** '그것에 익숙해지다' 덩어리 표현을 암기하자.

해석 직원 수칙을 숙지하세요.

정답: (B)

041 **출제 포인트** 접속사 after 다음에 주어를 생략하고 바로 뒤에 '현재분사' 나올 수 있다.

핵심 보카 **acquire**는 지식을 '습득하다'와 기업을 '인수하다'라는 뜻의 동사다. **acquisition**은 '습득, 인수'라는 뜻의 명사다.

기출 표현 **after acquiring** '습득한 후에' 덩어리 표현을 암기하자.

해석 매우 많은 양의 경험을 습득한 후에

정답: (A)

042 **출제 포인트** is to 다음에 '동사원형'이 정답이다.

핵심 보카 **confirm**은 '확인하다'라는 뜻의 타동사다. **confirmed**는 '확인된'이라는 뜻으로 **confirmed reservation** '확인된 예약'으로 출제된 적이 있다.

기출 표현 **confirm a reservation** '예약을 확인하다' 덩어리 표현을 암기하자.

해석 귀하의 5월 20일 예약을 확인해 드리고자 연락드립니다.

정답: (A)

043 the _____ techniques

(A) innovate
(B) innovative
(C) innovatively
(D) innovation

044 This coupon is _____ until May 20.

(A) valid
(B) validity
(C) validate
(D) validating

045 Be sure to _____ your account number.

(A) including
(B) included
(C) include
(D) includes

046 have _____ knowledge of all product lines

(A) extent
(B) extend
(C) extensive
(D) extension

043　출제 포인트　명사(technique) 앞의 빈칸은 '형용사'가 정답이다.

　　　　핵심 보카　innovate는 '혁신하다'라는 뜻의 동사다. innovative는 '혁신적인'이
　　　　라는 뜻의 형용사다. innovation은 '혁신'이라는 뜻의 명사다.

　　　　기출 표현　innovative technique '혁신적인 기술' 덩어리 표현을 암기하자.

　　　　해석　혁신적인 기술들

　　　　　　　　　　　　　　　　　　　　　　　　　　　　　　　　　정답: (B)

044　출제 포인트　be동사 다음의 빈칸은 '형용사'가 정답이다. 빈칸 뒤에 전치사(until)가 나
　　　　와서 끊을 수 있다.

　　　　핵심 보카　valid는 '유효한'이란 뜻의 형용사다. validity는 '유효성'이란 뜻의 명
　　　　사다. validate는 '유효하게 하다'라는 뜻의 동사다.

　　　　기출 표현　valid coupon '유효한 쿠폰' 덩어리 표현을 암기하자.

　　　　해석　이 쿠폰은 5월 20일까지 유효합니다.

　　　　　　　　　　　　　　　　　　　　　　　　　　　　　　　　　정답: (A)

045　출제 포인트　Be sure to 다음의 빈칸은 '동사원형'이 정답이다.

　　　　핵심 보카　include는 '포함하다'라는 뜻의 동사다. 반대어 exclude는 '제외하
　　　　다'라는 뜻의 동사다. including은 '~포함해서'라는 뜻의 전치사이고,
　　　　excluding은 '~제외하고'라는 뜻의 전치사다.

　　　　기출 표현　be sure to include '꼭 포함하세요' 덩어리 표현을 암기하자.

　　　　해석　계좌번호 포함하는 걸 명심하세요.

　　　　　　　　　　　　　　　　　　　　　　　　　　　　　　　　　정답: (C)

046　출제 포인트　명사(knowledge) 앞의 빈칸은 '형용사'가 정답이다.

　　　　핵심 보카　extend는 '늘이다, 연장하다'라는 뜻의 동사이다. extent는 '범위, 정
　　　　도'의 뜻으로 명사다. extensive는 '광범위한, 폭넓은'이란 뜻의 형용사
　　　　이다. extension은 '연장'이라는 의미 외에 '내선 번호'라는 뜻도 있다.

　　　　기출 표현　extensive knowledge '폭넓은 지식' 덩어리 표현을 암기하자.

　　　　해석　모든 제품라인에 대한 폭넓은 지식을 가지고 있다

　　　　　　　　　　　　　　　　　　　　　　　　　　　　　　　　　정답: (C)

Day
02

047 buy frersh produce from _____ farmers

(A) locality
(B) locals
(C) local
(D) locally

048 diverse outdoor activities _____ fishing, bicycling, and playing tennis

(A) likewise
(B) such as
(C) similarly
(D) as far as

049 When _____ the marketing brochures,

(A) designed
(B) designs
(C) designing
(D) design

050 a wide selection of _____ artifacts

(A) authenticate
(B) authentically
(C) authentic
(D) authentication

047 출제 포인트 명사(farmers) 앞의 빈칸은 '형용사'가 정답이다.

핵심 보카 **local**은 '지역의, 현지의'라는 뜻의 형용사다. **locally**는 '지역에서, 인근에서'라는 뜻의 부사다.

기출 표현 **local farmers** '지역 농부들' 덩어리 표현을 암기하자.

해석 지역 농부들로부터 신선한 농산품을 구매하다

정답: (C)

048 출제 포인트 빈칸 다음에 하위 개념이 나와 예를 들면 'such as'가 정답이다.

핵심 보카 **diverse**는 '다양한'이란 뜻으로 뒤에 복수명사가 나온다.

기출 표현 **such as** '예를 들면 ~와 같은' 덩어리 표현을 암기하자.

해석 낚시, 자전거 타기, 그리고 테니스 치기와 같은 다양한 야외 활동들

정답: (B)

049 출제 포인트 접속사 다음에 '주어와 동사'가 나오는 것이 원칙이다. 하지만 주어를 생략하고 '분사'가 나올 수 있다. 이때 접속사 when, before, after 다음에 빈칸이 있으면 '현재분사'가 정답이다.

핵심 보카 **design**은 '디자인, 설계'라는 명사인 동시에 '고안하다'라는 뜻의 동사도 된다.

기출 표현 **when designing** '디자인할 때' 덩어리 표현을 암기하자.

해석 홍보 책자를 디자인할 때

정답: (C)

050 출제 포인트 명사(artifacts) 앞의 빈칸은 '형용사'가 정답이다. 만약 단어의 뜻을 모를지라도 단어의 꼬리가 '–tic'로 끝나면 형용사다.

핵심 보카 **authentic**은 가짜나 위조에 대비되는 진품의 개념으로 '진짜인, 진품인'이란 뜻의 형용사다.

기출 표현 **authentic artifacts** '진품의 공예품' 덩어리 표현을 암기하자.

해석 매우 다양한 진품의 공예품들

정답: (C)

051 Many employees have to work _____ hours.

(A) extend
(B) extends
(C) extensive
(D) extended

052 get unlimited _____ to the database

(A) accessing
(B) accessed
(C) access
(D) accesses

053 under the _____ of Mr. Lee

(A) prediction
(B) supervision
(C) indication
(D) completion

054 The company _____ follows all rules.

(A) rigid
(B) rigidly
(C) rigidity
(D) rigidness

051

`출제 포인트`　명사(hours) 앞의 빈칸은 '형용사' 정답이 원칙이다. 하지만 여기서는 '과거분사'가 정답이 되었다.

`핵심 보카`　extend는 '늘이다, 연장하다'라는 뜻으로 '연장된 시간' **extended hours** 덩어리 표현으로 출제된다. 스펠링이 비슷한 **expand** '확장시키다'와 헷갈리지 않도록 주의하자.

`기출 표현`　**extended hours** '연장된 시간' 덩어리 표현을 암기하자.

`해석`　많은 직원들은 연장근무를 해야 한다.

정답: (D)

052

`출제 포인트`　형용사(unlimited) 다음의 빈칸은 '명사'가 정답이다. **access**는 '셀 수 없는 명사'라는 사실을 꼭 기억하자. 따라서 '단수 명사'의 형태로만 정답이 될 수 있다.

`핵심 보카`　**access**는 '접근, 접근하다'라는 뜻으로 명사와 동사가 동시에 되는 단어다.

`기출 표현`　**unlimited access** '무제한적인 접근' 덩어리 표현을 암기하자.

`해석`　데이터베이스에 무제한적인 접근을 하게 된다.

정답: (C)

053

`출제 포인트`　보기를 통해서 어휘 문제라는 것을 알 수 있다. 토익에 출제되었던 기출 덩어리 표현을 최대한 많이 암기해 놓자.

`핵심 보카`　**supervision**은 '위에서(super) 보다(vision)'라는 뉘앙스로 '감독'이라는 뜻이다.

`기출 표현`　**under the supervision of** '~의 감독하에서' 덩어리 표현을 암기하자.

`해석`　미스터리의 감독하에서

정답: (B)

054

`출제 포인트`　주어와 동사 사이의 빈칸은 '부사'가 정답이다.

`핵심 보카`　**rigid**는 '엄격한'이란 뜻의 형용사다. **rigidly**는 '엄격하게'라는 뜻의 부사다.

`기출 표현`　**rigidly follow** '엄격하게 따르다' 덩어리 표현을 암기하자.

`해석`　그 회사는 모든 규칙들을 엄격하게 따른다.

정답: (B)

055 They will contribute _____ to the marketing budget.

(A) equality
(B) equals
(C) equally
(D) equaling

056 due to unforeseen _____ constraints

(A) budgeted
(B) to budget
(C) budgetary
(D) budgets

057 the _____ of a new policy

(A) implemental
(B) implemented
(C) implementation
(D) implement

058 in _____ to complaints from customers

(A) respond
(B) responsive
(C) response
(D) responded

055 숙어 사이의 빈칸은 '부사'가 정답이다.

contribute는 '기여하다, 기부하다'라는 뜻의 자동사로 뒤에 전치사 to 가 나와야 한다.

contribute equally to '동등하게 기여하다' 덩어리 표현을 암기하자.

그들은 광고 예산에 고르게 출자할 것이다.

정답: (C)

056 명사(constraints) 앞의 빈칸은 '형용사'가 정답이다.

budget은 '예산'이라는 뜻의 명사다. **budgetary**는 '예산의'라는 뜻의 형용사다.

budgetary constraint '예산의 제약' 덩어리 표현을 암기하자.

예상치 못한 예산의 제약 때문에

정답: (C)

057 빈칸 앞에 the가 있고 뒤에 of가 있다면 빈칸은 무조건 '명사'가 정답이다.

주의해야 할 단어는 **implement**로 명사처럼 보이지만 '시행하다'라는 뜻의 동사다. **implementation**은 '실행, 이행'이라는 뜻의 명사다.

implement a new policy '새로운 정책을 시행하다' 덩어리 표현을 암기하자.

새로운 정책의 시행

정답: (C)

058 전치사(in)와 전치사(to) 사이의 빈칸은 '명사'가 정답이다.

respond는 '응답하다'라는 뜻의 동사이고, **response**는 '응답'이라는 뜻의 명사다.

in response to '~에 응하여' 덩어리 표현을 암기하자.

고객 불만에 응답하여

정답: (C)

059 All guests _____ to wear protective equipment.

(A) requests
(B) requesting
(C) to request
(D) are requested

060 This laptop is _____ for a year.

(A) guarantee
(B) guaranteed
(C) guaranteeing
(D) having guaranteed

059 출제 포인트 수동태 be requested 다음에 'to+동사원형'이 나온다.

핵심 보카 **require**는 '요구하다'라는 뜻의 동사로만 쓰이지만, **request**는 '요청, 요청하다'라는 뜻으로 동사와 명사가 동시에 된다.

기출 표현 **be requested to do** '~하도록 요청받다' 덩어리 표현을 암기하자.

해석 모든 손님들은 보호 장구를 착용하도록 요구된다.

정답: (D)

060 출제 포인트 빈칸 앞에 be동사가 있고, 뒤에 전치사(for)가 나와서 끊기면 '과거분사' 즉, 수동태가 정답이다. 해석적으로도 노트북이 품질보증 되는 것이기 때문에 '수동태'가 되어야 한다.

핵심 보카 **guarantee**는 제품의 '품질보증'이란 뜻과 '보장하다'라는 뜻으로 명사와 동사가 동시에 되는 단어다. 동의어에는 **warranty**가 있다.

기출 표현 **This laptop is guaranteed.** '이 노트북은 품질이 보증된다' 덩어리 표현을 암기하자.

해석 이 노트북은 1년간 품질보증이 된다.

정답: (B)

DAY 02
Daily Checkup
기출 표현 암기하기

031	relocate the company	회사를 이전하다
032	opportunity to join	참여할 수 있는 기회
033	even higher	훨씬 더 높은
034	have already submitted	이미 제출했다
035	within three days	3일 이내에
036	students who wish to	~하기를 원하는 학생들
037	located in Seoul	서울에 위치한
038	highly regarded	매우 존경받는
039	fair distribution	공정한 분배
040	familiarize yourself with it	그것에 익숙해지다
041	after acquiring	습득한 후에
042	confirm a reservation	예약을 확인하다
043	innovative technique	혁신적인 기술
044	valid coupon	유효한 쿠폰
045	be sure to include	꼭 포함하세요
046	extensive knowledge	폭넓은 지식
047	local farmers	지역 농부들
048	such as	예를 들면 ~와 같은
049	when designing	디자인할 때
050	authentic artifacts	진품의 공예품
051	extended hours	연장된 시간
052	unlimited access	무제한적인 접근
053	under the supervision of	~의 감독하에서
054	rigidly follow	엄격하게 따르다
055	contribute equally to	동등하게 기여하다
056	budgetary constraint	예산의 제약
057	implement a new policy	새로운 정책을 시행하다
058	in response to	~에 응하여
059	be requested to do	~하도록 요청받다
060	This laptop is guaranteed.	이 노트북은 품질이 보증된다.

DAY **03**

061 will benefit _____ a better transportation system

(A) from
(B) to
(C) on
(D) about

062 _____ to all inquiries promptly

(A) invite
(B) respond
(C) confirm
(D) review

063 each of the _____

(A) qualification
(B) qualifies
(C) qualifying
(D) qualifications

064 strictly _____ documents

(A) confide
(B) confiding
(C) confidential
(D) confidentially

061 　**출제 포인트**　'자동사' 다음에 나오는 '전치사'를 한 덩어리로 암기해야 한다.

　핵심 보카　**benefit**은 '이익, 혜택'이라는 명사도 되지만 '이익을 얻다'라는 자동사일 경우에는 전치사 from과 어울려 출제된다. 주의할 것은 '~에게 이익을 주다'라는 타동사로 사용될 때에는 전치사 to 없이 바로 목적어가 나와야 한다.

　기출 표현　**benefit from** '이익을 얻다' 덩어리 표현을 암기하자.

　해석　더 좋은 교통수단 시스템으로부터 혜택을 받을 것이다

Day 03

정답: (A)

062 　**출제 포인트**　빈칸 뒤에 전치사 to와 어울리는 '자동사'는 respond밖에 없다. 나머지는 목적어를 바로 취하는 타동사이다.

　핵심 보카　**inquire**는 '문의하다'라는 뜻의 동사다. **inquiry**는 '문의'라는 뜻의 명사다.

　기출 표현　**respond to** '~에 응답하다' 덩어리 표현을 암기하자.

　해석　모든 문의들에 신속하게 답하다

정답: (B)

063 　**출제 포인트**　each of the 다음의 빈칸은 '복수명사'가 정답이다. 주의할 점은 each 바로 다음에는 '단수명사'가 나온다.

　핵심 보카　**qualification**은 '자격조건'이란 뜻의 명사다.

　기출 표현　**each of the qualifications** '각각의 자격조건들' 덩어리 표현을 암기하자.

　해석　각각의 자격조건들

정답: (D)

064 　**출제 포인트**　명사(documents) 앞의 빈칸은 '형용사'가 정답이다.

　핵심 보카　**document**는 '문서'라는 뜻의 명사다. 또한 '기록하다'라는 뜻의 동사의 쓰임도 있다는 것을 기억하자.

　기출 표현　**confidential documents** '기밀 문서' 덩어리 표현을 암기하자.

　해석　엄격히 기밀을 요하는 서류들

정답: (C)

065 It is my pleasure to write this letter of _____ for Mr. Lee.

(A) information
(B) observance
(C) compensation
(D) reference

066 Kent Corporation _____ additional technicians.

(A) was recruited
(B) is recruiting
(C) recruit
(D) to recruit

067 There will be _____ change in our product.

(A) neither
(B) none
(C) no
(D) not

068 Thank you for being so _____ regarding the issue.

(A) understand
(B) understood
(C) understanding
(D) understandable

065　**출제 포인트**　letter와 어울려 출제되는 기출 덩어리 표현을 암기하자.

　　　핵심 보카　**reference**는 '추천서' 또는 '참고'라는 뜻으로 reference letter '추천서' 와 for your reference '당신이 참조할 수 있도록'의 덩어리 표현으로 출제된다.

　　　기출 표현　**a letter of reference** '추천서' 덩어리 표현을 암기하자.

　　　해석　저는 미스터리를 위해서 이 추천서를 쓰는 것이 기쁩니다.

　　　　　　　　　　　　　　　　　　　　　　　　　　　　　정답: **(D)**

066　**출제 포인트**　주어(Kent Corporation)가 3인칭 단수이기 때문에 '단수 동사'가 정답이다. 빈칸 뒤에 목적어가 있기 때문에 수동태 형태가 나올 수 없다.

　　　핵심 보카　**recruit**는 '채용하다'라는 뜻의 동사뿐만 아니라 '신입사원'이라는 의미도 있다. **recruiter**는 '채용 담당자'라는 뜻의 사람 명사다.

　　　기출 표현　**recruit technicians** '기술자들을 채용하다' 덩어리 표현을 암기하자.

　　　해석　켄트 기업은 기술자들을 추가로 채용 중이다.

　　　　　　　　　　　　　　　　　　　　　　　　　　　　　정답: **(B)**

067　**출제 포인트**　명사(changes) 앞의 빈칸은 '형용사'가 정답이다.

　　　핵심 보카　부정어 **no**는 형용사고, **not**은 부사다.

　　　기출 표현　**no change** '변화가 없는' 덩어리 표현을 암기하자.

　　　해석　우리의 제품에 어떤 변경도 없을 것이다.

　　　　　　　　　　　　　　　　　　　　　　　　　　　　　정답: **(C)**

068　**출제 포인트**　모양은 비슷하지만 의미가 전혀 다른 '형용사'를 구분하는 문제이다.

　　　핵심 보카　상대방을 포용할 때 쓰는 **understanding**은 '이해심 있는'이라는 뜻이고, **understandable**은 상대방의 행동이나 기분을 '이해할 수 있는'이라는 뜻이다.

　　　기출 표현　**so understanding** '매우 이해심 있는' 덩어리 표현을 암기하자.

　　　해석　그 문제에 대해 매우 이해심 있는 상태가 되어주신 것에 대해 감사드립니다.

　　　　　　　　　　　　　　　　　　　　　　　　　　　　　정답: **(C)**

069 for _____ originality

(A) she
(B) herself
(C) hers
(D) her

070 of _____ house

(A) their own
(B) theirs
(C) them
(D) themselves

071 The system transition goes as _____ as possible.

(A) smoothing
(B) smoother
(C) smoothest
(D) smoothly

072 I am writing to _____ receipt of your letter.

(A) acknowledging
(B) acknowledgement
(C) acknowledge
(D) acknowledges

069 `출제 포인트` 명사(originality) 앞의 빈칸은 '소유격'이 정답이다. she의 인칭 대명사의 격 변화는 '**she-her-her-hers**'로 소유격과 목적격이 똑같음으로 주의하자.

`핵심 보카` 단어의 꼬리가 −ity로 끝나면 명사다. **originality**는 '독창성'이란 뜻의 명사다.

`기출 표현` **her originality** '그녀의 독창성' 덩어리 표현을 암기하자.

`해석` 그녀의 독창성을 위해서

정답: (D)

070 `출제 포인트` 명사(house) 바로 앞은 '소유격'이 정답이다. 소유를 강조하기 위해서 소유격과 명사 사이에 own을 쓸 수 있다.

`핵심 보카` **own**은 형용사, 동사, 명사로 여러 가지 품사로 사용된다. 형용사로는 '소유의'라는 뜻이고, 동사로는 '소유하다'라는 뜻이다. 명사로는 '내 소유의 것'이란 뜻이다.

`기출 표현` **their own house** '그들 소유의 집' 덩어리 표현을 암기하자.

`해석` 그들 소유의 집

정답: (A)

071 `출제 포인트` as _____ as 사이에는 '형용사'나 '부사'의 원급이 나온다. 비교급이나 최상급은 나올 수 없다.

`핵심 보카` **smooth**는 '매끄러운, 순조로운'이란 뜻의 형용사다. **smoothly**는 '수월하게, 원활하게'라는 뜻의 부사다.

`기출 표현` **as smoothly as possible** '가능한 원활하게' 덩어리 표현을 암기하자.

`해석` 시스템 전환이 가능한 원활하게 진행된다.

정답: (D)

072 `출제 포인트` 부정사(to) 다음의 빈칸은 '동사원형'이 정답이다.

`핵심 보카` **knowledge**는 '지식'이라는 뜻의 명사다. 하지만 ac−를 붙여 **acknowledge**가 되면 '인정하다'라는 뜻과 편지 등을 받았음을 '알리다'라는 뜻의 동사가 된다.

`기출 표현` **acknowledge the receipt of** '～을 받았음을 알리다' 덩어리 표현을 암기하자.

`해석` 저는 당신의 편지를 잘 받았음을 알리기 위해서 씁니다.

정답: (C)

073 Next March, Mr. Lee _____ his new works.

(A) exhibiting
(B) exhibited
(C) will exhibit
(D) have exhibited

074 It will take _____ ten minutes to arrive.

(A) approximates
(B) approximation
(C) approximated
(D) approximately

075 The airine will reimburse passengers for _____ luggage.

(A) damaged
(B) injured
(C) wounded
(D) impaired

076 _____ accessible by bus

(A) easy
(B) easier
(C) easily
(D) ease

073 　　부사구 Next March 때문에 미래를 의미하는 조동사 'will'이 정답이다.

　핵심 보카　**exhibit**은 '전시회, 전시품'이라는 명사뿐만 아니라 '전시하다, 내보이다'라는 뜻의 동사가 동시에 된다. 관련 단어 **exhibition** '전시회'라는 뜻의 명사도 함께 알아두자.

　기출 표현　**exhibit new works** '새로운 작품을 전시하다' 덩어리 표현을 암기하자.

　해석　다음 달 3월에, 미스터리는 그의 새로운 작품들을 선보일 것이다.

정답: (C)

074 　출제 포인트　 숫자 앞에 빈칸이 있을 때 보기 중에 'approximately'가 있으면 대부분 정답이다.

　핵심 보카　**approximately**는 '대략'이라는 뜻의 부사. 동의어 '거의' **nearly**와 **almost**도 정답으로 자주 출제된다.

　기출 표현　**approximately 10 minutes** '대략 10분' 덩어리 표현을 암기하자.

　해석　도착하는데 대략 10분 정도가 걸릴 것이다.

정답: (D)

075 　출제 포인트　damaged는 사물이 부서지거나 손상되었을 때, injured는 사람이 사고 등으로 부상을 당한 경우에 쓰인다.

　핵심 보카　**damage**는 '피해, 손상'이라는 뜻의 명사와 '손상시키다'라는 뜻의 동사로 동시에 쓰인다.

　기출 표현　**damaged luggage** '파손된 수하물' 덩어리 표현을 암기하자.

　해석　항공사는 손상된 수하물에 대해서 승객들에게 배상할 것이다.

정답: (A)

076 　출제 포인트　형용사(accessible) 앞의 빈칸은 '부사'가 정답이다.

　핵심 보카　**accessible**은 '접근할 수 있는'이라는 뜻에서 '이용 가능한'의 의미로 파생된다. 반의어 **inaccessible** '접근할 수 없는'도 함께 알아두자.

　기출 표현　**easily accessible** '쉽게 접근할 수 있는' 덩어리 표현을 암기하자.

　해석　버스로 쉽게 접근 가능한

정답: (C)

077 The service has been temporarily _____ due to weather conditions.

(A) suspend
(B) suspends
(C) suspended
(D) suspending

078 Any inquiries should be referred to _____.

(A) he
(B) his
(C) himself
(D) him

079 If you meet the _____ for the position,

(A) requirements
(B) promises
(C) sayings
(D) understanding

080 the panel _____ of business and community leaders

(A) spreading
(B) consisting
(C) including
(D) cooperating

077　**출제 포인트**　서비스가 일시적으로 중단되는 것이기 때문에 의미상 '수동태'가 정답이다.

　　핵심 보카　**suspend**는 '일시중단하다'라는 뜻의 동사다.

　　기출 표현　**temporarily suspended** '일시적으로 중단된' 덩어리 표현을 암기하자.

　　해석　서비스가 날씨 상황 때문에 일시 중단되었다.

정답: (C)

078　**출제 포인트**　전치사 다음의 빈칸은 '목적격'이 정답이다.

　　핵심 보카　**refer**는 누군가에게 알아보도록 하거나 문의해보는 뉘앙스로 '참고하다'와 '추천하다'라는 뜻의 동사다.

　　기출 표현　**refer to him** '그에게 문의하다' 덩어리 표현을 암기하자.

　　해석　어떤 질문도 그에게 문의 되어야 한다.

정답: (D)

079　**출제 포인트**　**meet**는 필요나 요구를 '만족시키다'라는 뜻으로 '요구(needs), 필요조건(requirements), 기대(expectations)'와 같은 명사와 어울려 출제된다.

　　핵심 보카　**requirements**는 입사 지원자들이 반드시 갖춰야 하는 '필수자격요건'을 의미한다. 동의어 **prerequisite**도 꼭 알아두자.

　　기출 표현　**meet the requirements** '필수조건을 충족하다' 덩어리 표현을 암기하자.

　　해석　만약 당신이 그 직책에 필요한 조건을 충족한다면

정답: (A)

080　**출제 포인트**　'자동사'는 뒤에 나오는 전치사와 한 덩어리로 암기해야 한다.

　　핵심 보카　**consist**는 '구성되다'라는 뜻의 자동사로 뒤에 전치사 of가 나와야 한다.

　　기출 표현　**consist of** '~로 구성되다' 덩어리 표현을 암기하자.

　　해석　기업과 지역사회 리더들로 구성된 위원회

정답: (B)

081 After _____ review the documents,

(A) you
(B) your
(C) yours
(D) yourself

082 You should contact our financial _____ .

(A) consultant
(B) consultation
(C) consulting
(D) consulted

083 offer _____ informaton

(A) value
(B) valuing
(C) valuable
(D) valuably

084 from hobbyists and freelance _____

(A) professionalism
(B) professionally
(C) professionals
(D) profession

081 동사(review) 앞의 빈칸은 '주격'이 정답이다.

핵심 보카 **review**는 '검토, 평가'라는 뜻의 명사와 '검토하다, 비평하다'라는 뜻의 동사가 동시에 된다는 사실이 중요하다.

기출 표현 **review the documents** '서류를 검토하다' 덩어리 표현을 암기하자.

해석 당신이 서류들을 검토한 후에

정답: (A)

Day
03

082 출제 포인트 '사람명사'와 '개념명사'를 문맥적으로 구분할 수 있어야 한다.

핵심 보카 **consultant**는 '상담가'라는 뜻의 사람명사고, **consultation**은 '상담' 이란 뜻의 개념 명사다.

기출 표현 **financial consultant** '재정 고문' 덩어리 표현을 암기하자.

해석 당신은 우리의 재정 컨설턴트에게 연락해야 합니다.

정답: (A)

083 출제 포인트 명사(information) 앞의 빈칸은 '형용사'가 정답이다.

핵심 보카 **value**는 '가치'라는 뜻의 명사와 '소중히 여기다'라는 뜻의 동사로 동시에 쓰인다. **valuable**은 '소중한, 귀중한'이란 뜻의 형용사다. in-을 붙여 **invaluable** 되면 반대의미가 아니라 '매우 귀중한'이란 뜻으로 오히려 더 강조하는 의미가 된다.

기출 표현 **valuable information** '귀중한 정보' 덩어리 표현을 암기하자.

해석 귀중한 정보를 제공하다

정답: (C)

084 출제 포인트 등위 접속사 and를 중심으로 앞뒤로 같은 형태가 나와야 한다.

핵심 보카 **profession**은 '직업'이라는 뜻의 명사다. **professional**은 '전문적인' 이란 뜻의 형용사뿐만 아니라 '전문가'라는 뜻의 사람 명사로도 쓰인다 는 것이 중요하다. **professionalism**은 '전문성'이란 뜻의 명사다.

기출 표현 **freelance professionals** '프리랜서 전문가' 덩어리 표현을 암기하자.

해석 취미에 아주 열심인 사람들과 프리랜서 전문가들까지

정답: (C)

085 The advertisements are _____ in multiple issues.

(A) place
(B) placed
(C) placing
(D) placement

086 The release date is _____ approaching.

(A) hardly
(B) rapidly
(C) probably
(D) considerably

087 Kent Hotel is _____ located in the center of the city.

(A) continuously
(B) briefly
(C) conveniently
(D) thoroughly

088 They helped us _____ the road.

(A) broadened
(B) broadens
(C) broadening
(D) broaden

085 `출제 포인트` 빈칸 앞에 be동사가 있고 뒤에 전치사 in이 나와서 끊기면 '수동태'가 정답이다.

`핵심 보카` **place**는 명사로는 '장소'라는 뜻이고, 동사로는 '두다'라는 뜻이다. 광고에 해당하는 명사가 목적어로 나오면 '광고를 하다'라는 뜻이 된다.

`기출 표현` **place an advertisement** '광고하다' 덩어리 표현을 암기하자.

`해석` 다양한 잡지에 광고가 된다.

정답: (B)

086 `출제 포인트` 잘 어울려 쓰이는 '동사와 부사'를 한 덩어리로 암기해야 한다.

`핵심 보카` (A) **hardly** 거의 ~아니다, (B) **rapidly** 빠르게, (C) **probably** 아마도, (D) **considerably** 상당히.

`기출 표현` **rapidly approaching** '빠르게 다가오는' 덩어리 표현을 암기하자.

`해석` 출시일이 빠르게 다가오고 있다.

정답: (B)

087 `출제 포인트` located 앞의 빈칸은 부사 'conveniently'가 정답이다.

`핵심 보카` **locate**는 '무엇을 위치시키다"라는 뜻의 타동사로 전치사 in, at, on 등과 함께 쓰여 주로 수동태의 표현으로 출제된다.

`기출 표현` **conveniently located** '편리하게 위치된' 덩어리 표현을 암기하자.

`해석` 켄트 호텔은 시내 중심에 접근이 편리한 곳에 위치해 있다.

정답: (C)

088 `출제 포인트` **help** 동사 다음의 빈칸은 '동사원형'이 정답이다.

`핵심 보카` **broad**는 '넓은'이란 뜻의 형용사다. 여기에 −en을 붙여 **broaden**이 되면 '넓히다, 확장하다'라는 뜻의 동사가 된다.

`기출 표현` **broaden the road** '도로를 넓히다' 덩어리 표현을 암기하자.

`해석` 그들은 우리가 도로를 넓힐 수 있도록 도와주었다.

정답: (D)

089 They submitted the report on time _____ the short deadline.

(A) because
(B) despite
(C) although
(D) whether

090 I ask that all contributions to local community _____ by Monday, May 20.

(A) makes
(B) will have made
(C) be made
(D) make

089 출제 포인트 전치사와 접속사를 구별하는 문제다. 빈칸 뒤에 명사 덩어리가 있기 때문에 '전치사'가 정답이다. 보기 중에 전치사는 despite밖에 없다.

핵심 보카 **even though**는 '~임에도 불구하고'라는 뜻의 접속사다. **despite**는 '~임에도 불구하고'라는 뜻의 전치사다. 의미는 같지만 품사가 다르다.

기출 표현 **despite the short deadline** '짧은 마감일에도 불구하고' 덩어리 표현을 암기하자.

해석 짧은 마감일에도 불구하고 그들은 제때에 보고서를 제출했다.

정답: (B)

090 출제 포인트 요구 · 요청 · 권고 · 제안의 'ARS 동사'는 should를 생략하고 '동사원형'을 쓴다. 강력히 주장하거나, 권고하거나, 요청하거나, 제안을 하면 that 절 뒤의 주어는 '당연히 ~해야 한다'라는 느낌의 말이 나올 수밖에 없다. 그래서 말의 흐름상 너무나 당연해서 조동사 should를 생략시키고 '동사원형'을 쓰는 것이다.

핵심 보카 대표적인 '**ARS 동사**'에는 '**ask** 요구하다, **request** 요청하다, **recommend** 권고하다, **suggest** 제안하다'가 있다.

기출 표현 **make a contribution** '기여를 하다' 덩어리 표현을 암기하자.

해석 지역 사회에 보내는 기부는 5월 20일 월요일까지 되어야 한다고 요구했다.

정답: (C)

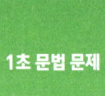

DAY 03
Daily Checkup
기출 표현 암기하기

061	benefit from	이익을 얻다
062	respond to	~에 응답하다
063	each of the qualifications	각각의 자격조건들
064	confidential documents	기밀 문서
065	a letter of reference	추천서
066	recruit technicians	기술자를 채용하다
067	no change	변화가 없는
068	so understanding	매우 이해심 있는
069	her originality	그녀의 독창성
070	their own house	그들 소유의 집
071	as smoothly as possible	가능한 원활하게
072	acknowledge the receipt of	~을 받았음을 알리다
073	exhibit new works	새로운 작품을 전시하다
074	approximately 10 minutes	대략 10분
075	damaged luggage	파손된 수하물
076	easily accessible	쉽게 접근할 수 있는
077	temporarily suspended	일시적으로 중단된
078	refer to him	그에게 문의하다
079	meet the requirements	필수조건을 충족하다
080	consist of	~로 구성되다
081	review the documents	서류를 검토하다
082	financial consultant	재정 고문
083	valuable information	귀중한 정보
084	freelance professionals	프리랜서 전문가
085	place an advertisement	광고하다
086	rapidly approaching	빠르게 다가오는
087	conveniently located	편리하게 위치된
088	broaden the road	도로를 넓히다
089	despite the short deadline	짧은 마감일에도 불구하고
090	make a contribution	기여를 하다

DAY 04

091 are _____ forbidden

(A) strict
(B) stricter
(C) strictest
(D) strictly

092 Please refrain _____ using mobile phones while driving.

(A) from
(B) among
(C) through
(D) with

093 If you should wish _____ an internship,

(A) to pursue
(B) pursuing
(C) pursuit
(D) pursued

094 for _____ of stubborn stain,

(A) remove
(B) removal
(C) removable
(D) remover

091 **출제 포인트** be동사와 과거분사(forbidden) 사이의 빈칸은 '부사'가 정답이다.

핵심 보카 '금지하다' 동사의 3단 변화는 **forbid – forbad – forbidden**이다.

기출 표현 **strictly forbidden** '엄격히 금지된' 덩어리 표현을 암기하자.

해석 엄격하게 금지된다

정답: (D)

092 **출제 포인트** 전치사 **from**의 기본 개념은 '출발점'이다. 여기에서 '원료, 원인, 분리, 구별'이라는 의미까지 확장되었다.

핵심 보카 '자동사+전치사'를 한 덩어리로 암기하자. **refrain**은 '자제하다, 삼가하다'라는 뜻의 자동사로 전치사 from과 어울려 출제된다.

기출 표현 **refrain from using** '사용하는 것을 삼가하다' 덩어리 표현을 암기하자.

해석 운전 중에 휴대폰 사용을 자제해 주세요.

정답: (A)

Day 04

093 **출제 포인트** wish는 'to 부정사'를 목적어로 취하는 동사다.

핵심 보카 **pursue**는 '뒤쫓다, 추구하다'라는 뜻의 동사다. **pursuit**은 '추적, 추구'라는 뜻의 명사다.

기출 표현 **wish to pursue** '추구하길 원하다' 덩어리 표현을 암기하자.

해석 만약 당신이 인턴을 구하는 것을 원한다면

정답: (A)

094 **출제 포인트** 전치사 사이의 빈칸은 '명사'가 정답이다.

핵심 보카 **remove**는 '제거하다'라는 뜻의 동사다. **removal**은 단어의 꼬리가 –al로 끝났지만 '제거'라는 뜻의 명사로 쓰인다는 것에 주의하자.

기출 표현 **stain removal** '얼룩 제거' 덩어리 표현을 암기하자.

해석 잘 지워지지 않는 얼룩의 제거를 위해서

정답: (B)

095 Flash photography is strictly _____ throughout the art gallery.

(A) prohibit
(B) prohibitions
(C) prohibited
(D) prohibiting

096 Last week, Mr. Lee _____ commercial driver's license.

(A) obtained
(B) obtaining
(C) has obtained
(D) will obtain

097 Please give it _____ one of the customers.

(A) in
(B) at
(C) of
(D) to

098 No _____ can be made to this rule.

(A) permissions
(B) ejections
(C) prohibitions
(D) exceptions

095 [출제 포인트] 분사구별 문제에서, 빈칸 앞에 be동사가 있고 뒤에 전치사가 나와서 끊기면 '과거분사'가 정답이다.

[핵심 보카] **prohibit**은 '금지하다'라는 뜻의 동사로 prohibit A from B의 패턴으로 출제된다. **prohibition**은 '금지'라는 뜻의 명사다.

[기출 표현] **strictly prohibited** '엄격히 금지된' 덩어리 표현을 암기하자.

[해석] 플래시를 사용한 사진 촬영이 미술관 전 구역에서 엄격하게 금지된다.

정답: (C)

Day 04

096 [출제 포인트] 부사구 Last week가 나왔기 때문에 '과거 동사'가 정답이다.

[핵심 보카] **obtain**은 '얻다, 획득하다'라는 뜻의 동사다.

[기출 표현] **obtain a driver's license** '운전 면허증을 획득하다' 덩어리 표현을 암기하자.

[해석] 지난주에 미스터리는 영업용 운전면허를 땄다.

정답: (A)

097 [출제 포인트] **give**는 목적어를 동시에 2개를 취할 수 있는 동사다. 하지만 사물 명사가 먼저 나오면 전치사 to를 써줘야 한다.

[핵심 보카] 전치사 **to**는 어떤 방향으로 '이동, 도착'이 핵심 개념이다. 여기에서 파생해 '결과, 일치, 대립' 등의 의미가 생겨났다.

[기출 표현] **give it to me** '그것을 저에게 주세요' 덩어리 표현을 암기하자.

[해석] 그것을 고객들 중 한 분에게 주세요.

정답: (D)

098 [출제 포인트] **make an exception** '예외를 두다'라는 표현과 **with the exception of** '~을 제외하고'라는 덩어리 표현이 출제된다.

[핵심 보카] **exception**은 '예외, 제외'라는 뜻이 명사다.

[기출 표현] **make no exceptions** '예외를 두지 않다' 덩어리 표현을 암기하자.

[해석] 이 규칙에 어떤 예외도 있을 수 없다.

정답: (D)

099 If you need _____ with your heavy baggage,

(A) assistance
(B) assistant
(C) assist
(D) assisted

100 for a _____ time only

(A) limiting
(B) limits
(C) limited
(D) limitation

101 Mr. Lee was advised to rest throughout the _____ of the week.

(A) remainder
(B) remaining
(C) remain
(D) remained

102 offer _____ tickets to a musical performance

(A) receptive
(B) complimentary
(C) approximate
(D) experimental

099

출제 포인트 타동사(need) 다음의 빈칸은 '명사'가 정답이다. 사람명사와 개념명사를 구별할 수 있어야 한다. 주의할 점은 사람 명사는 혼자서 단독적으로 쓰일 수 없다는 사실이 중요하다.

핵심 보카 **assist**는 '돕다'라는 뜻의 동사로 전치사 with와 잘 어울려 출제된다. **assistant**는 '조수, 보조원'이라는 뜻의 사람 명사고, **assistance**는 '도움, 원조'라는 뜻의 개념 명사다.

기출 표현 **need assistance** '도움이 필요하다' 덩어리 표현을 암기하자.

해석 만약 당신이 무거운 짐에 대해 도움이 필요하다면

정답: (A)

100

출제 포인트 명사(time) 앞의 빈칸은 '형용사'가 정답이다. 보기 중에 형용사가 없을 때 '분사'가 정답이 될 수 있다.

핵심 보카 **limit**는 '제한하다'라는 뜻의 동사와 '한계'라는 뜻의 명사다. 분사 형태인 **limited**는 '제한된'이라는 뜻으로 거의 형용사화되어 쓰이는 단어다.

기출 표현 **limited time** '제한된 시간' 덩어리 표현을 암기하자.

해석 오직 제한된 시간 동안에만

정답: (C)

101

출제 포인트 정관사 the와 전치사 of 사이의 빈칸은 '명사'가 정답이다.

핵심 보카 **remainder**는 '나머지'라는 뜻의 명사다. 독촉장과 같이 '상기시켜 주는 것'을 의미하는 **reminder**와 혼동하지 말자.

기출 표현 **the remainder of the week** '그 주의 나머지 기간' 덩어리 표현을 암기하자.

해석 미스터리는 그 주 나머지 기간 내내 쉬도록 권고받았다.

정답: (A)

102

출제 포인트 '형용사' 어휘는 뒤에 나오는 명사와 한 덩어리로 암기해야 한다.

핵심 보카 **complimentary**는 '무료의'라는 뜻의 형용사다. 동의어인 **free**로 패러프레이징 되어 출제될 수 있다.

기출 표현 **complimentary tickets** '무료 티켓' 덩어리 표현을 암기하자.

해석 뮤지컬 공연을 볼 수 있는 무료 티켓을 제공하다.

정답: (B)

103 _____ stock price has increased, S+V···.

(A) Due to
(B) Despite
(C) Although
(D) So that

104 no _____ than next Monday

(A) lately
(B) later
(C) latest
(D) late

105 at a _____ pace

(A) comfort
(B) comforts
(C) comfortably
(D) comfortable

106 _____ recommended

(A) merely
(B) evenly
(C) nearly
(D) highly

103 출제 포인트 빈칸 뒤에 주어와 동사가 나왔기 때문에 '접속사'가 정답이다. **although**, **though**, **even though**, **even if**는 '~임에도 불구하고' 반대를 의미하는 접속사들이다.

핵심 보카 **Due to**는 '~때문에'라는 뜻의 전치사다. **Despite**는 '~임에도 불구하고'라는 뜻의 전치사다. **Although**는 '~임에도 불구하고'라는 뜻의 접속사다. **So that**은 '~하기 위해서'라는 뜻의 접속사다. 하지만 문장의 첫 시작 부분에 나올 수 없다는 특징을 꼭 알아두자.

기출 표현 **although S+V** '비록 ~임에도 불구하고' 덩어리 표현을 암기하자.

해석 주식 가격이 올랐음에도 불구하고

정답: (C)

104 출제 포인트 than이 보이면 '비교급'이 정답이다.

핵심 보카 **late**은 '늦은'이라는 뜻의 형용사이기도 하고, '늦게'라는 뜻의 부사이기도 하다.

기출 표현 **no later than** '~보다 늦지 않게' 덩어리 표현을 암기하자.

해석 다음 주 월요일까지

정답: (B)

105 출제 포인트 명사(pace) 앞의 빈칸은 '형용사'가 정답이다.

핵심 보카 **comfort**는 '위안, 위로하다'라는 뜻으로 명사와 동사가 동시에 된다. **comfortable**은 '편안한, 안락한'이란 뜻의 형용사다. **comfortably**는 '편안하게'라는 뜻의 부사다.

기출 표현 **comfortable pace** '편안한 속도' 덩어리 표현을 암기하자.

해석 편안한 속도로

정답: (D)

106 출제 포인트 토익에 자주 출제되는 '기출 표현'들을 최대한 많이 암기하고 있어야 한다.

핵심 보카 **recommended**는 '추천받는'이란 뜻의 과거분사다.

기출 표현 **highly recommended** '매우 추천받는' 덩어리 표현을 암기하자.

해석 매우 추천받는

정답: (D)

107 My supervisor reminded me _____ the fact.

(A) of
(B) along
(C) over
(D) through

108 the _____ of vaccines

(A) development
(B) developmental
(C) developed
(D) develops

109 pick up the item _____ 6:00 P.M.

(A) under
(B) out
(C) onto
(D) by

110 the most qualified _____ for the position

(A) apply
(B) applied
(C) application
(D) applicant

107 출제 포인트 inform, notify, remind는 '누구에게 무엇을 알리다'라는 뜻의 동사다. 동사 뒤에 나오는 문장구조에 익숙해 져야 한다.

핵심 보카 remind는 '상기시키다, 알리다'라는 뜻의 동사로 '누구에게 무엇을' 목적어 사이에 of나 that을 넣어 주어야 한다. '무엇을'에 해당하는 말이 명사면 전치사 of를 써주면 되고, 문장일 경우에는 접속사 that을 쓰면 된다.

기출 표현 remind me of the fact '나에게 그 사실을 알리다' 덩어리 표현을 암기하자.

해석 나의 상관이 나에게 그 사실에 대해서 상기시켜 주었다.

정답: (A)

108 출제 포인트 관사 the와 전치사 of 사이의 빈칸은 '명사'가 정답이다.

핵심 보카 develop는 '개발하다'라는 뜻의 동사다. development는 '개발'이라는 뜻의 명사다. developing country는 발전 중인 나라, 즉 '개발도상국'이라는 뜻이다. developed country는 이미 발전된 나라, 즉 '선진국'이라는 뜻이다.

기출 표현 the development of vaccines '백신의 개발' 덩어리 표현을 암기하자.

해석 백신의 개발

정답: (A)

109 출제 포인트 전치사 by는 '~에 의해'라는 이미지가 강하지만 핵심 개념은 '~의 근처에'이다.

핵심 보카 전치사 by는 '~까지, ~옆에, ~의해서' 3가지 뜻으로 주로 쓰인다.

기출 표현 by 6 PM '오후 6시까지' 덩어리 표현을 암기하자.

해석 물건을 6시까지 찾아가세요

정답: (D)

110 출제 포인트 사람명사와 사물명사를 구별할 수 있어야 한다. qualified는 '자격을 갖춘'이란 뜻으로 주로 사람 명사와 함께 쓰인다.

핵심 보카 apply는 '지원하다, 신청하다'라는 뜻의 동사다. applicant는 '지원자, 신청자'라는 뜻의 사람 명사다. application은 '지원서, 신청서'라는 뜻의 사물 명사다.

기출 표현 qualified applicant '자격을 갖춘 지원자' 덩어리 표현을 암기하자.

해석 그 직책에 가장 자격을 갖춘 지원자

정답: (D)

111 The product will be successful _____.

(A) commercial
(B) commercially
(C) commercialize
(D) commercials

112 a careful _____ of the survey data

(A) evaluate
(B) evaluated
(C) evaluative
(D) evaluation

113 _____ a token of our appreciation

(A) As
(B) Along
(C) If
(D) Which

114 his _____ to senior analyst

(A) promote
(B) promoted
(C) promotion
(D) promotional

111 출제 포인트 형용사(successful) 다음의 빈칸은 '부사'가 정답이다.

핵심 보카 commercial은 '상업적인'이란 뜻의 형용사도 되지만 '광고'라는 뜻의 명사로 더 많이 출제된다. **commercially**는 '상업적으로'라는 뜻의 부사다. **commercialize**는 '상업화하다'라는 뜻의 동사다.

기출 표현 **successful commercially** '상업적으로 성공한' 덩어리 표현을 암기하자.

해석 그 제품은 상업적으로 성공할 것이다.

정답: (B)

Day 04

112 출제 포인트 형용사(careful) 다음의 빈칸은 '명사'가 정답이다.

핵심 보카 **evaluate**는 '평가하다'라는 뜻의 동사다. **evaluation**은 '평가'라는 뜻의 명사다.

기출 표현 **careful evaluation** '신중한 평가' 덩어리 표현을 암기하자.

해석 설문조사 결과의 신중한 평가

정답: (D)

113 출제 포인트 As의 정확한 의미와 쓰임을 알고 있어야 한다.

핵심 보카 **As**는 '~처럼, ~로써, ~만큼, ~할 때, ~때문에' 등등 정말 많은 뜻을 지닌 만능단어다. 많은 뜻 중에서 **as**가 전치사로 쓰일 경우 자격을 의미하는 '~로써'라고 해석되고, 접속사로 쓰이면 이유를 의미하는 '~때문에'라고 해석되는 경우가 가장 많다.

기출 표현 **as a token of our appreciation** '감사의 표시로써' 덩어리 표현을 암기하자.

해석 우리의 감사의 표시로써

정답: (A)

114 출제 포인트 소유격(his) 다음의 빈칸은 '명사'가 정답이다.

핵심 보카 **promote**는 사람과 관련되어 쓰이면 '승진시키다'라는 뜻이고, 물건과 관련되어 쓰이면 '홍보하다'라는 뜻의 동사다. **promotion**은 '승진, 홍보'라는 뜻의 명사다.

기출 표현 **his promotion** '그의 승진' 덩어리 표현을 암기하자.

해석 수석 분석가로 그의 승진

정답: (C)

115 The order forms should be processed more _____.

(A) quick
(B) quickest
(C) quickly
(D) quickness

116 After the multiple offer, Mr. Lee _____ accepted it.

(A) hardly
(B) rarely
(C) finally
(D) previously

117 Mr. Lee was _____ to apply for the position overseas.

(A) hesitant
(B) hesitation
(C) hesitantly
(D) hasitanted

118 _____ the year

(A) along
(B) until
(C) between
(D) throughout

115 **출제 포인트** 수동태(be processed) 다음의 빈칸은 '부사'가 정답이다.

핵심 보카 quick은 '빠른, 신속한'이란 뜻의 형용사다. quickly는 '빠르게, 신속하게'라는 뜻의 부사다.

기출 표현 process more quickly '더 빠르게 처리하다' 덩어리 표현을 암기하자.

해석 주문서가 더 빠르게 처리되어야 한다.

정답: (C)

116 **출제 포인트** 보기의 단어가 모두 다른 어휘 문제이다. 해석을 하려는 순간 첫 단어 After를 보고, '~한 후에, 마침내 … 했다'의 패턴으로 'finally'가 정답이다

핵심 보카 (A) hardly 거의 아니다, (B) rarely 드물게, (C) finally 마침내, (D) previously 이전에.

기출 표현 finally accept '마침내 수락하다' 덩어리 표현을 암기하자.

해석 여러 제안 후에, 미스터리는 마침내 수락했다.

정답: (C)

117 **출제 포인트** be동사 다음의 빈칸은 '형용사'가 정답이다. 형용사를 모르겠다면 '-ly'를 삭제하고 남은 것이 형용사다.

핵심 보카 hesitate는 '망설이다, 주저하다'라는 뜻의 동사다. hesitant는 '망설이는, 주저하는'이란 뜻의 형용사다. hesitation은 '망설임, 주저함'이란 뜻의 명사다.

·기출 표현 hesitant to apply '지원하기를 망설이는' 덩어리 표현을 암기하자.

해석 미스터리는 해외 근무 자리에 지원하는데 주저했다.

정답: (A)

118 **출제 포인트** 전치사는 뒤에 나오는 명사와 한 덩어리로 암기해야 한다.

핵심 보카 through는 전치사로 '~관통하는'이라는 뜻이다. 여기에 -out을 붙여 throughout이 되어 뒤에 기간 명사가 나오면 '그 기간 내내'라는 뜻이 된다.

기출 표현 throughout the year '일 년 내내' 덩어리 표현을 암기하자.

해석 연중 일 년 내내

정답: (D)

119 The Eastern Bridge is _____ under construction.

(A) previously
(B) currently
(C) shortly
(D) recently

120 The quality control _____ will visit our factory.

(A) directing
(B) director
(C) directed
(D) direction

119 `출제 포인트` '시제'와 어울리는 부사를 암기해야 한다.

`핵심 보카` **previously**는 '이전에'라는 뜻으로 과거시제와 어울려 출제된다.
currently는 '현재의'라는 뜻으로 현재 시제와 어울려 출제된다.
shortly는 '곧'이란 뜻으로 미래 시제와 어울려 출제된다.
recently는 '최근에'라는 뜻으로 현재완료 시제와 어울려 출제된다.

`기출 표현` **currently under construction** '현재 공사 중인' 덩어리 표현을 암기하자.

`해석` 이스턴 브리지가 현재 공사 중이다.

정답: (B)

120 `출제 포인트` 사람명사와 개념명사를 해석적으로 구별할 수 있어야 한다. 공장을 방문하는 것은 사람이기 때문에 '사람명사'가 정답이다.

`핵심 보카` **director**는 지시하는 사람을 의미하는 '감독자'라는 뜻의 사람 명사다.
direction은 길을 안내하는 '방향, 지시'라는 뜻뿐만 아니라 어떤 작동법에 대한 '안내사항, 지시사항'을 의미하는 개념 명사다.

`기출 표현` **quality control director** '품질 관리 감독자' 덩어리 표현을 암기하자.

`해석` 품질 관리 감독자가 우리 공장을 방문할 것이다.

정답: (B)

DAY 04
Daily Checkup
기출 표현 암기하기

091	strictly forbidden	엄격히 금지된
092	refrain from using	사용하는 것을 삼가다
093	wish to pursue	추구하길 원하다
094	stain removal	얼룩 제거
095	strictly prohibited	엄격히 금지된
096	obtain a driver's license	운전 면허증을 획득하다
097	give it to me	그것을 저에게 주세요
098	make no exceptions	예외를 두지 않다
099	need assistance	도움이 필요하다
100	limited time	제한된 시간
101	the remainder of the week	그 주의 나머지 기간
102	complimentary tickets	무료 티켓
103	although S+V	비록 ~임에도 불구하고
104	no later than	~보다 늦지 않게
105	comfortable pace	편안한 속도
106	highly recommended	매우 추천받는
107	remind me of the fact	나에게 그 사실을 알리다
108	the development of vaccines	백신의 개발
109	by 6 PM	오후 6시까지
110	qualified applicant	자격을 갖춘 지원자
111	successful commercially	상업적으로 성공한
112	careful evaluation	신중한 평가
113	as a token of our appreciation	감사의 표시로써
114	his promotion	그의 승진
115	process more quickly	더 빠르게 처리하다
116	finally accept	마침내 수락하다
117	hesitant to apply	지원하기를 망설이는
118	throughout the year	일 년 내내
119	currently under construction	현재 공사 중인
120	quality control director	품질 관리 감독자

DAY 05

121 will _____ our revenue next year

(A) boost
(B) to boost
(C) boosts
(D) boosting

122 _____ a flight delay

(A) due to
(B) because
(C) although
(D) while

123 In an effort _____ printer paper

(A) conserved
(B) has conserved
(C) to conserve
(D) conserving

124 By placing an _____ on customer services

(A) emphatically
(B) emphasis
(C) emphasizing
(D) emphasized

121 `출제 포인트` 조동사(will) 다음의 빈칸은 '동사원형'이 정답이다.

`핵심 보카` 우주선이나 미사일의 추진 로켓을 booster라고 한다. **boost**는 '신장시 키다, 증가'라는 뜻으로 명사와 동사가 동시에 되는 단어다.

`기출 표현` **boost revenue** '수익을 늘리다' 덩어리 표현을 암기하자.

`해석` 내년에 우리의 수익을 증가시킬 것이다

정답: (A)

122 `출제 포인트` 보기 분석을 통해 '전치사'와 '접속사'를 구별하는 문제라는 것을 알 수 있다. 빈칸 뒤에 명사 덩어리가 나왔기 때문에 '전치사'가 정답이다. 보기 중에 전치사는 due to밖에 없다.

`핵심 보카` **due to**는 '~때문에' 전치사다. **because**는 '~때문에' 접속사다. **although**는 '~불구하고' 접속사다. **while**은 '~동안에' 접속사다.

`기출 표현` **due to a flight delay** '비행 지연 때문에' 덩어리 표현을 암기하자.

`해석` 비행 지연 때문에

정답: (A)

123 `출제 포인트` effort 다음의 빈칸은 'to+동사원형'이 정답이다.

`핵심 보카` **effort**는 '노력'이라는 뜻의 명사로 to 부정사와 어울려 출제된다.

`기출 표현` **in an effort to do** '~할 노력으로' 덩어리 표현을 암기하자.

`해석` 프린터 종이를 아껴 쓰려는 노력으로

정답: (C)

124 `출제 포인트` 부정관사 an 다음의 빈칸은 '단수명사'가 정답이다.

`핵심 보카` **emphasize**는 '강조하다'라는 뜻의 동사다. **emphasis**는 '강조'라는 뜻의 명사로 전치사 **on**과 어울려 출제된다.

`기출 표현` **place an emphasis on** '~에 대해 강조하다' 덩어리 표현을 암기하자.

`해석` 고객 서비스에 역점을 둠으로써

정답: (B)

125 It is our goal to surpass our customer's _____ .

(A) expectations
(B) expectantly
(C) expectable
(D) expected

126 keep your personal belongings in a _____ locations

(A) secure
(B) securing
(C) securely
(D) security

127 Economists _____ that S+V⋯.

(A) predict
(B) predicts
(C) predicting
(D) predictable

128 To book a flight, _____ call the Airline.

(A) simple
(B) simply
(C) simplest
(D) simplify

125 출제 포인트 소유격(customer's) 다음의 빈칸은 '명사'가 정답이다.

핵심 보카 **expect**는 '예상하다, 기대하다'라는 뜻의 동사다. **expectation**은 '기대, 예상'이라는 뜻의 명사다.

기출 표현 **surpass our expectations** '우리의 기대를 능가하다' 덩어리 표현을 암기하자.

해석 고객의 기대를 능가하는 것이 우리의 목표이다.

정답: (A)

126 출제 포인트 명사(location) 앞의 빈칸은 '형용사'가 정답이다.

핵심 보카 **secure**는 '안전한'이란 뜻의 형용사와 '안전하게 하다'라는 뜻의 동사로 사용된다. 특히 '고정시키다'와 계약을 '따내다'라는 의미로 자주 출제된다. **security**는 '보안, 안전'이란 뜻의 명사로 **security system** '보안 시스템'처럼 복합 명사의 형태로 출제된다.

기출 표현 **secure locations** '안전한 장소' 덩어리 표현을 암기하자.

해석 안전한 장소에 개인 물품을 보관하다

정답: (A)

127 출제 포인트 복수주어(Economists) 다음에는 '복수동사'가 나와야 한다. '명사s'는 복수고, '동사s'는 단수라는 사실을 꼭 명심하자.

핵심 보카 **predict**는 '예상하다, 예측하다'라는 뜻의 동사다.

기출 표현 **Economists predict that** '경제학자들은 예상한다' 덩어리 표현을 암기하자.

해석 경제 전문가들은 예상한다

정답: (A)

128 출제 포인트 명령문은 동사원형(call)으로 시작한다. 그 앞에 '부사'를 쓸 수 있다.

핵심 보카 **simple**은 '간단한'이란 뜻의 형용사다. **simply**는 '간단하게, 그저'라는 뜻의 부사다. **simplify**는 '단순화하다'라는 뜻의 동사다.

기출 표현 **simply call me** '그저 저에게 전화하세요. 덩어리 표현을 암기하자.

해석 예약하기 위해서, 그저 항공사로 전화만 하세요.

정답: (B)

129 A man came to see you _____ your absence.

(A) while
(B) during
(C) because
(D) among

130 You are required to wear _____ goggles.

(A) protect
(B) protects
(C) protected
(D) protective

131 focus _____ the project

(A) up
(B) in
(C) of
(D) on

132 The prices have increased _____.

(A) considerably
(B) considerable
(C) considering
(D) considered

129 출제 포인트 during과 while의 차이점을 알아야 한다.

핵심 보카 during과 while은 모두 '~동안'이란 뜻이다. 차이점은 **during**은 '전치사'로 뒤에 명사가 나온다. 반면에 **while**은 '접속사'로 뒤에 주어와 동사가 나온다.

기출 표현 **during your absence** '부재중에' 덩어리 표현을 암기하자.

해석 당신이 없을 때 한 남자분이 당신을 만나러 왔어요.

정답: (B)

130 출제 포인트 명사(goggles) 앞의 빈칸은 '형용사'가 정답이다.

핵심 보카 **protect**는 '보호하다'라는 뜻의 동사로 **protect A from B**의 구조를 취한다. **protective**는 '보호하는'이란 뜻의 형용사로 '장비(**equipment**), 의복(**clothing**), 조치(**measures**)' 등의 명사와 어울려 출제된다.

기출 표현 **protective goggles** '보호 안경' 덩어리 표현을 암기하자.

해석 보호 안경을 착용하는 것이 요구된다.

정답: (D)

131 출제 포인트 **focus**는 전치사 **on**과 어울려 출제된다.

핵심 보카 전치사 **on**은 뭔가에 딱 달라붙어 있는 이미지이다. 접촉면은 위에 한정되지 않고 옆이나 아래에 붙어있어도 괜찮다. 여기서 의미가 파생되어 '진행, 관련, 의존, 집중, 영향'의 의미로 확장 되어간다.

기출 표현 **focus on** '~에 집중하다' 덩어리 표현을 암기하자.

해석 프로젝트에 집중하다

정답: (D)

132 출제 포인트 증가하다(increase)나 감소하다(decrease) 자동사 다음의 빈칸은 '부사'가 정답이다.

핵심 보카 '상당히'에 해당하는 부사에는 **considerably**, **significantly**, **substantially**가 있다.

기출 표현 **increase considerably** '상당히 증가하다' 덩어리 표현을 암기하자.

해석 가격이 상당히 증가했다.

정답: (A)

Day
05

133 the most _____ candidate

(A) promise
(B) promised
(C) promises
(D) promising

134 do not _____ reflect the feedback

(A) necessity
(B) necessitate
(C) necessary
(D) necessarily

135 A local newspaper article was highly _____ of the politician.

(A) critical
(B) critic
(C) critically
(D) criticism

136 the _____ architecture firm

(A) more prominently
(B) prominently
(C) most prominent
(D) prominence

133 명사(candidate) 앞의 빈칸은 '형용사'가 정답이다.

'약속'이라는 뜻의 **promise**에 ~ing을 붙여 **promising**이 되면 '유망한, 전망이 좋은'이라는 뜻의 형용사가 된다.

promising candidate '유망한 후보자' 덩어리 표현을 암기하자.

가장 유력한 후보자

정답: (D)

134 necessarily는 not과 함께 쓰여서 부분 부정을 표현한다.

necessary는 '필요한'이란 뜻의 형용사다. **necessarily**는 '반드시, 필연적으로'라는 뜻의 부사다. **necessity**는 '필요, 필수품'이라는 뜻의 명사다.

not necessarily '반드시 ~하는 것은 아니다' 덩어리 표현을 암기하자.

반드시 의견을 반영하는 것은 아니다.

정답: (D)

Day 05

135 be동사 다음의 빈칸은 '형용사'가 정답이다.

critic은 형용사처럼 보인다. 하지만 '비평가'라는 뜻의 사람 명사다. 꼭 주의하자. **critical**은 '비판적인'이란 뜻의 형용사로 전치사 of와 자주 어울려 출제된다. **criticism**은 '비판, 비난'이라는 뜻의 명사다.

highly critical '매우 비판적인' 덩어리 표현을 암기하자.

지역 신문 기사는 그 정치가에 대해서 매우 비판적이다.

정답: (A)

136 명사(architecture) 앞의 빈칸은 '형용사'가 정답이다. 명사 바로 앞에 부사는 나올 수 없다.

prominent는 '눈에 띄는, 두드러진'이란 뜻의 형용사다. **prominently**는 '눈에 띄게'라는 뜻의 부사다.

prominent architecture firm '저명한 건축 회사' 덩어리 표현을 암기하자.

가장 두드러진 건축 회사

정답: (C)

137 make all of the necessary _____ on the Web site

(A) revised
(B) revises
(C) revisions
(D) to revise

138 recommend an _____ place

(A) appropriate
(B) appropriateness
(C) appropriately
(D) most appropriately

139 for _____ product test results

(A) rely
(B) relying
(C) reliable
(D) reliably

140 much higher than _____ expected

(A) presently
(B) previously
(C) precisely
(D) shortly

137 형용사(necessary) 다음의 빈칸은 '명사'가 정답이다.

핵심 보카 **revise**는 '다시 보다'라는 뉘앙스로 '수정하다'라는 뜻의 동사다. **revision**은 '수정, 변경'이란 뜻의 명사다.

기출 표현 **necessary revisions** '필요한 수정' 덩어리 표현을 암기하자.

해석 필요한 모든 변경을 온라인상에서 하다

정답: (C)

138 **출제 포인트** 명사(place) 앞의 빈칸은 '형용사'가 정답이다. 단어의 품사를 모르겠다면 '-ly'를 삭제하고 남은 것이 형용사다.

핵심 보카 **appropriate**는 '적절한, 적합한'이란 뜻의 형용사다. **appropriately**는 '적절하게, 알맞게'라는 뜻의 부사다.

기출 표현 **appropriate place** '적절한 장소' 덩어리 표현을 암기하자.

해석 적절한 장소를 추천하다

정답: (A)

> **Day**
> **05**

139 **출제 포인트** 명사(product) 앞의 빈칸은 '형용사'가 정답이다.

핵심 보카 **rely**은 '의지하다, 신뢰하다'라는 뜻의 동사로 전치사 on과 어울려 출제된다. 형용사 **reliable**은 '신뢰할 수 있는'이라는 뜻이고, **reliant**는 '의존하는'이라는 뜻으로 두 형용사의 의미를 구별할 수 있어야 한다.

기출 표현 **reliable product** '믿을 수 있는 제품' 덩어리 표현을 암기하자.

해석 믿을 수 있는 제품 테스트 결과를 위해서

정답: (C)

140 **출제 포인트** previously는 과거 동사나 과거분사를 수식하는 형태로 출제된다.

핵심 보카 (A) **presently** 현재, (B) **previously** 이전에, (C) **precisely** 정확히, (D) **shortly** 곧.

기출 표현 **than previously expected** '이전에 예상했던 것 보다' 덩어리 표현을 암기하자.

해석 이전에 예상했던 것보다 훨씬 더 높은

정답: (B)

141 _____ than expected

(A) late
(B) lately
(C) later
(D) latest

142 in all _____ areas of the building

(A) public
(B) publicize
(C) publicly
(D) publicness

143 make a significant _____ to local community

(A) contribution
(B) contributing
(C) contributed
(D) contribute

144 We _____ a celebration next Friday.

(A) will be hosting
(B) hosted
(C) hosting
(D) have hosted

141 출제 포인트 than 앞에 빈칸이 있으면 '비교급'이 정답이다.

핵심 보카 late은 '늦은'이라는 뜻의 형용사이기도 하고, '늦게'라는 뜻의 부사이기도 하다. lately는 '최근에'라는 뜻의 부사다. later는 '나중에'라는 뜻이고, latest는 '최신에'라는 뜻이다.

기출 표현 later than expected '기대했던 것보다 더 늦게' 덩어리 표현을 암기하자.

해석 예상했던 것보다 더 늦게

정답: (C)

142 출제 포인트 명사(areas) 앞의 빈칸은 '형용사'가 정답이다.

핵심 보카 public은 '공공의'라는 뜻의 형용사와 '대중'이라는 뜻의 명사로 쓰인다. publicize는 '알리다, 홍보하다'라는 뜻의 동사다.

기출 표현 public areas '공공의 장소' 덩어리 표현을 암기하자.

해석 건물의 모든 공공의 장소에서

정답: (A)

143 출제 포인트 형용사(significant) 다음의 빈칸은 '명사'가 정답이다.

핵심 보카 contribute는 '기여하다, 기부하다'라는 뜻의 동사다. contribution은 '기여, 기부'라는 뜻의 명사다. 주로 전치사 to와 어울려 출제된다.

기출 표현 significant contribution '상당한 기여' 덩어리 표현을 암기하자.

해석 지역 사회에 상당한 기부를 하다

정답: (A)

144 출제 포인트 부사구 next Friday를 보는 순간 '미래시제'가 정답이다.

핵심 보카 host는 '주최자'라는 뜻의 사람명사와 '주최하다'라는 뜻의 동사가 동시에 된다.

기출 표현 host a celebration '축하행사를 주최하다' 덩어리 표현을 암기하자.

해석 우리는 다음 주 금요일에 축하행사를 주최할 것이다.

정답: (A)

Day
05

145 the _____ service at the Hilton Hotel

(A) exception
(B) exceptional
(C) exceptionally
(D) exceptionality

146 This shop _____ in handmade chocolates.

(A) considers
(B) measures
(C) specializes
(D) receives

147 without _____ an adhesive mark

(A) left
(B) leave
(C) leaves
(D) leaving

148 in _____ region of the country

(A) every
(B) all
(C) few
(D) many

145   출제 포인트   명사(service) 앞의 빈칸은 '형용사'가 정답이다.

핵심 보카   **except**는 '~제외하고'라는 뜻의 전치사다. **exception**은 '예외, 제외'
라는 뜻이 명사다. **exceptional**은 보기 드물게 예외적으로 '뛰어난'이
란 뜻으로 긍정적인 의미의 형용사다.

기출 표현   **exceptional service** '놀라운 서비스' 덩어리 표현을 암기하자.

해석   힐튼 호텔에서 제공하는 놀라운 서비스

정답: (B)

146   출제 포인트   빈칸 뒤에 전치사 in과 잘 어울려 쓰이는 자동사는 무엇일까?

핵심 보카   **special**은 '특별한'이란 뜻의 형용사다. **specialize**는 '전문화하다'라
는 뜻의 자동사로 전치사 in과 어울려 출제된다.

기출 표현   **specialize in** '전문적으로 취급하다' 덩어리 표현을 암기하자.

해석   이 상점은 손으로 만든 초콜릿을 전문적으로 취급한다.

정답: (C)

147   출제 포인트   전치사(without) 다음에 끊기지 않고 명사가 나오면 '동명사'가 정답이다.

핵심 보카   **leave**는 '떠나다'라는 의미뿐만 아니라 '남기다'라는 뜻도 알고 있어야
한다. 명사로는 '휴가'라는 뜻으로 쓰인다.

기출 표현   **without leaving** '남기지 않고' 덩어리 표현을 암기하자.

해석   접착제 표시를 남기지 않고

정답: (D)

148   출제 포인트   **all**과 **every**는 둘 다 '모든'이라는 뜻이다. 하지만 쓰임에 있어서는 많
은 차이가 있다. 수량 형용사는 뒤에 나오는 명사의 단·복수에 민감하
게 반응해야 한다.

핵심 보카   **every** 다음에는 셀 수 있는 '단수명사'가 나온다. **all** 다음에는 셀 수 있
는 '복수명사'가 나온다. **few**와 **many**는 뒤에 셀 수 있는 '복수명사'가
나온다.

기출 표현   **every region** '모든 지역' 덩어리 표현을 암기하자.

해석   그 나라의 모든 지역에서

정답: (A)

Day
05

149 The price of gold will be lower than _____.

(A) experiments
(B) organized
(C) anticipated
(D) inclined

150 The project was completed _____ schedule.

(A) ahead of
(B) depending on
(C) in exchange for
(D) aside from

149 **출제 포인트** than 뒤에 빈칸이 있을 때 '과거분사' 형태가 정답으로 대부분 출제된다.

핵심 보카 '예상했던 것 보다' **than anticipated** = **than expected** = **than predicted** 자주 출제되는 덩어리 표현 3개를 암기하자.

기출 표현 **lower than anticipated** '예상보다 더 낮은' 덩어리 표현을 암기하자.

해석 금 가격이 예상했던 것보다 더 낮을 것이다.

정답: (C)

150 **출제 포인트** schedule과 관련된 덩어리 표현을 암기하자.

핵심 보카 **schedule**의 영국식 발음은 [스케쥴]이 아니라 [쉐쥴]로 발음된다는 것에 주의하자. **on schedule**은 '일정에 딱 맞게'라는 뜻이고, **behind schedule**은 '일정보다 늦게'라는 뜻이다.

기출 표현 **ahead of schedule**은 '일정보다 빠른' 덩어리 표현을 암기하자.

해석 그 프로젝트는 일정보다 빠르게 마무리되었다.

정답: (A)

Day
05

DAY 05
Daily Checkup
기출 표현 암기하기

121	boost revenue	수익을 늘리다
122	due to a flight delay	비행 지연 때문에
123	in an effort to do	~할 노력으로
124	place an emphasis on	~에 대해 강조하다
125	surpass our expectations	우리의 기대를 능가하다
126	secure location	안전한 장소
127	Economists predict that …	경제학자들은 예상한다
128	simply call me	그저 저에게 전화하세요
129	during your absence	부재중에
130	protective goggles	보호 안경
131	focus on	~에 집중하다
132	increase considerably	상당히 증가하다
133	promising candidate	유망한 후보자
134	not necessarily	반드시 ~하는 것은 아니다
135	highly critical	매우 비판적인
136	prominent architecture firm	저명한 건축 회사
137	necessary revisions	필요한 수정
138	appropriate place	적절한 장소
139	reliable product	믿을 수 있는 제품
140	than previously expected	이전에 예상했던 것 보다
141	later than expected	기대했던 것보다 더 늦게
142	public areas	공공의 장소
143	significant contribution	상당한 기여
144	host a celebration	축하행사를 주최하다
145	exceptional service	놀라운 서비스
146	specialize in	전문적으로 취급하다
147	without leaving	남기지 않고
148	every region	모든 지역
149	lower than anticipated	예상보다 더 낮은
150	ahead of schedule	일정보다 빠른

DAY **06**

151 Dinner will be served _____ the president delivers her speech.

(A) almost
(B) more
(C) once
(D) away

152 the _____ time of arrival

(A) estimating
(B) estimates
(C) estimator
(D) estimated

153 upon _____ of the parcel

(A) receipt
(B) received
(C) receptacle
(D) receives

154 The store opens _____ 7:00 A.M.

(A) in
(B) up
(C) at
(D) on

151 출제 포인트 빈칸 뒤에 주어와 동사가 나왔기 때문에 '접속사'가 정답이다.

핵심 보카 **once**는 '한번'이란 뜻의 부사도 되지만 '일단 ~하면'이란 뜻의 '접속사'도 된다.

기출 표현 **deliver a speech** '연설을 하다' 덩어리 표현을 암기하자.

해석 일단 사장님이 연설을 하면 저녁이 제공될 것이다.

정답: (C)

152 출제 포인트 명사(time) 앞의 빈칸은 '형용사'가 정답이다. 형용사가 없을 때 '분사'가 정답이 될 수 있다.

핵심 보카 **estimate**는 동사로 '추정하다'라는 뜻이고, 명사로는 '견적서'라는 뜻이다.

기출 표현 **estimated time of arrival** '도착 예정 시간' 덩어리 표현을 암기하자.

해석 추정되는 도착 시간

정답: (D)

153 출제 포인트 전치사(upon)와 전치사(of) 사이의 빈칸은 '명사'가 정답이다.

핵심 보카 **receive**는 '받다'라는 뜻의 동사다. 명사 **receipt**는 가산명사일 경우 '영수증'이라는 뜻이고, 불가산명사인 경우는 '수령'이라는 뜻이다.

기출 표현 **upon receipt of the parcel** '소포 수령 즉시' 덩어리 표현을 암기하자.

해석 소포를 받자마자

정답: (A)

154 출제 포인트 정확한 시간 앞에는 전치사 '**at**'이 정답이다.

핵심 보카 전치사 **at**의 기본 개념은 '한 점'이다. 여기서 파생되어 시간과 장소, 비율, 상태, 대상 등의 의미를 나타낸다.

기출 표현 **at 7:00 A.M.** '오전 7시에' 덩어리 표현을 암기하자.

해석 그 상점은 오전 7시에 문을 연다.

정답: (C)

Day 06

155 After _____ a customer survey,

(A) conduct
(B) conducts
(C) conducting
(D) conducted

156 express our deep appreciation for your _____ support

(A) enthuse
(B) enthusiastic
(C) enthusiasm
(D) enthusiastically

157 The company's name will be changed _____.

(A) when
(B) even
(C) most
(D) soon

158 become a _____ company

(A) leading
(B) leads
(C) leader
(D) leadership

155 `출제 포인트` 접속사 **when**, **before**, **after** 다음의 빈칸은 '현재분사'가 정답이다.

`핵심 보카` **conduct**는 '수행하다'라는 뜻으로 survey, inspection, study와 같은 목적어를 주로 취한다.

`기출 표현` **conduct a survey** '연구조사를 하다' 덩어리 표현을 암기하자.

`해석` 소비자 설문조사를 한 후에

정답: (C)

156 `출제 포인트` **support**는 '명사'와 '동사'가 동시에 되는 단어다. 빈칸 앞에 소유격 (your)이 있기 때문에 명사로 쓰이고 있다. 명사 앞의 빈칸은 '형용사'가 정답이다.

`핵심 보카` **enthusiastic**은 '열정적인'이란 뜻의 형용사다. **enthusiasm**은 '열정' 이란 뜻의 명사다.

`기출 표현` **enthusiastic support** '열정적인 지원' 덩어리 표현을 암기하자.

`해석` 여러분들의 열정적 지지에 깊은 감사를 드립니다.

정답: (B)

157 `출제 포인트` 'soon'은 미래시제 will과 어울려 출제된다.

`핵심 보카` **soon**은 '곧'이란 뜻의 부사다. 동의어에는 **shortly**가 있다.

`기출 표현` **will soon** '곧 할 것이다' 덩어리 표현을 암기하자.

`해석` 회사의 이름이 곧 변경될 것이다.

정답: (D)

158 `출제 포인트` 명사(company) 앞의 빈칸은 '형용사'가 정답이다. 형용사가 보기에 없을 때 '분사'가 정답이 될 수 있다.

`핵심 보카` **lead**는 '이끌다'라는 뜻의 동사다. 자동사로 쓰여 **lead to**가 되면 '~ 로 이어지다'라는 뜻이 된다. **leader**는 '지도자'라는 뜻의 사람 명사다. **leading**은 '주도적인, 선도하는'이란 뜻의 현재분사가 거의 형용사로 굳어진 단어다.

`기출 표현` **leading company** '선도하는 회사' 덩어리 표현을 암기하자.

`해석` 선도하는 회사가 되었다

정답: (A)

159 I will stay here _____ it stops raining.

    (A) until
    (B) next
    (C) then
    (D) later

160 appreciate your _____ payment

    (A) prompts
    (B) prompt
    (C) promptly
    (D) promptness

161 much more _____ machines

    (A) sophisticate
    (B) sophisticating
    (C) sophisticated
    (D) sophistication

162 receive _____ reviews from critics

    (A) favor
    (B) favorite
    (C) favorable
    (D) favorably

159 출제 포인트 빈칸 뒤에 주어와 동사가 나왔기 때문에 '접속사'가 정답이다.

핵심 보카 어느 시점까지의 '계속'을 나타내는 **until**은 '∼까지 쭉'이라는 뜻으로 전치사와 접속사가 동시에 된다.

기출 표현 **until it stops raining** '비가 그칠 때까지' 덩어리 표현을 암기하자.

해석 비가 그칠 때까지 나는 여기에 있을 거야.

정답: (A)

160 출제 포인트 명사(payment) 앞의 빈칸은 '형용사'가 정답이다.

핵심 보카 **prompt**는 '신속한'이란 뜻의 형용사다. **promptly**는 '신속하게'라는 뜻과 '정시에'라는 뜻의 부사다.

기출 표현 **prompt payment** '신속한 지불' 덩어리 표현을 암기하자.

해석 당신의 빠른 지불에 감사합니다

정답: (B)

Day 06

161 출제 포인트 명사(machines) 앞의 빈칸은 '형용사'가 정답이다. 보기 중에 형용사가 없을 때 '분사'가 정답이 될 수 있다.

핵심 보카 **sophisticated**는 사람과 함께 쓰이면 '세련된'이란 뜻이고, 기계나 장비와 함께 쓰이면 '정교한'이란 뜻이다. 토익에서 이 단어는 대부분 과거분사 형태로 출제되고 있다.

기출 표현 **sophisticated machine** '정교한 기계' 덩어리 표현을 암기하자.

해석 훨씬 더 정교한 기계

정답: (C)

162 출제 포인트 명사(reviews) 앞의 빈칸은 '형용사'가 정답이다. 형용사 favorite과 favorable의 의미 차이를 알고 있어야 한다.

핵심 보카 **favor**는 '친절, 호의'라는 뜻의 명사다. **favorite**은 '가장 좋아하는'이란 뜻의 형용사다. **favorable**은 '호의적인'이란 뜻의 형용사다.

기출 표현 **favorable reviews** '호의적인 평가' 덩어리 표현을 암기하자.

해석 비평가들로부터 호의적인 평가를 받다

정답: (C)

163 If the schedule is _____ for you,

(A) agreeably
(B) agreeable
(C) agreement
(D) agreed

164 I will be able _____ your request.

(A) to accommodate
(B) accommodating
(C) having accommodated
(D) be accommodated

165 to _____ health care team

(A) us
(B) yourself
(C) your
(D) them

166 They approved the contract _____ discussed last week.

(A) our
(B) we
(C) ours
(D) us

163　**출제 포인트**　be동사 다음의 빈칸은 '형용사'가 정답이다.

핵심 보카　**agree**는 '동의하다, 일치하다'라는 뜻의 동사다. **agreeable**은 '동의하는, 쾌활한'이란 뜻의 형용사다. **agreeably**는 '흔쾌히, 기분 좋게'라는 뜻의 부사다. **agreement**는 '합의, 계약'이라는 뜻의 명사다.

기출 표현　**agreeable schedule** '알맞은 일정' 덩어리 표현을 암기하자.

해석　만약 일정이 당신에게 적합하면

정답: (B)

164　**출제 포인트**　able 뒤의 빈칸은 'to+동사원형'이 정답이다.

핵심 보카　**accommodate**는 '수용하다'라는 뜻의 동사다.

기출 표현　**able to accommodate** '수용할 수 있는' 덩어리 표현을 암기하자.

해석　나는 당신의 요청을 수용할 수 있을 것이다.

정답: (A)

165　**출제 포인트**　명사(health) 앞의 빈칸은 '소유격'이 정답이다.

핵심 보카　**health**는 '건강'이라는 뜻의 명사다. **healthy**는 '건강한'이란 뜻의 형용사다.

기출 표현　**your health** '당신의 건강' 덩어리 표현을 암기하자.

해석　당신의 건강 관리팀에게

정답: (C)

166　**출제 포인트**　동사(discussed) 앞의 빈칸은 '주격'이 정답이다. 주어와 동사가 바로 앞의 명사(contract)를 꾸며주는 문장구조다.

핵심 보카　**discuss**는 '토론하다'라는 뜻의 타동사다.

기출 표현　**the movie I saw** '내가 봤던 그 영화' 덩어리 표현을 암기하자.

해석　그들은 지난주에 토론했던 그 계약을 승인했다.

정답: (B)

167 Mr. Lee's presentation was so persuasive _____ the board approved his plan.

(A) which
(B) about
(C) that
(D) during

168 two letters of _____ from previous employers

(A) recommending
(B) recommend
(C) recommendation
(D) recommended

169 send a written _____ of the plans

(A) notify
(B) notifies
(C) notifying
(D) notification

170 have a _____ effect on me

(A) benefit
(B) beneficial
(C) beneficially
(D) benefits

167 `출제 포인트` 빈칸 다음에 주어와 동사가 나왔기 때문에 '접속사' 자리다. '너무'라는 뜻의 so가 나왔기 때문에 '그래서'라는 결과 접속사 that이 정답이다.

`핵심 보카` **persuasive**는 '설득력 있는'이란 뜻의 형용사다.

`기출 표현` **so persuasive that**… '너무 설득력이 있어서' 덩어리 표현을 암기하자.

`해석` 미스터리의 발표가 너무 설득력 있었다. 그래서 이사회가 그의 계획을 승인했다.

정답: (C)

168 `출제 포인트` 전치사(of)와 전치사(from) 사이의 빈칸은 '명사'가 정답이다.

`핵심 보카` **commend**는 '칭찬하다'라는 뜻이다. '다시'를 의미하는 접두사 're-'가 붙어 **recommend**가 되면 '추천하다'라는 의미가 된다. **recommendation**은 '추천'이라는 뜻의 명사다.

`기출 표현` **a letter of recommendation** '추천장' 덩어리 표현을 암기하자.

`해석` 이전 고용주들로부터의 두 개의 추천장

정답: (C)

169 `출제 포인트` a _____ of의 구조에서 빈칸은 '명사'가 정답이다.

`핵심 보카` **notify**는 '통지하다, 알리다'라는 뜻의 동사다. **notification**은 '통지, 알림'이라는 뜻의 명사다. 참고로 스펠링이 비슷한 **notice**는 '공지, 알아차리다'라는 뜻으로 헷갈리지 말고 구분해서 암기하자.

`기출 표현` **written notification** '서면 통지' 덩어리 표현을 암기하자.

`해석` 계획에 대해 서면 통지를 보내다

정답: (D)

170 `출제 포인트` 명사(effect) 앞의 빈칸은 '형용사'가 정답이다.

`핵심 보카` **benefit**은 '이익, 혜택'이란 뜻의 명사와 '이익을 얻다, 이익을 주다'라는 뜻의 동사로 쓰인다. **beneficial**은 '유익한, 이로운'이란 뜻의 형용사다.

`기출 표현` **beneficial effect** '이로운 효과' 덩어리 표현을 암기하자.

`해석` 나에게 이로운 효과를 주다

정답: (B)

171 We ship our orders _____ 24 hours of receipt.

(A) around
(B) beside
(C) through
(D) within

172 leave a _____ impression

(A) lasts
(B) lasting
(C) lasted
(D) lastly

173 Mr. Lee _____ deleted important files.

(A) accidentally
(B) accidental
(C) accidents
(D) accident

174 carry a large _____ of gardening tools

(A) select
(B) selecting
(C) selective
(D) selection

171 출제 포인트 전치사 문제는 앞의 동사나 뒤의 명사와의 어울림을 잘 파악해야 한다.

핵심 보카 **within**은 '특정 범위 기간 내'를 강조하는 전치사다.

기출 표현 **within 24 hours** '24시간 이내에' 덩어리 표현을 암기하자.

해석 저희는 주문서를 수령 후 24시간 내에 발송합니다.

정답: (D)

172 출제 포인트 명사(impression) 앞의 빈칸은 '형용사'가 정답이다.

핵심 보카 **last**는 '마지막의'란 뜻의 형용사도 되지만 '지속하다'라는 뜻의 동사로도 쓰인다. **lastly**는 '마지막으로'라는 뜻의 부사다. **lasting**는 '지속적인, 오래 남는'이란 뜻의 현재분사가 형용사로 굳어진 단어다.

기출 표현 **lasting impression** '지속적인 인상' 덩어리 표현을 암기하자.

해석 오래 지속되는 인상을 남기다

정답: (B)

Day 06

173 출제 포인트 주어와 동사 사이의 빈칸은 '부사'가 정답이다.

핵심 보카 **accident**는 '우연적 사고'라는 뜻의 명사다. **accidental**은 '우발적인'이란 뜻의 형용사다. **accidentally**는 '우연히, 실수로'라는 뜻의 부사다.

기출 표현 **accidentally delete** '실수로 삭제하다' 덩어리 표현을 암기하자.

해석 미스터리는 중요한 파일을 실수로 삭제했다.

정답: (A)

174 출제 포인트 형용사(large) 다음의 빈칸은 '명사'가 정답이다.

핵심 보카 **select** '선택하다'라는 뜻의 동사다. **selective**는 '까다로운'이라는 뜻의 형용사다. **selection**은 '선택'이라는 뜻의 명사다.

기출 표현 **a large selection of** '매우 다양한' 덩어리 표현을 암기하자.

해석 매우 다양한 원예 도구들을 취급하다

정답: (D)

175 I will buy it _____ you give me a discount.

(A) as a result
(B) provided that
(C) in place of
(D) as well as

176 should be _____ of others

(A) considering
(B) considerate
(C) considerately
(D) considered

177 one of the leading _____ of organic foods

(A) distributing
(B) distributors
(C) distributed
(D) distribution

178 Please _____ to the pharmacist.

(A) speak
(B) spoke
(C) speaks
(D) to speak

175 출제 포인트 빈칸 뒤에 주어와 동사가 나왔기 때문에 빈칸은 '접속사' 자리다.

핵심 보카 **provided**는 '제공된'이라는 뜻으로 알고 있을 것이다. 하지만 '만약 ~ 라면'이라는 뜻의 **If** 대용의 접속사로도 쓰인다.

기출 표현 **provided that** '만약 ~라면' 덩어리 표현을 암기하자.

해석 만약 나에게 할인을 해준다면 나는 그것을 살 것이다.

정답: (B)

176 출제 포인트 be동사 다음의 빈칸은 '형용사'가 정답이다. 수동태 형태에 속지 말자.

핵심 보카 '고려하다' **consider**의 파생어 **considerable**은 '상당한'이란 뜻이고, **considerate**은 '사려 깊은'이란 뜻이다.

기출 표현 **considerate man** '사려 깊은 남자' 덩어리 표현을 암기하자.

해석 다른 사람들을 배려해야 한다

정답: (B)

177 출제 포인트 one of the 다음에는 '복수명사'가 나와야 한다.

핵심 보카 **distribute**는 '나누어 주다'라는 뜻의 동사다. **distributor**는 '유통업 자'라는 뜻의 사람명사에서 '유통업체'라는 회사의 의미로 파생된다. **distribution**은 '유통, 분배, 배포'라는 뜻의 개념 명사다.

기출 표현 **leading distributor** '선도적인 유통업체' 덩어리 표현을 암기하자.

해석 선도적인 유기농 식품 유통업체 중의 하나

정답: (B)

178 출제 포인트 **Please** 다음의 빈칸은 '동사원형'이 정답이다.

핵심 보카 **pharmacist**는 '약사'라는 뜻이고, **pharmacy**는 '약국'이라는 뜻의 명 사다.

기출 표현 **speak to me** '나에게 말해 주세요' 덩어리 표현을 암기하자.

해석 약사에게 말해 주세요.

정답: (A)

179 the _____ vegetables in Seoul City

    (A) freshest
    (B) fresh
    (C) freshly
    (D) fresher

180 give an _____ presentation

    (A) inform
    (B) informative
    (C) informed
    (D) information

179 출제 포인트 빈칸 앞에 the가 있고, 한정시켜주는 말이 있다면 '최상급'이 정답이다.

핵심 보카 **fresh**는 '신선한'이란 뜻의 형용사다. **freshly**는 '신선하게'라는 뜻의 부사다.

기출 표현 **the freshest vegetables** '가장 신선한 야채' 덩어리 표현을 암기하자.

해석 서울에서 가장 신선한 야채

정답: (A)

180 출제 포인트 명사(presentation) 앞의 빈칸은 '형용사'가 정답이다.

핵심 보카 **inform**은 '알리다, 통지하다'라는 뜻의 동사다. **information**이 '정보'라는 뜻으로 '셀 수 없는 명사'라는 사실이 너무 중요하다. **informative**는 '정보를 주는'이라는 뜻의 형용사다. **informed**는 '정보에 근거한'이라는 뜻의 과거분사다.

기출 표현 **informative presentation** '유익한 발표' 덩어리 표현을 암기하자.

해석 유익한 발표를 하다

정답: (B)

Day 06

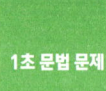

DAY 06
Daily Checkup
기출 표현 암기하기

151	deliver a speech	연설을 하다
152	estimated time of arrival	도착 예정 시간
153	upon receipt of the parcel	소포 수령 즉시
154	at 7:00 A.M.	오전 7시에
155	conduct a survey	연구조사를 하다
156	enthusiastic support	열정적인 지원
157	will soon	곧 할 것이다
158	leading company	선도하는 회사
159	until it stops raining	비가 그칠 때까지
160	prompt payment	신속한 지불
161	sophisticated machine	정교한 기계
162	favorable reviews	호의적인 평가
163	agreeable schedule	알맞은 일정
164	able to accommodate	수용할 수 있는
165	your health	당신의 건강
166	the movie I saw	내가 봤던 그 영화
167	so persuasive that …	너무 설득력이 있어서
168	a letter of recommendation	추천장
169	written notification	서면 통지
170	beneficial effect	이로운 효과
171	within 24 hours	24시간 이내에
172	lasting impression	지속적인 인상
173	accidentally delete	실수로 삭제하다
174	a large selection of	매우 다양한
175	provided that	만약 ~라면
176	considerate man	사려 깊은 남자
177	leading distributor	선도적인 유통업체
178	speak to me	나에게 말해 주세요
179	the freshest vegetables	가장 신선한 야채
180	informative presentation	유익한 발표

DAY 07

181 Parking pass must be _____ displayed in front of your car.

(A) clear
(B) clearly
(C) clarify
(D) clarity

182 due _____ to the price increases

(A) largely
(B) large
(C) largeness
(D) larger

183 a memo on _____ the new marketing strategy

(A) outline
(B) outlined
(C) outlining
(D) outliner

184 with _____ effort

(A) minimally
(B) minimize
(C) minimal
(D) minimizes

181　**출제 포인트**　수동태 사이의 빈칸은 '부사'가 정답이다.

　　　핵심 보카　**clear**는 '명확한'이라는 형용사와 '치우다'라는 뜻의 동사로 쓰인다. **clearly**는 '명확히, 분명히'라는 뜻의 부사다. **clarify**는 '명확하게 하다'라는 뜻의 동사다. **clarity**는 '명확성'이란 뜻의 명사다.

　　　기출 표현　**clearly displayed** '명확히 게시된' 덩어리 표현을 암기하자.

　　　해석　주차권이 자동차 앞에 명확하게 게시되어야 한다.

　　　　　　　　　　　　　　　　　　　　　　　　　　　　정답: (B)

182　**출제 포인트**　**due to**는 '~때문에'라는 뜻의 전치사다. 그 사이에 '부사'가 들어갈 수 있다.

　　　핵심 보카　**large**는 '커다란, 양이 많은'이란 뜻의 형용사다. 주의할 점은 **largely**는 '크게'라는 의미가 아니라 '주로'라는 뜻의 부사다.

　　　기출 표현　**due largely to** '주로 ~때문에' 덩어리 표현을 암기하자.

　　　해석　주로 가격 인상 때문에

　　　　　　　　　　　　　　　　　　　　　　　　　　　　정답: (A)

183　**출제 포인트**　전치사와 명사 사이의 빈칸은 '동명사'가 정답이다.

　　　핵심 보카　**outline**은 '개요, 요약'이라는 뜻의 명사뿐만 아니라 '요약하다, 개괄하다'라는 뜻의 동사도 된다.

　　　기출 표현　**outline the new strategy** '새로운 전략을 요약하다' 덩어리 표현을 암기하자.

　　　해석　새로운 마케팅 전략에 대해 간략히 정리한 메모

　　　　　　　　　　　　　　　　　　　　　　　　　　　　정답: (C)

184　**출제 포인트**　명사(effort) 앞의 빈칸은 '형용사'가 정답이다. 형용사를 모르겠다면 단어의 꼬리 -ly를 삭제하고 남은 것이 형용사다.

　　　핵심 보카　**effort**는 '노력'이란 뜻의 명사다.

　　　기출 표현　**minimal effort** '최소한의 노력' 덩어리 표현을 암기하자.

　　　해석　최소한의 노력으로

　　　　　　　　　　　　　　　　　　　　　　　　　　　　정답: (C)

Day 07

185 Mr. Lee is _____ with the safety regulations.

(A) familiar
(B) familiarly
(C) familiarity
(D) familiarize

186 We offer same-day _____.

(A) delivery
(B) deliverable
(C) deliverer
(D) deliver

187 will host a _____ to honor graduates

(A) celebrated
(B) celebratory
(C) celebrate
(D) celebration

188 Please _____ us for more information.

(A) register
(B) apply
(C) contact
(D) subscribe

185 출제 포인트 be동사 다음의 빈칸은 '형용사'가 정답이다.

핵심 보카 familiar는 '익숙한'이란 뜻의 형용사다. 전치사 with와 어울려 출제된다. familarize는 '익숙하게 하다'라는 뜻의 동사다.

기출 표현 familiar with safety regulations '안정 규정에 익숙한' 덩어리 표현을 암기하자.

해석 미스터리는 안전 규정에 익숙하다.

정답: (A)

186 출제 포인트 형태가 비슷해 헷갈리기 쉬운 '명사'와 '동사'를 잘 구별할 수 있어야 한다.

핵심 보카 deliver는 '배달하다'라는 뜻의 동사다. -y를 붙여 delivery가 되면 '배달'이라는 뜻의 명사가 된다.

기출 표현 same-day delivery '당일 배송' 덩어리 표현을 암기하자.

해석 우리는 당일 배송을 제공한다.

정답: (A)

187 출제 포인트 관사(a) 맨 끝의 빈칸은 '명사'가 정답이다.

핵심 보카 celebrate는 '기념하다, 축하하다'라는 뜻의 동사다. celebration은 '기념, 축하행사'라는 뜻의 명사다. 참고로 celebrity는 '셀럽'의 줄임말로 '유명인사'라는 뜻이다.

기출 표현 host a celebration '기념행사를 열다' 덩어리 표현을 암기하자.

해석 졸업생들의 공을 치하하기 위해 기념행사를 열 것이다

정답: (D)

Day 07

188 출제 포인트 contact는 목적어를 바로 취하는 '타동사'다.

핵심 보카 contact은 '접촉, 접촉하다'라는 뜻의 명사와 동사가 동시에 되는 단어다. 하지만 토익에서는 주로 사람들 사이에서 전화나 편지, 이메일 등으로 '연락하다'라는 의미로 출제된다.

기출 표현 contact us '우리에게 연락하세요' 덩어리 표현을 암기하자.

해석 더 많은 정보를 원하시면 저희에게 연락하세요.

정답: (C)

189 the terms of _____ such as working hours, leave benefits, etc.

(A) employable
(B) employment
(C) employee
(D) employs

190 for _____ 50 years

(A) neared
(B) nearest
(C) nearby
(D) nearly

191 You must depart _____ 9:00 A.M.

(A) below
(B) with
(C) before
(D) inside

192 in order to _____ a quiet working environment

(A) maintenance
(B) maintains
(C) maintaining
(D) maintain

189 `출제 포인트` 사람명사와 개념명사를 구별하는 문제이다.

`핵심 보카` **employ**는 '고용하다'라는 뜻의 동사다. **employee**는 '직원'이라는 뜻이고, **employer**는 '고용주'라는 뜻의 사람 명사다. **employment**는 '고용, 채용'이라는 뜻의 개념 명사다.

`기출 표현` **the terms of employment** '고용의 조건' 덩어리 표현을 암기하자.

`해석` 근무 시간, 휴가 혜택 등과 같은 고용 조건

정답: (B)

190 `출제 포인트` 숫자 앞에 빈칸이 있을 때 'nearly'가 있으면 대부분 정답이다.

`핵심 보카` **near**는 시간이나 공간상 '가까운, 가까이, 근처에, 다가가다'의 뜻으로 형용사, 부사, 전시차, 동사로 사용된다. **nearby**는 '근처의'라는 뜻의 형용사다. **nearly**는 '거의'라는 뜻으로 의미가 전혀 다른 부사다.

`기출 표현` **nearly 50 years** '거의 50년' 덩어리 표현을 암기하자.

`해석` 거의 50년 동안

정답: (D)

191 `출제 포인트` **before**는 뒤에 '시점'에 해당하는 명사가 나온다. '~전에'라는 뜻의 동의어 **prior to**도 함께 알아두자.

`핵심 보카` **depart**는 '부분에서 떨어져 나간다'라는 의미로 '출발하다'라는 뜻의 동사다. 명사 **departure** '출발'도 함께 알아두자.

`기출 표현` **before 9 A.M.** '오전 9시 전에' 덩어리 표현을 암기하자.

`해석` 당신은 오전 9시 전에 출발해야 한다.

정답: (C)

Day 07

192 `출제 포인트` in order to 다음의 빈칸은 '동사원형'이 정답이다.

`핵심 보카` **maintain**은 '유지하다'라는 뜻의 동사다. **maintenance** '유지보수'라는 뜻의 명사다.

`기출 표현` **in order to maintain** '유지하기 위해서' 덩어리 표현을 암기하자.

`해석` 조용한 작업 환경을 유지하기 위해서

정답: (D)

193 I will do everything _____ you.

(A) assisted
(B) assists
(C) to assist
(D) have assisted

194 You must comply _____ the regulations.

(A) to
(B) for
(C) with
(D) upon

195 Participants are _____ to have extensive experiences.

(A) expects
(B) expect
(C) expecting
(D) expected

196 You can contact a sales _____ by sending an e-mail.

(A) representative
(B) represent
(C) representation
(D) represented

193 **출제 포인트** 완전한 문장 다음의 'to+동사원형'은 '~하기 위해서'라는 뜻으로 쓰인다.

핵심 보카 assist는 '돕다'라는 뜻의 동사다.

기출 표현 to assist you '당신을 돕기 위해서' 덩어리 표현을 암기하자.

해석 나는 당신을 돕기 위해서라면 무엇이든 다 할 것이다.

정답: (C)

194 **출제 포인트** comply와 어울리는 전치사는 무엇일까?

핵심 보카 comply는 '준수하다'라는 뜻으로 전치사 with와 어울려 출제된다.

기출 표현 comply with the regulations '규정을 준수하다' 덩어리 표현을 암기하자.

해석 당신은 반드시 엄격한 보안 방침을 지켜야 한다.

정답: (C)

195 **출제 포인트** 수동태 다음에 'to+동사원형'이 나오는 5형식 동사를 암기하자.

핵심 보카 expect는 '기대하다'라는 뜻으로 expect A to do의 형태로 출제된다. 또한 be expected to do의 수동태 형태로 자주 출제된다.

기출 표현 be expected to do '~할 것으로 예상된다' 덩어리 표현을 암기하자.

해석 참석자들이 폭넓은 경험을 하게 될 것으로 예상된다.

정답: (D)

Day 07

196 **출제 포인트** '사람명사'와 '사물명사'의 구분을 할 수 있어야 한다.

핵심 보카 represent는 '대표하다'라는 뜻의 동사다. representation은 '대표'라는 뜻의 명사다. representative는 '대표하는'이라는 뜻의 '형용사'뿐만 아니라 '대표자'라는 뜻의 명사도 된다는 것이 중요하다. 특히 '직원'이라는 뜻의 사람명사로 가장 많이 출제된다.

기출 표현 sales representative '판매 직원' 덩어리 표현을 암기하자.

해석 당신은 이메일을 보냄으로써 판매 직원에게 연락할 수 있습니다.

정답: (A)

197 Employment has fallen slightly _____ the past six months.

(A) over
(B) until
(C) by
(D) from

198 Managers should _____ all staff with personalized business cards.

(A) supplies
(B) supply
(C) supplied
(D) supplying

199 Mr. Lee chose advertising as his _____ .

(A) occupation
(B) occupying
(C) occupant
(D) occupancy

200 A proposal will be _____ approved.

(A) formally
(B) formal
(C) formality
(D) formalizing

197 현재완료 시제가 나왔을 때 '~동안'을 의미하는 전치사에는 for, in, over가 있다.

over는 물체뿐만 아니라 추상적인 것을 덮는다는 의미로 기간이 나오면 '~동안에, 걸쳐서'라는 의미가 된다.

over the past six months '지난 6개월 동안' 덩어리 표현을 암기하자.

실업률이 지난 6개월 동안에 걸쳐서 약간 떨어지고 있다.

정답: (A)

198 조동사(should) 다음의 빈칸은 '동사원형'이 정답이다.

supply는 '공급'이라는 명사와 '공급하다'라는 동사가 동시에 되는 단어다. '제공하다' **provide A with B**처럼 목적어'누구에게 무엇을' 사이에 전치사 with와 어울려 출제된다.

should supply '제공해야 한다' 덩어리 표현을 암기하자.

매니져들은 모든 직원들에게 개별 명함을 지급해야 한다.

정답: (B)

199 명사 occupation과 occupant의 뜻을 구별할 수 있어야 한다.

occupy는 '자리를 차지하다'라는 뜻의 동사다. **occupation**은 '점유'라는 뜻의 명사에서 '직업'이라는 의미로 파생된다. **occupancy**는 호텔 등의 사용 '이용률'이라는 뜻의 명사다. **occupant**는 '점유자'라는 뜻의 사람 명사다.

as his occupation '그의 직업으로써' 덩어리 표현을 암기하자.

미스터리는 그의 직업으로 광고를 선택했다.

정답: (A)

Day 07

200 be동사와 과거분사, 즉 수동태 사이의 빈칸은 '부사'가 정답이다.

form은 '서식, 양식, 형태'라는 뜻의 명사다. **formal**은 '공식적인, 격식을 차린'이란 뜻의 형용사다. **formally**는 '공식적으로, 정식으로'라는 뜻의 부사다.

formally approve '공식적으로 승인하다' 덩어리 표현을 암기하자.

제안서가 공식적으로 승인될 것이다.

정답: (A)

201 The building is currently closed for _____.

(A) renovates
(B) renovate
(C) renovations
(D) renovated

202 follow the government's _____ guidelines

(A) strictly
(B) strictest
(C) more strictly
(D) most strictly

203 I will let you know _____ I get there.

(A) as well as
(B) as soon as
(C) thanks to
(D) due to

204 various job _____

(A) opens
(B) opened
(C) opening
(D) openings

201

출제 포인트　전치사(for) 맨 끝은 '명사'가 정답이다.

핵심 보카　renovate는 '개조하다, 보수하다'라는 뜻의 동사다. renovation은 '보수, 개조'라는 뜻의 명사다. 동의어로는 remodeling과 renewal이 있다.

기출 표현　for renovations '보수 공사를 위해' 덩어리 표현을 암기하자.

해석　건물이 현재 보수 공사로 인해 폐쇄 중이다.

정답: (C)

202

출제 포인트　명사(guidelines) 앞의 빈칸은 '형용사'가 정답이다. 부사는 일정한 원칙을 가지고 아무 곳이나 들어갈 수 있다. 하지만 명사 바로 앞에 부사는 절대 들어갈 수 없다.

핵심 보카　strict는 '엄격한'이라는 뜻의 형용사고, strictly는 '엄격하게'라는 뜻의 부사다. 동의어 severely도 함께 알아두자.

기출 표현　strict guidelines '엄격한 지침' 덩어리 표현을 암기하자.

해석　정부의 가장 엄격한 지침을 따르다

정답: (B)

203

출제 포인트　빈칸 앞에 조동사 will이 있으면 '시간 접속사'가 정답이다.

핵심 보카　as soon as는 '~하자마자'라는 뜻의 접속사다.

기출 표현　as soon as I get there '내가 거기 도착하자마자' 덩어리 표현을 암기하자.

해석　내가 거기에 도착하자마자 알려 드릴게요.

정답: (B)

204

출제 포인트　various는 '다양한'이란 뜻으로 뒤에 '복수명사'가 나와야 한다.

핵심 보카　open은 '열다'라는 뜻의 동사도 되지만 '열려 있는 상태'라는 뜻의 형용사도 된다. opening은 '공석, 빈자리'라는 뜻으로 job openings 복합명사로 자주 출제된다. 동의어 vacancy도 함께 알아두자.

기출 표현　job openings '일자리' 덩어리 표현을 암기하자.

해석　다양한 일자리들

정답: (D)

205 Applicants must submit _____ resume by May 20.

(A) them
(B) themselves
(C) they
(D) their

206 a _____ wage level

(A) satisfy
(B) satisfaction
(C) satisfactory
(D) satisfactorily

207 You should cooperate _____ government.

(A) into
(B) on
(C) with
(D) between

208 A study indicates _____ eating habits are changing fast.

(A) that
(B) but
(C) what
(D) like

205 명사(resume) 앞의 빈칸은 '소유격'이 정답이다.

resume을 [레쥬메] 라고 발음하면 '이력서'라는 뜻의 명사가 되고, [리줌] 이라고 발음하면 '재개하다'라는 뜻의 동사가 된다.

submit their resume '이력서를 제출하다' 덩어리 표현을 암기하자.

지원자들은 5월 20일까지 이력서를 제출해야 한다.

정답: (D)

206 명사(wage) 앞의 빈칸은 '형용사'가 정답이다.

satisfy는 '만족시키다'라는 뜻의 동사다. satisfactory는 결과나 대답이 '만족스러운'이라는 뜻의 형용사다. satisfaction은 '만족'이라는 뜻으로 customer satisfaction '고객 만족'처럼 복합 명사 형태로 주로 출제된다.

satisfactory wage level '만족스러운 임금 수준' 덩어리 표현을 암기하자.

만족스러운 임금 수준

정답: (C)

207 전치사 with의 기본 개념은 '공존'이다. 사람과 함께 쓰이면 '~와 함께'라는 뜻이고, 사물과 함께 쓰이면 '~을 지니고'라는 뜻이 된다.

cooperate는 '협력하다'라는 뜻의 자동사로 전치사 with와 어울려 출제된다.

cooperate with government '정부와 협력하다' 덩어리 표현을 암기하자.

당신은 정부와 함께 협력해야 한다.

정답: (C)

208 indicate 다음의 빈칸은 명사절 접속사 'that'이 정답이다.

'indicate'는 고갯짓이나 손가락으로 '가리키다'라는 뜻이다. 여기서 의미가 파생되어 가능성이나 조짐을 '나타내다'에서 간접적으로 '암시하다'라는 뜻으로 의미가 확장되어 간다.

A study indicates that… '연구조사에 따르면' 덩어리 표현을 암기하자.

한 연구조사에 따르면 식습관이 빠르게 변하고 있다고 한다.

정답: (A)

209 Smoking is permitted in _____ areas only.

(A) designated
(B) designation
(C) designating
(D) designates

210 The company provides participants with _____ for the convention.

(A) translator
(B) translation
(C) to translate
(D) translating

209 `출제 포인트` 명사(areas) 앞의 빈칸은 '형용사'가 정답이다. 형용사가 없을 때 '분사'가 정답이 될 수 있다.

`핵심 보카` **designate**는 '지정하다, 지명하다'라는 뜻의 동사다. **designated**는 '지정된, 지명된'이란 뜻의 과거분사다. **designation**은 '지정'이라는 뜻의 명사다.

`기출 표현` **designated areas** '지정된 지역' 덩어리 표현을 암기하자.

`해석` 흡연은 오직 지정된 장소에서만 허용됩니다.

정답: (A)

210 `출제 포인트` '사람명사'는 단독적으로 쓰이지 못한다. 명사 앞에 a나 뒤에 s를 붙여줘야 한다.

`핵심 보카` trans-는 '이동'을 의미하는 접두사로 **translate**는 '번역하다, 통역하다'라는 뜻의 동사다. **translation**은 '번역, 통역'이라는 뜻의 개념 명사고, **translator**는 '번역사, 통역사'라는 뜻의 사람 명사다.

`기출 표현` **provide participants with translation** '참가자들에게 통역을 제공하다' 덩어리 표현을 암기하자.

`해석` 그 회사는 참가자들에게 회의에 대한 통역을 제공한다.

정답: (B)

Day
07

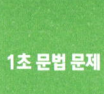
DAY 07
Daily Checkup
기출 표현 암기하기

181	clearly displayed	명확히 게시된
182	due largely to	주로 ~때문에
183	outline the new strategy	새로운 전략을 요약하다
184	minimal effort	최소한의 노력
185	familiar with safety regulations	안정 규정에 익숙한
186	same-day delivery	당일 배송
187	host a celebration	기념행사를 열다
188	contact us	우리에게 연락하세요
189	the terms of employment	고용의 조건
190	nearly 50 years	거의 50년
191	before 9 A.M.	오전 9시 전에
192	in order to maintain	유지하기 위해서
193	to assist you	당신을 돕기 위해서
194	comply with the regulations	규정을 준수하다
195	be expected to do	~할 것으로 예상된다
196	sales representative	판매 직원
197	over the past six months	지난 6개월 동안
198	should supply	제공해야 한다
199	as his occupation	그의 직업으로써
200	formally approve	공식적으로 승인하다
201	for renovations	보수 공사를 위해
202	strict guidelines	엄격한 지침
203	as soon as I get there	내가 거기 도착하자마자
204	job openings	일자리
205	submit their resume	이력서를 제출하다
206	satisfactory wage level	만족스러운 임금 수준
207	cooperate with government	정부와 협력하다
208	A study indicates that …	연구조사에 따르면
209	designated areas	지정된 지역
210	provide participants with translation	참가자들에게 통역을 제공하다

DAY 08

211 if you need _____ information

(A) add
(B) addition
(C) additional
(D) additionally

212 Mr. Lee has _____ to place an advertisement.

(A) yet
(B) finally
(C) near
(D) already

213 in addition to _____ contracts

(A) negotiate
(B) negotiating
(C) negotiator
(D) negotiations

214 Wat Pho temple is not only the oldest _____ the largest in Bangkok.

(A) while
(B) in addition to
(C) nor
(D) but also

211 `출제 포인트` 명사(information) 앞의 빈칸은 '형용사'가 정답이다.

`핵심 보카` **add**는 '더하다, 추가하다'라는 뜻의 동사다. **addition**은 '추가'라는 뜻의 개념 명사도 되지만 '추가 인원'이라는 뜻의 사람 명사도 가능하다. **additional**은 '추가적인'이란 뜻의 형용사다. **additionally**는 '게다가'라는 뜻의 부사다.

`기출 표현` **additional information** '추가적인 정보' 덩어리 표현을 암기하자.

`해석` 만약 당신이 추가적인 정보가 필요하다면

정답: (C)

212 `출제 포인트` 'have _____ to' 사이의 빈칸은 'yet'이 정답이다.

`핵심 보카` **yet**은 부정문이나 의문문에서 '아직' 안 했거나 못 했다는 뜻을 나타낼 때 쓰인다.

`기출 표현` **have yet to** '아직 ~해야 한다' 덩어리 표현을 암기하자.

`해석` 미스터리는 아직 광고를 하지 않았다.

정답: (A)

213 `출제 포인트` in addition to는 '전치사'다. 전치사와 명사 사이의 빈칸은 '동명사'가 정답이다.

`핵심 보카` **negotiate**는 '협상하다'라는 뜻의 동사다. **negotiation**은 '협상'이라는 뜻의 개념 명사다. **nogotiator**는 '협상가'라는 뜻의 사람 명사다.

`기출 표현` **in addition to** '게다가' 덩어리 표현을 암기하자.

`해석` 계약을 협상하는 것 이외에도

정답: (B)

`Day` `08`

214 `출제 포인트` 상관 접속사 not only 보이면 'but also'가 정답이다.

`핵심 보카` **temple**은 '사원'이란 뜻이다.

`기출 표현` **not only A but also B** 'A뿐만 아니라 B도 또한' 덩어리 표현을 암기하자.

`해석` 와트 포 사원은 방콕에서 가장 오래되었을 뿐만 아니라 가장 크다.

정답: (D)

215 register _____ the medical conference

(A) from
(B) into
(C) for
(D) up

216 a record of _____ in communication

(A) excel
(B) excelled
(C) excellent
(D) excellence

217 The company picnic _____ until May 20.

(A) had to postpone
(B) is postponing
(C) will be postponed
(D) has been postponing

218 The snacks are _____ placed near cash registers.

(A) strategic
(B) strategies
(C) strategized
(D) strategically

215 **출제 포인트** register는 뒤에 전치사 'for'가 나와야 한다.

핵심 보카 **register for**는 강의나 교육과정에 '등록하다'라는 의미로 동의어 **sign up for**와 **enroll in**도 전치사에 주의해서 함께 암기해 두자.

기출 표현 **register for the conference** '회의에 등록하다' 덩어리 표현을 암기하자.

해석 의학 학회에 등록하다

정답: (C)

216 **출제 포인트** 전치사(of)와 전치사(in) 사이의 빈칸은 '명사'가 정답이다.

핵심 보카 **excel**은 '능가하다, 뛰어나다'라는 뜻의 동사다. **excellent**는 '탁월한, 훌륭한'이란 뜻의 형용사다. **excellence**는 '탁월함, 우수함'이란 뜻의 명사다.

기출 표현 **excellence in communication** '소통의 탁월함' 덩어리 표현을 암기하자.

해석 소통 능력이 뛰어나다는 기록

정답: (D)

217 **출제 포인트** 회사 야유회가 연기되는 것이기 때문에 '수동태'가 정답이다.

핵심 보카 **postpone**은 '연기시키다'라는 뜻의 타동사다.

기출 표현 **will be postponed** '연기될 것이다' 덩어리 표현을 암기하자.

해석 회사 야유회가 5월 20일까지 연기될 것이다.

정답: (C)

218 **출제 포인트** 수동태 사이의 빈칸은 '부사'가 정답이다.

핵심 보카 **strategy**는 '전략'이라는 뜻의 명사다. **strategic**은 '전략적인'이란 뜻의 형용사다. **strategize**는 '전략을 짜다'라는 뜻의 동사다. **strategically**는 '전략적으로'라는 뜻의 부사다.

기출 표현 **strategically placed** '전략적으로 놓여있는' 덩어리 표현을 암기하자.

해석 과자들이 계산대 근처에 전략적으로 놓여있다.

정답: (D)

219 Hotel Espana makes local history _____ to everyone.

(A) accessibly
(B) access
(C) accessing
(D) accessible

220 free for commercial _____

(A) use
(B) used
(C) being used
(D) usable

.

221 _____ on Monday, I will work out.

(A) Starts
(B) Started
(C) Starting
(D) Start

222 This gift certificate is _____ at any location.

(A) redeemable
(B) redemption
(C) redeeming
(D) redeems

219 `출제 포인트` 토익에서 **make**는 '무엇을 어떤 상태로 만들다'라는 패턴으로 출제된다. 목적어 다음에 부사가 아니라 '형용사'가 정답이다.

`핵심 보카` **accessible**은 '접근할 수 있는'이라는 뜻에서 '이용 가능한'의 의미로 파생된다.

`기출 표현` **make it accessible** '그것을 이용 가능한 상태로 만들다' 덩어리 표현을 암기하자.

`해석` 에스파냐 호텔은 지역의 역사를 모든 사람들에게 접근할 수 있도록 만든다.

정답: (D)

220 `출제 포인트` 형용사(commercial) 다음의 빈칸은 '명사'가 정답이다.

`핵심 보카` **use**는 '사용, 사용하다'라는 뜻으로 명사와 동사가 동시에 되는 단어다.

`기출 표현` **commercial use** '상업적인 사용' 덩어리 표현을 암기하자.

`해석` 상업적 사용이 무료인

정답: (A)

221 `출제 포인트` '~부터, ~부로'에 해당하는 표현에는 **Starting**, **Beginning**, **As of**, **Effective**가 있다.

`핵심 보카` '시작하다' **start**에 –ing를 붙여 **starting**이 되면 '~부터, ~부로'라는 의미가 된다.

`기출 표현` **Starting on Monday** '월요일부터' 덩어리 표현을 암기하자.

`해석` 나 월요일 운동을 할 거야.

정답: (C)

222 `출제 포인트` be동사 다음의 빈칸은 '형용사'가 정답이다.

`핵심 보카` **redeem**은 쿠폰을 상품과 '바꾸다, 상환하다'라는 뜻의 동사다.
redeemable은 현금이나 상품으로 '교환할 수 있는'이란 뜻의 형용사다.

`기출 표현` **redeemable gift certificate** '교환 가능한 상품권' 덩어리 표현을 암기하자.

`해석` 이 상품권은 어떤 지점에서든 사용 가능합니다.

정답: (A)

223 The _____ of this report is to examine the latest trend.

(A) length
(B) purpose
(C) indication
(D) removal

224 a _____ marketing strategy

(A) boldly
(B) boldness
(C) bold
(D) boldest

225 The offices are _____ located downtown.

(A) convenience
(B) conveniently
(C) convenient
(D) conveniences

226 _____ in mail delivery are expected due to inclement weather.

(A) Delays
(B) Delayed
(C) Delaying
(D) Delay

223 'is to+동사원형' 구문이 나올 때 '목적'에 해당하는 명사 '**purpose**, **aim**, **goal**, **objective**'가 나오면 정답이다.

purpose는 '목적'이라는 뜻의 명사이다. 참고로 **purposely**는 '고의로' 라는 뜻의 부사이다. '고의로'라는 뜻의 숙어 **on purpose**도 알아두자.

The purpose of this report '이 보고서의 목적' 덩어리 표현을 암기 하자.

이 보고서의 목적은 최신 트렌드를 조사하는 것이다.

정답: (B)

224 **marketing**은 동명사에서 '명사'로 완전히 굳어진 단어이다. 명사 앞의 빈 칸은 '형용사'가 정답이다.

bold는 '용감한, 굵은'이란 뜻의 형용사다. **boldly**는 '대담하게'라는 뜻 의 부사다.

bold marketing strategy '과감한 마케팅 전략' 덩어리 표현을 암기 하자.

과감한 마케팅 전략

정답: (C)

225 수동태 사이의 빈칸은 '부사'가 정답이다.

convenient는 '편리한'이란 뜻의 형용사다. **conveniently**는 '편리하 게'라는 뜻의 부사다. **convenience**는 '편의, 편리'라는 뜻의 명사다.

conveniently located '편리하게 위치된' 덩어리 표현을 암기하자.

사무실은 시내에 편리하게 위치해 있다.

정답: (B)

Day
08

226 빈칸은 주어 자리, 즉 '명사'가 나와야 한다. 뒤에 복수 동사 are가 나왔 기 때문에 주어도 '복수명사'가 정답이다.

delay는 '지연, 연기'라는 명사와 '미루다, 연기시키다'라는 뜻의 동사도 된다.

Delays are expected '지연이 예상된다' 덩어리 표현을 암기하자.

궂은 날씨 때문에 우편 배송 지연이 예상된다.

정답: (A)

227 at _____ ticket booth

(A) many
(B) all
(C) various
(D) any

228 The experts help businesses _____ matters.

(A) simple
(B) simpler
(C) simplify
(D) simplicity

229 Prices are _____ to change without notice.

(A) plain
(B) public
(C) subject
(D) general

230 Mr. Lee has _____ completed the accounting program.

(A) succeed
(B) success
(C) successful
(D) successfully

227 　**출제 포인트** 　'수량 형용사'는 뒤에 나오는 명사의 단·복수에 민감하게 반응해야 한다.

　핵심 보카 　**many**, **all**, **various** 다음에는 '복수명사'가 나와야 한다. **any**는 단·복수에 상관없이 아무 명사나 나올 수 있다.

　기출 표현 　**at any ticket booth** '어떤 매표소에서라도' 덩어리 표현을 암기하자.

　해석 　어떤 매표소에서라도

정답: (D)

228 　**출제 포인트** 　**help** 동사는 목적어 다음에 '동사원형'이 정답이다.

　핵심 보카 　**simplify**는 '단순화하다'라는 뜻의 동사다. **simplicity**는 '단순함, 소박함'이란 뜻의 명사다.

　기출 표현 　**simplify matters** '문제를 단순화하다' 덩어리 표현을 암기하자.

　해석 　전문가들은 사업체들이 문제를 간소화하도록 돕는다.

정답: (C)

229 　**출제 포인트** 　subject는 여러 가지 품사와 의미로 쓰인다.

　핵심 보카 　**subject**는 '주제, 제목'이라는 뜻의 명사다. 하지만 형용사로는 '종속적인'이라는 뜻에서 **be subject to**의 형태가 되면 '~하기 쉽다'라는 뜻으로 출제된다. 이때 **to**는 전치사이기 때문에 뒤에 명사류가 나와야 한다.

　기출 표현 　**be subject to** '~하기 쉽다' 덩어리 표현을 암기하자.

　해석 　가격은 사전 통보 없이 변경될 수 있다.

정답: (C)

230 　**출제 포인트** 　현재완료 사이의 빈칸은 '부사'가 정답이다.

　핵심 보카 　**succeed**는 '성공하다'라는 뜻의 동사다. **success**는 '성공'이라는 뜻의 명사다. **successful**은 '성공적인'이란 뜻의 형용사다. **successfully**는 '성공적으로'라는 뜻의 부사다.

　기출 표현 　**have successfully completed** '성공적으로 마무리했다' 덩어리 표현을 암기하자.

　해석 　미스터리는 회계 프로그램을 성공적으로 마쳤다.

정답: (D)

231 Mr. Lee can handle the problem _____.

(A) he
(B) his
(C) him
(D) himself

232 Approved salary increases will become _____ starting next month.

(A) effect
(B) effects
(C) effective
(D) effectively

233 Lunch costs $10 per person, _____ drinks.

(A) exclude
(B) excluding
(C) exclusive
(D) exclusion

234 I have friends from many different countries _____ India, China, and France.

(A) includes
(B) including
(C) inclusive
(D) inclusion

231

출제 포인트 완전한 문장 다음에 빈칸은 '부사'가 정답이다. 부사가 없을 때 강조역할을 하는 '재귀대명사'가 정답이다.

핵심 보카 handle은 '처리하다, 다루다'라는 뜻의 동사다. 동의어 **deal with**도 함께 알아두자.

기출 표현 **handle the problem himself** '문제를 직접 처리하다' 덩어리 표현을 암기하자.

해석 미스터리는 그 문제를 직접 처리할 수 있다.

정답: (D)

232

출제 포인트 **become** 뒤에는 명사나 형용사가 나올 수 있다. 하지만 토익에서는 대부분 '형용사'가 정답인 경우를 집중적으로 출제하고 있다.

핵심 보카 **effect**는 '효과, 효력'이라는 뜻의 명사다. **effective**는 '효과적인'이란 뜻과 '효력을 발휘하는, 유효한'이라는 뜻의 형용사다.

기출 표현 **become effective** '효력이 발생하다' 덩어리 표현을 암기하자.

해석 승인된 임금 인상이 다음 달부터 시행될 것이다.

정답: (C)

233

출제 포인트 '동사+ing' 형태의 전치사들을 알고 있어야 한다.

핵심 보카 **exclude**는 '제외하다'라는 뜻의 동사다. **excluding**은 '～제외하고'라는 뜻의 전치사다. **exclusive**는 '독점적인'이란 뜻의 형용사다. **exclusion**은 '제외'라는 뜻의 명사다.

기출 표현 **excluding drinks** '음료수를 제외하고' 덩어리 표현을 암기하자.

해석 점심은 음료수를 제외하고 1인당 10달러이다.

정답: (B)

Day 08

234

출제 포인트 –ing 형태로 끝나는 '전치사'를 암기하고 있어야 한다.

핵심 보카 **include**는 '포함하다'라는 뜻의 동사다. **including**은 '～포함해서'라는 뜻의 전치사다.

기출 표현 **including you** '당신을 포함해서' 덩어리 표현을 암기하자.

해석 나는 인도, 중국, 그리고 프랑스를 포함해서 많은 다른 나라에서 온 친구들이 있다.

정답: (B)

235 Imports are increasing _____ exports are decreasing.

(A) likewise
(B) namely
(C) whereas
(D) indeed

236 Mr. Lee was consistently _____ for his work.

(A) praise
(B) praises
(C) praising
(D) praised

237 You should _____ report to your immediate supervisor for a rapid solution.

(A) directly
(B) exactly
(C) easily
(D) uniquely

238 The company acquired an adjacent lot _____ a new warehouse.

(A) have constructed
(B) to construct
(C) constructed
(D) constructs

235 빈칸 뒤에 주어와 동사가 나왔기 때문에 '접속사'가 정답이다.

핵심 보카 **import**는 '수입, 수입하다'라는 뜻이다. **export**는 '수출, 수출하다'라는 뜻이다.

기출 표현 **whereas** '반면에'라는 뜻의 접속사를 암기하자.

해석 수입은 증가하고 있는 반면에 수출은 감소하고 있다.

정답: (C)

236 **출제 포인트** 빈칸 앞 부사 consistently는 없다고 생각하자. 빈칸 앞에 be동사가 있고, 뒤에 전치사 for가 나와서 끊기기 때문에 '과거분사'가 정답이다. 의미도 미스터리가 칭찬받는 것이기 때문에 '수동태'가 되어야 한다.

핵심 보카 **praise**는 '칭찬, 칭찬하다'라는 뜻으로 동사와 명사가 동시에 되는 단어다.

기출 표현 **consistently praise** '끊임없이 칭찬하다' 덩어리 표현을 암기하자.

해석 미스터리는 그의 일에 대해 항상 끊임없이 칭찬을 받았다.

정답: (D)

237 **출제 포인트** **directly**는 '직접, 곧바로'라는 뜻으로 토익 최다 빈출 정답 어휘 중의 하나다.

핵심 보카 **direct**는 형용사로 쓰이면 '직접적인'이란 뜻이고, 동사로 쓰이면 제3자에게 '보내다'라는 뜻이다. 여기에 사람명사 꼬리 -or를 붙여 **director**가 되면 '지시하는 사람' 즉, '책임자, 감독자'라는 뜻이 되고, 부사 꼬리 ~ly를 붙여 **directly**가 되면 '직접, 곧바로'라는 뜻이 된다.

기출 표현 **directly report** '직접 보고하다' 덩어리 표현을 암기하자.

해석 당신은 빠른 해결을 위해 당신의 직속 상관에게 직접 보고를 해야한다.

정답: (A)

238 **출제 포인트** 완전한 문장 다음의 'to+동사원형'은 '~하기 위해서'라는 뜻이다.

핵심 보카 **construct**는 '건설하다'라는 뜻의 동사다.

기출 표현 **to construct a warehouse** '창고를 짓기 위해서' 덩어리 표현을 암기하자.

해석 그 회사는 새로운 창고를 짓기 위해서 근처의 부지를 구매했다.

정답: (B)

Day 08

239 the _____ documents

(A) enclose
(B) enclosing
(C) enclosed
(D) enclosure

240 address several _____

(A) concern
(B) concerns
(C) concerned
(D) concerning

239 　**출제 포인트**　명사(documents) 앞에 '분사'가 나올 수 있다. 현재분사와 과거분사의 차이를 구분할 수 있어야 한다.

　핵심 보카　**enclose**는 '동봉하다, 둘러싸다'라는 뜻의 동사다. **enclosed**는 '동봉된'이란 뜻의 과거분사가 형용사로 굳어진 단어다. **enclosure**는 '동봉된 것'이나 '울타리를 친 장소'를 의미하는 명사다.

　기출 표현　**enclosed documents** '동봉된 서류' 덩어리 표현을 암기하자.

　해석　동봉된 서류들

정답: (C)

240 　**출제 포인트**　수량 형용사 **several** 다음에는 반드시 '복수명사'가 나와야 한다.

　핵심 보카　**concern**은 '관심, 관련'이라는 뜻에서 '우려, 걱정'이라는 뜻으로 의미가 파생된다. **concerned**는 '걱정되는'이라는 뜻의 형용사이고, **concerning**은 '~에 관하여'라는 뜻의 전치사다.

　기출 표현　**several concerns** '여러 가지 우려들' 덩어리 표현을 암기하자.

　해석　여러 가지 우려사항들을 다루고 해결하다

정답: (B)

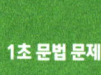

DAY 08
Daily Checkup
기출 표현 암기하기

211	additional information	추가적인 정보
212	have yet to	아직 ~해야 한다
213	in addition to	게다가
214	not only A but also B	A뿐만 아니라 B도 또한
215	register for the conference	회의에 등록하다
216	excellence in communication	소통의 탁월함
217	will be postponed	연기될 것이다
218	strategically placed	전략적으로 놓여있는
219	make it accessible	그것을 이용 가능한 상태로 만들다
220	commercial use	상업적인 사용
221	Starting on Monday	월요일부터
222	redeemable gift certificate	교환 가능한 상품권
223	The purpose of this report	이 보고서의 목적
224	bold marketing strategy	과감한 마케팅 전략
225	conveniently located	편리하게 위치된
226	Delays are expected	지연이 예상된다
227	at any ticket booth	어떤 매표소에서라도
228	simplify matters	문제를 단순화하다
229	be subject to	~하기 쉽다
230	have successfully completed	성공적으로 마무리했다
231	handle the problem himself	문제를 직접 처리하다
232	become effective	효력이 발생하다
233	excluding drinks	음료수를 제외하고
234	including you	당신을 포함해서
235	whereas	반면에
236	consistently praise	끊임없이 칭찬하다
237	directly report	직접 보고하다
238	to construct a warehouse	창고를 짓기 위해서
239	enclosed documents	동봉된 서류
240	several concerns	여러 가지 우려들

241 Our investment _____ will be available after the presentation.

(A) analytic
(B) analyze
(C) analysis
(D) analyst

242 the transport of _____ items

(A) perish
(B) perishes
(C) perishable
(D) perishables

243 Mr. Lee _____ patent applications effectively for the past ten years.

(A) processes
(B) has been processing
(C) to process
(D) will be processing

244 have the right _____ his successor

(A) designate
(B) designates
(C) designated
(D) to designate

241 `출제 포인트` '사람명사'와 '사물명사'를 구분할 수 있어야 한다.

`핵심 보카` **analysis**는 '분석'이란 뜻의 개념 명사고, **analyst**는 '분석가'라는 뜻의 사람 명사다.

`기출 표현` **investment analyst** '투자 분석가' 덩어리 표현을 암기하자.

`해석` 우리의 투자 분석가는 발표 후에 시간이 있을 것이다.

정답: (D)

242 `출제 포인트` 명사(items) 앞의 빈칸은 '형용사'가 정답이다.

`핵심 보카` **perish**는 '부패하다'라는 뜻의 동사다. **perishable**은 '부패하기 쉬운' 이란 뜻의 형용사다.

`기출 표현` **perishable items** '부패하기 쉬운 물건' 덩어리 표현을 암기하자.

`해석` 상하기 쉬운 상품의 운송

정답: (C)

243 `출제 포인트` for ten years와 같은 기간을 나타내는 부사구는 '현재완료' 시제와 어울려 출제된다.

`핵심 보카` **process**는 '처리, 과정'이란 뜻의 명사와 '처리하다, 가공하다'라는 뜻의 동사가 동시에 되는 단어다.

`기출 표현` **process patent applications** '특허 신청을 처리하다' 덩어리 표현을 암기하자.

`해석` 미스터리는 지난 10년 동안 특허 신청을 효율적으로 처리해 오고 있다.

정답: (B)

244 `출제 포인트` **right**는 '권리'라는 뜻으로 뒤에 'to+동사원형'의 형태를 취한다.

`핵심 보카` **designate**는 '지정하다, 지명하다'라는 뜻의 동사다. **designated**는 '지정된, 지명된'이란 뜻의 과거분사다.

`기출 표현` **have the right to do** '~할 수 있는 권리가 있다' 덩어리 표현을 암기하자.

`해석` 그의 후임자를 지명할 수 있는 권리가 있다.

정답: (D)

Day 09

245 All managers must _____ their receipts by Friday.

(A) to submit
(B) be submitted
(C) submit
(D) submitted

246 You can make _____ for magazine subscriptions online.

(A) pay
(B) paid
(C) paying
(D) payments

247 Please be _____ to other employees.

(A) courtesy
(B) courteously
(C) courteous
(D) courteousness

248 It is _____ to leave a 10% tip for the server.

(A) customarily
(B) customary
(C) customs
(D) of custom

245 `출제 포인트` 조동사(must) 다음에는 '동사원형'이 정답이다. 빈칸 뒤에 목적어가 있기 때문에 '수동태'가 나올 수 없다.

`핵심 보카` **submit**는 '아래로(sub)+보내다(mit)'라는 뜻으로 '제출하다'라는 의미이다. 동의어 **turn in**도 함께 알아두자.

`기출 표현` **submit the receipts** '영수증을 제출하다' 덩어리 표현을 암기하자.

`해석` 모든 매니져들은 금요일까지 영수증을 제출해야 한다.

정답: (C)

246 `출제 포인트` 타동사(make) 다음의 빈칸은 '명사'가 정답이다.

`핵심 보카` **pay**는 '급여'라는 뜻의 명사와 '지불하다'라는 뜻의 동사로 쓰인다. **payment**는 '지불'이라는 뜻의 명사이다.

`기출 표현` **make payments** '지불을 하다' 덩어리 표현을 암기하자.

`해석` 귀하는 잡지 구독에 대한 지불을 온라인상에서 할 수 있습니다.

정답: (D)

247 `출제 포인트` be동사 다음의 빈칸은 '형용사'가 정답이다.

`핵심 보카` **courtesy**는 '예의, 공손'이란 뜻의 명사다. **courteous**는 '예의 바른'이란 뜻의 형용사다. **courteously**는 '예의 바르게'라는 뜻의 부사다.

`기출 표현` **be courteous** '정중하세요' 덩어리 표현을 암기하자.

`해석` 다른 직원들에게 예의 바르게 대하세요.

정답: (C)

248 `출제 포인트` It is 다음의 빈칸은 '형용사'가 정답이다.

`핵심 보카` **customer**는 '고객'이라는 뜻의 명사다. **customize**는 '맞춤제작하다'라는 뜻의 동사다. **customary**는 '관례적인'이란 뜻의 형용사다. **customs**는 '세관'이라는 뜻의 명사다.

`기출 표현` **It is customary to** '~하는 것의 관례이다' 덩어리 표현을 암기하자.

`해석` 종업원에게 10%의 팁을 남겨두는 것이 관례다.

정답: (B)

Day 09

249 Avoid _____ the heating and cooling systems simultaneously.

(A) operated
(B) operation
(C) operating
(D) operates

250 Tickets are fully _____ until 6:00 P.M.

(A) refund
(B) refunds
(C) refunding
(D) refundable

251 University graduates are _____ searching for employment.

(A) aggressive
(B) aggression
(C) aggressiveness
(D) aggressively

252 Please tell me before _____ the office.

(A) leave
(B) leaves
(C) left
(D) leaving

249 **출제 포인트** avoid는 '동명사'를 목적어로 취하는 동사다.

핵심 보카 **avoid**는 '피하다, 방지하다'라는 뜻의 동사다.

기출 표현 **avoid operating simultaneously** '동시에 작동하는 것을 피하다'
덩어리 표현을 암기하자.

해석 냉난방 시스템을 동시에 작동하는 것을 피하세요.

정답: (C)

250 **출제 포인트** 빈칸 앞 부사(fully)는 의미를 강조해주는 역할을 할 뿐이다. be동사 다음
의 빈칸은 '형용사'가 정답이다.

핵심 보카 **refund**는 '환불, 환불하다'라는 뜻으로 명사와 동사가 동시에 된다.
refundable은 '환불 가능한'이란 뜻의 형용사다.

기출 표현 **fully refundable** '완전히 환불 가능한' 덩어리 표현을 암기하자.

해석 티켓은 오후 6시까지는 전액 환불 가능합니다.

정답: (D)

251 **출제 포인트** be동사와 현재분사(searching) 사이의 빈칸은 '부사'가 정답이다.

핵심 보카 **aggressive**는 '공격적인, 적극적인'이란 뜻의 형용사다.
aggressively는 '공격적으로, 적극적으로'라는 뜻의 부사다.

기출 표현 **aggressively search** '적극적으로 찾다' 덩어리 표현을 암기하자.

해석 대학교 졸업생들은 적극적으로 직장을 찾고 있다.

정답: (D)

Day 09

252 **출제 포인트** before 다음에 주어를 생략하고 바로 뒤에 '현재분사'가 나올 수 있다.

핵심 보카 **leave**는 '나두다, 떠나다'라는 뜻의 동사와 '휴가'라는 뜻의 명사로 쓰
인다.

기출 표현 **before leaving the office** '사무실을 떠나기 전에' 덩어리 표현을 암
기하자.

해석 사무실을 떠나기 전에 저에게 말해 주세요.

정답: (D)

253 Her voice is instantly _____.

(A) recognize
(B) recognizable
(C) recognizing
(D) recognizably

254 The garage will be closed for _____ repairs.

(A) structure
(B) structural
(C) structurally
(D) structuralize

255 Mr. Lee _____ reviewed the resumes of the applicants.

(A) close
(B) closely
(C) closer
(D) closest

256 for _____ research projects

(A) cooperate
(B) cooperative
(C) cooperatively
(D) cooperation

253 출제 포인트 be동사 다음의 빈칸은 '형용사'가 정답이다. 빈칸 앞의 부사는 의미를 강조해주는 조미료에 불과하다.

핵심 보카 **recognize**는 공로 등을 '인정하다'라는 뜻과 가치를 '알아보다'라는 뜻의 동사다. **recognizable**은 '알아볼 수 있는'이란 뜻의 형용사다. **recognition**은 '인식, 인정, 표창'이라는 뜻의 명사다.

기출 표현 **recognizable voice** '알아볼 수 있는 목소리' 덩어리 표현을 암기하자.

해석 그녀의 목소리는 즉각 알아볼 수 있다.

정답: (B)

254 출제 포인트 명사(reparis) 앞의 빈칸은 '형용사'가 정답이다.

핵심 보카 **structure**는 '구조'라는 추상적인 의미에서 '구조물, 건축물'이라는 사물 명사로 의미가 확장된다. **structural**은 '구조상의'라는 형용사이다. 참고고 앞에 re-가 붙어 **restructure**가 되면 '구조조정하다'라는 뜻의 동사가 된다.

기출 표현 **for structural repairs** '구조상의 수리를 위해서' 덩어리 표현을 암기하자.

해석 주차장이 구조상의 수리를 위해 폐쇄될 것이다.

정답: (B)

255 출제 포인트 주어와 동사 사이의 빈칸은 '부사'가 정답이다.

핵심 보카 **close**는 '닫다, 폐쇄하다'라는 동사와 '가까운, 친밀한'이란 뜻의 형용사도 된다. **closely**는 '면밀하게, 꼼꼼하게'라는 뜻의 부사다.

기출 표현 **closely review** '면밀하게 검토하다' 덩어리 표현을 암기하자.

해석 미스터리는 지원자들의 이력서를 꼼꼼하게 검토했다.

정답: (B)

256 출제 포인트 명사(research) 앞의 빈칸은 '형용사'가 정답이다.

핵심 보카 **operate**는 '작동하다, 운영하다'라는 뜻의 동사다. 여기에 '함께'를 의미하는 co-를 붙여 **cooperate**가 되면 '협력하다'라는 뜻의 동사가 된다. **cooperative**는 공동으로 '협력하는'이라는 뜻의 형용사다. **cooperation**은 '협력, 협동'이라는 뜻의 명사다.

기출 표현 **cooperative project** '협력 프로젝트' 덩어리 표현을 암기하자.

해석 협력하는 연구 프로젝트를 위해서

정답: (B)

257 Professionals can _____ design an attractive new car.

(A) skill
(B) skillfully
(C) skillful
(D) skills

258 They can help you _____ your goals.

(A) accomplish
(B) accomplished
(C) accomplishes
(D) accomplishment

259 a _____ task

(A) challenges
(B) challenging
(C) challenge
(D) challenger

260 in _____ of the national holiday

(A) observe
(B) observatory
(C) observance
(D) observably

257 출제 포인트 조동사(can)와 동사원형(design) 사이의 빈칸은 '부사'가 정답이다.

핵심 보카 **design**은 '디자인, 설계'라는 명사인 동시에 '디자인하다, 고안하다'라는 뜻으로 명사와 동사가 동시에 되는 단어다.

기출 표현 **skillfully design** '솜씨 있게 디자인하다' 덩어리 표현을 암기하자.

해석 전문가들은 매력적인 새로운 자동차를 솜씨 있게 디자인할 수 있다.

정답: (B)

258 출제 포인트 **help** 동사는 목적어 다음에 '동사원형'이 나올 수 있다.

핵심 보카 **accomplish**는 '성취하다, 달성하다'라는 뜻의 동사다.

accomplished는 이미 상당한 업적을 성취하여 자리를 잡은 '뛰어난, 숙련된'이란 뜻의 과거분사다. **accomplishment**는 '성취, 성과'라는 뜻의 명사다.

기출 표현 **accomplish the goals** '목표를 성취하다' 덩어리 표현을 암기하자.

해석 그들은 당신이 목표를 달성하기 위해서 도울 수 있다.

정답: (A)

259 출제 포인트 명사(task) 앞의 빈칸은 '형용사'가 정답이다. 순수한 형용사가 없을 때 '분사'가 정답이 될 수 있다.

핵심 보카 **challenge**는 '도전, 도전하다'라는 뜻으로 명사와 동사가 동시에 된다. **challenging**은 '도전적인, 힘든'이란 뜻으로 현재분사가 형용사로 굳어진 단어다.

기출 표현 **challenging task** '도전적인 일' 덩어리 표현을 암기하자.

해석 만만치 않은 힘든 업무

정답: (B)

260 출제 포인트 전치사(in)와 전치사(of) 사이의 빈칸은 '명사'가 정답이다.

핵심 보카 **observe**는 '관찰하다, 준수하다' 두 가지 뜻이 있다.

observatory는 '관측소'라는 뜻이고, **observation**은 '관측'이라는 뜻의 명사다. **observance**는 '준수, 기념'이라는 뜻의 명사다.

기출 표현 **in observance of** '~을 기념하여' 덩어리 표현을 암기하자.

해석 국경일을 기념하여

정답: (C)

Day 09

261 Mr. Lee is ideally _____ for the position.

(A) suit
(B) suitor
(C) suited
(D) suiting

262 at an _____ price

(A) afford
(B) affordable
(C) affordably
(D) affordability

263 the budget _____ of the financial team

(A) decisions
(B) decide
(C) decides
(D) decidedly

264 return the _____ merchandise

(A) defect
(B) defected
(C) defective
(D) defects

261 　**출제 포인트**　be동사 다음에 '과거분사' 즉, 수동태가 정답이다.

　핵심 보카　suit는 '정장'이라는 뜻의 명사와 '~에 딱 맞다, 어울리다'라는 뜻의 동사로 동시에 사용된다.

　기출 표현　ideally suited '이상적으로 적합한' 덩어리 표현을 암기하자.

　해석　미스터리는 그 직책에 최적이다.

정답: (C)

262 　**출제 포인트**　명사(price) 앞의 빈칸은 '형용사'가 정답이다.

　핵심 보카　affordable은 '감당할 수 있는'이라는 뜻에서 '저렴한'이라는 뜻으로 의미가 파생된다. '이유에 합당한, 저렴한'을 의미하는 reasonable도 함께 암기해 두자. 독해 파트에서 페러프레이징 되어 출제된다.

　기출 표현　affordable price '저렴한 가격' 덩어리 표현을 암기하자.

　해석　저렴한 가격에

정답: (B)

263 　**출제 포인트**　전치사 of 바로 앞의 빈칸은 '명사'가 정답이다. 관사 the까지 앞에 있으면 100% 명사가 정답이다.

　핵심 보카　decide는 '결정하다'라는 뜻의 동사다. decision은 '결정'이란 뜻의 명사다. decidedly는 '단호히, 명백히'라는 뜻의 부사다.

　기출 표현　budget decision '예산 결정' 덩어리 표현을 암기하자.

　해석　재정 팀의 예산 결정

정답: (A)

264 　**출제 포인트**　명사(merchandise) 앞의 빈칸은 '형용사'가 정답이다.

　핵심 보카　defect는 '결함'이라는 뜻의 명사다. defective는 '결함 있는'이란 뜻의 형용사다.

　기출 표현　defective merchandise '결함 있는 상품' 덩어리 표현을 암기하자.

　해석　결함 있는 상품을 반품하다.

정답: (C)

Day
09

265 We want to provide our customers _____ the best service.

(A) with
(B) from
(C) at
(D) on

266 Passengers are required to _____ a boarding pass.

(A) presenting
(B) presented
(C) present
(D) presents

267 The cost of raw materials has risen _____ .

(A) sharp
(B) sharply
(C) sharpen
(D) sharpness

268 Visit our Web site and _____ today.

(A) register
(B) registration
(C) registered
(D) registering

265 provide는 '누구에게 무엇을' 사이에 전치사 with를 써야 한다.

핵심 보카 **provide**는 A에게 B를 '제공하다'라는 뜻으로 **provide A with B**의 형태로 출제된다. 여기서 주의할 것은 사람명사가 먼저 나와야 한다는 것이다. 사람 명사가 먼저 나오지 않으면 **provide B for A**의 형태를 취하게 된다.

기출 표현 **provide customers with it** '고객들에게 그것을 제공하다' 덩어리 표현을 암기하자.

해석 우리는 고객들에게 최고의 서비스를 제공하기를 원한다.

정답: (A)

266 **출제 포인트** be required to 다음의 빈칸은 '동사원형'이 정답이다.

핵심 보카 **present**는 여러 가지 뜻과 품사를 가지고 있다. 명사로는 '선물'이라는 뜻이다. 형용사로는 '현재의, 참석한'이라는 뜻이다. 동사로는 '제시하다'라는 뜻이다. **presently**는 '현재, 지금'이라는 뜻의 부사다.

기출 표현 **be required to do** '~하는 것이 요구된다' 덩어리 표현을 암기하자.

해석 승객들은 탑승권을 제시해야 한다.

정답: (C)

267 **출제 포인트** '오르다, 내리다'와 같은 동사 다음의 빈칸은 '부사'가 정답이다.

핵심 보카 **sharp**은 '날카로운'이란 뜻의 형용사다. **sharply**는 '날카롭게, 급격하게'라는 뜻의 부사다. **sharpen**은 '날카롭게 하다'라는 뜻의 동사다. **sharpness**은 '날카로움'이란 뜻의 명사다.

기출 표현 **rise sharply** '급격하게 오르다' 덩어리 표현을 암기하자.

해석 원자재의 가격이 급격하게 올랐다.

정답: (B)

Day
09

268 **출제 포인트** 등위 접속사 and 앞 또는 뒤에 빈칸이 있다면 앞뒤로 같은 형태의 품사가 나와야 한다. 문장의 시작이 동사원형 Visit으로 시작하고 있다. 따라서 '동사원형'이 정답이다.

핵심 보카 **visit**는 '방문, 방문하다'라는 뜻으로 명사와 동사가 동시에 되는 단어다.

기출 표현 **Register today.** '오늘 등록하세요' 덩어리 표현을 암기하자.

해석 오늘 저희 웹사이트에 방문해서 등록하세요.

정답: (A)

269 for his _____ excellent performance

(A) consistent
(B) consistently
(C) consistency
(D) consistencies

270 The _____ of this program is to help employees.

(A) object
(B) objective
(C) objection
(D) objectivity

269 `출제 포인트` 형용사(excellent) 앞의 빈칸은 대부분 '부사'가 정답이다.

`핵심 보카` **consistent**는 '항상 일관된, 한결같은'이란 뜻의 형용사다.

consistently는 '항상 한결같이, 끊임없이'라는 뜻의 부사다.

consistency는 '한결같음, 일관성'이란 뜻의 명사다.

`기출 표현` **consistently excellent** '한결같이 훌륭한' 덩어리 표현을 암기하자.

`해석` 그의 한결같이 훌륭한 성과 때문에

정답: (B)

270 `출제 포인트` 모양은 비슷하지만 품사와 뜻이 다른 단어들을 구분하는 문제다. 동사가 'is to+동사원형'의 형태로 나왔을 때 '목적'을 의미하는 **purpose**, **aim**, **goal**, **objective**가 있으면 정답이다.

`핵심 보카` **object**는 '물건, 물체'라는 뜻의 명사도 되지만 '반대하다'라는 뜻의 동사도 된다. **objective**는 '객관적인'이란 뜻의 형용사도 되지만 '목적'이라는 뜻의 명사가 된다는 것을 꼭 기억해 두자. **objectivity**는 '객관성'이라는 뜻이고, **objection**은 '반대'라는 뜻의 명사다.

`기출 표현` **The objective is to** ⋯ '목적은 ~하는 것이다' 덩어리 표현을 암기하자.

`해석` 이 프로그램의 목적은 직원들을 돕는 것이다.

정답: (B)

DAY 09
Daily Checkup
기출 표현 암기하기

341	investment analyst	투자 분석가
242	perishable items	부패하기 쉬운 물건
243	process patent applications	특허 신청을 처리하다
244	have the right to do	~할 수 있는 권리가 있다
245	submit the receipts	영수증을 제출하다
246	make payments	지불을 하다
247	be courteous	정중하세요
248	It is customary to	~하는 것의 관례이다
249	avoid operating simultaneously	동시에 작동하는 것을 피하다
250	fully refundable	완전히 환불 가능한
251	aggressively search	적극적으로 찾다
252	before leaving the office	사무실을 떠나기 전에
253	recognizable voice	알아볼 수 있는 목소리
254	for structural repairs	구조상의 수리를 위해서
255	closely review	면밀하게 검토하다
256	cooperative project	협력 프로젝트
257	skillfully design	솜씨 있게 디자인하다
258	accomplish the goals	목표를 성취하다
259	challenging task	도전적인 일
260	in observance of	~을 기념하여
261	ideally suited	이상적으로 적합한
262	affordable price	저렴한 가격
263	budget decision	예산 결정
264	defective merchandise	결함 있는 상품
265	provide customers with it	고객들에게 그것을 제공하다
266	be required to do	~하는 것이 요구된다
267	rise sharply	급격하게 오르다
268	Register today.	오늘 등록하세요.
269	consistently excellent	한결같이 훌륭한
270	The objective is to …	목적은 ~하는 것이다

DAY 10

271 highly _____ applicants

(A) qualify
(B) qualified
(C) qualifying
(D) qualifications

272 Internet service may be canceled by _____ you or us.

(A) both
(B) however
(C) either
(D) plus

273 lead to _____ results

(A) excellent
(B) excellently
(C) excellence
(D) excellency

274 The corporation is _____ improving its services.

(A) continue
(B) continual
(C) continuous
(D) continually

271 [출제 포인트] 명사(applicants) 앞에 '분사'가 정답이 될 수 있다. 자주 출제되는 '분사'를 암기하자.

[핵심 보카] **qualify**는 '자격을 갖추고 있다'라는 뜻의 자동사와 '자격을 갖게 하다'라는 뜻의 타동사가 동시에 되는 단어다. **qualified**는 '자격이 있는, 적격의'라는 뜻의 과거분사다. **qualification**은 '자격요건'이란 뜻의 명사다.

[기출 표현] **highly qualified applicants** '매우 자격을 갖춘 지원자들' 덩어리 표현을 암기하자.

[해석] 매우 자격을 갖춘 지원자들

정답: (B)

272 [출제 포인트] 등위 접속사 or 보이면 'either'가 정답이다.

[핵심 보카] **cancel**은 '취소하다'라는 뜻의 동사다.

[기출 표현] **either A or B** 'A 또는 B 둘 중 하나' 덩어리 표현을 암기하자.

[해석] 인터넷 서비스는 당신 또는 우리에 의해 취소될 수 있다.

정답: (C)

273 [출제 포인트] 명사(results) 앞의 빈칸은 '형용사'가 정답이다.

[핵심 보카] **excellent**는 '탁월한, 훌륭한'이란 뜻의 형용사다. **excellence**는 '탁월함, 우수함'이란 뜻의 명사다.

[기출 표현] **excellent results** '훌륭한 결과' 덩어리 표현을 암기하자.

[해석] 멋진 결과를 초래하다

정답: (A)

274 [출제 포인트] be동사와 현재분사(improving) 사이의 빈칸은 '부사'가 정답이다.

[핵심 보카] **continue**는 '계속하다, 계속되다'라는 뜻의 동사다. **continuous**는 끊어지지 않고 '계속되는, 지속적인'이란 뜻이고, **continual**은 간격을 두고 '계속, 꾸준한'이라는 뜻의 형용사다.

[기출 표현] **continually improve** '꾸준히 향상시키다' 덩어리 표현을 암기하자.

[해석] 그 기업은 서비스를 끊임없이 계속 향상시키고 있다.

정답: (D)

Day 10

275 due to the _____ problems

(A) technical
(B) technically
(C) technician
(D) technique

276 Mr. Lee is responsible _____ supervising employees.

(A) as
(B) for
(C) than
(D) of

277 before _____ the names

(A) announcer
(B) announcement
(C) announced
(D) announcing

278 The conference room is _____ the main entrance.

(A) next
(B) near
(C) among
(D) from

275 출제 포인트 명사(problems) 앞의 빈칸은 '형용사'가 정답이다.

핵심 보카 **technical**은 '기술적인'이란 뜻의 형용사다. **technically**는 '기술적으로'라는 뜻의 부사다. **technician**은 '기술자'라는 뜻의 사람 명사다. **technique**은 '기법'이라는 뜻의 명사다.

기출 표현 **technical problem** '기술적인 문제' 덩어리 표현을 암기하자.

해석 기술적인 문제 때문에

정답: (A)

276 출제 포인트 빈칸 앞 responsible과 어울려 쓰이는 전치사는 무엇일까?

핵심 보카 **responsible**은 '책임이 있는'이란 뜻으로 전치사 **for**와 어울려 출제된다.

기출 표현 **responsible for** '~에 대해 책임이 있는' 덩어리 표현을 암기하자.

해석 미스터리는 직원들을 감독할 책임이 있다.

정답: (B)

277 출제 포인트 접속사 before는 다음에 주어를 생략하고 바로 '현재분사'가 나올 수 있다.

핵심 보카 **announce**는 '알리다, 발표하다'라는 뜻의 동사다. **announcement**는 '발표, 공지'라는 뜻의 명사다.

기출 표현 **before announcing** '발표하기 전에' 덩어리 표현을 암기하자.

해석 명단을 발표하기 전에

정답: (D)

278 출제 포인트 '옆에, 근처'를 의미하는 전치사들을 정확하게 알고 있어야 한다.

핵심 보카 '~옆에, 근처에'를 의미하는 전치사에는 '**near = next to = by = beside = close to**'가 있다.

기출 표현 **near the entrance** '출구 근처에' 덩어리 표현을 암기하자.

해석 회의실은 정문 근처에 있다.

정답: (B)

Day 10

279 As _____ by the Department of Energy,

(A) is projecting
(B) to project
(C) projected
(D) being projected

280 You will find your career very _____.

(A) reward
(B) rewardingly
(C) rewards
(D) rewarding

281 Employees should be as _____ as possible at work.

(A) flexing
(B) flexed
(C) flexible
(D) flexibility

282 ABC Company directors plan _____ production by 20 percent.

(A) to increase
(B) increasing
(C) increases
(D) increase

279 출제 포인트 　접속사 As 다음에 주어를 생략하고 바로 '과거분사'가 나올 수 있다.

핵심 보카 　**project**는 '연구 프로젝트'라는 뜻의 명사로는 익숙할 것이다. 동사로 '투사하다, 추정하다, 예상하다'라는 뜻의 동사로도 쓰인다는 것을 꼭 알아두자.

기출 표현 　**As projected** '예상한 대로' 덩어리 표현을 암기하자.

해석 　에너지 부서에 의해서 예상한 대로

정답: (C)

280 출제 포인트 　**find**는 '무엇을 어떤 상태라고 생각하다'라는 뜻으로 목적어 다음에 '형용사'가 정답이다. 품사를 모르겠다면 단어의 꼬리 −ly를 삭제하고 남은 것이 '형용사'다.

핵심 보카 　**reward**는 '보상, 보답하다'라는 뜻의 명사와 동사가 동시에 되는 단어다. **rewarding**은 '가치가 있는, 보람 있는'이라는 뜻의 형용사다.

기출 표현 　**rewarding career** '보람 있는 직업' 덩어리 표현을 암기하자.

해석 　당신의 직업이 매우 보람 있다고 생각할 것입니다.

정답: (D)

281 출제 포인트 　as _____ as 사이에 형용사나 부사가 들어갈 수 있다. 빈칸 앞에 be 동사가 나오면 '형용사'가 정답이고, 일반 동사가 나오면 '부사'가 정답이다.

핵심 보카 　**flexible**은 '융통성 있는'이란 뜻의 형용사다. **flexibility**는 '융통성'이란 뜻의 명사다.

기출 표현 　**as flexible as possible** '가능한 융통성 있는' 덩어리 표현을 암기하자.

해석 　직원들은 직장에서 가능한 융통성이 있어야 한다.

정답: (C)

282 출제 포인트 　'계획하다' plan은 to 부정사를 목적어로 취하는 동사다.

핵심 보카 　**plan**은 '계획, 계획하다'라는 뜻으로 명사와 동사가 동시에 되는 단어다.

기출 표현 　**plan to increase** '증가시킬 계획이다' 덩어리 표현을 암기하자.

해석 　ABC 회사 이사진들은 20퍼센트까지 생산을 증가시킬 계획이다.

정답: (A)

Day
10

283 Profits have increased _____ for the past five years.

(A) efficiently
(B) dramatically
(C) unanimously
(D) willingly

284 The management reacted _____ to employee's concerns.

(A) prompt
(B) promptly
(C) promptness
(D) prompting

285 By _____ its older computers with more modern machines, S+V···.

(A) replace
(B) replacing
(C) replacement
(D) replaced

286 This year's attendance will _____ last year's.

(A) surpass
(B) surpasses
(C) surpassed
(D) surpassingly

283 ◼출제 포인트◼ '증감' 동사와 어울려 쓰이는 부사를 암기하자.

◼핵심 보카◼ **dramatically**는 '극적으로, 급격하게'라는 뜻의 부사로 주로 increase 나 decrease와 같은 증감 동사와 어울려 출제된다. 증감 동사와 어울려 출제되는 대표적인 부사에는 '**steadily** 꾸준하게, **sharply** 급격하게, **significantly** 상당하게' 등이 있다.

◼기출 표현◼ **increase dramatically** '급격하게 증가하다' 덩어리 표현을 암기하자.

◼해석◼ 수익이 지난 5년 동안 급격하게 증가해오고 있다.

정답: (B)

284 ◼출제 포인트◼ react to와 같은 숙어 사이의 빈칸은 '부사'가 정답이다.

◼핵심 보카◼ **prompt**는 '신속한'이란 뜻의 형용사다. **promptly**는 '신속하게'라는 뜻 과 '정시에'라는 뜻의 부사다. **promptness**는 '신속'이란 뜻의 명사다.

◼기출 표현◼ **react promptly to** '~에 신속하게 반응하다' 덩어리 표현을 암기하자.

◼해석◼ 경영진은 직원들의 우려에 신속하게 반응했다.

정답: (B)

285 ◼출제 포인트◼ 전치사와 명사 사이의 빈칸은 '동명사'가 정답이다. 특히 **by** ~ing '~함 으로써' 덩어리 표현을 암기하자.

◼핵심 보카◼ **replace**는 사물을 '교체하다'와 사람을 '대체하다'라는 뜻의 동사다. **replacement**는 '교체품'이란 뜻의 사물 명사보다 '후임자'라는 뜻의 사람명사로 더 자주 출제된다.

◼기출 표현◼ **by replacing** '교체함으로써' 덩어리 표현을 암기하자.

◼해석◼ 낡은 컴퓨터들을 최신 기종으로 교체함으로써

정답: (B)

286 ◼출제 포인트◼ 조동사(will) 다음의 빈칸은 '동사원형'이 정답이다.

◼핵심 보카◼ **surpass**는 '초과하다, 뛰어넘다'라는 뜻의 동사다.

◼기출 표현◼ **will surpass** '뛰어넘을 것이다' 덩어리 표현을 암기하자.

◼해석◼ 올해의 참석률이 작년의 참석률을 뛰어넘을 것이다.

정답: (A)

Day 10

287 Mr. Lee works very _____ .

(A) hard
(B) hardly
(C) harden
(D) hardness

288 Mr. Lee examined the data _____ .

(A) care
(B) careful
(C) carefully
(D) carefulness

289 will _____ vital issues in the meeting

(A) addresses
(B) be addressed
(C) addressing
(D) address

290 _____ the hotel lobby

(A) at
(B) on
(C) in
(D) as

287 `출제 포인트` hard와 hardly의 차이점을 알고 있어야 한다.

`핵심 보카` **hard**는 '딱딱한'이라는 형용사도 되고, '열심히'라는 부사도 된다. **hardly**는 '거의 ~아니다'라는 뜻으로 의미가 완전히 다른 부사가 된다.

`기출 표현` **work very hard** '매우 열심히 일하다' 덩어리 표현을 암기하자.

`해석` 미스터리는 매우 열심히 일한다.

정답: (A)

288 `출제 포인트` 완전한 문장 다음의 빈칸은 '부사'가 정답이다.

`핵심 보카` **care**는 '보살핌, 관심, 주의, 조심'이라는 뜻의 명사와 '돌보다, 관심을 갖다'라는 뜻의 동사도 동시에 되는 단어다. **careful**은 '조심하는, 신중한'이란 뜻의 형용사다. **carefully**는 '주의 깊게, 신중하게'라는 뜻의 부사다. **carefulness**는 '조심성, 신중성'이란 뜻의 명사다.

`기출 표현` **carefully examine** '주의 깊게 조사하다' 덩어리 표현을 암기하자.

`해석` 미스터리는 그 자료를 주의 깊게 조사했다.

정답: (C)

289 `출제 포인트` 조동사(will) 다음의 빈칸은 '동사원형'이 정답이다. 빈칸 뒤에 목적어가 나왔기 때문에 수동태는 오답이다.

`핵심 보카` **address**는 '주소, 연설'이라는 뜻의 명사도 되지만, '다루다, 해결하다'라는 뜻의 동사도 된다는 것이 중요하다.

`기출 표현` **address vital issues** '중요한 문제들을 해결하다' 덩어리 표현을 암기하자.

`해석` 중요한 문제들을 회의에서 다룰 것이다.

정답: (D)

290 `출제 포인트` '~에'라고 해석되는 전치사 at, on, in의 차이점을 알고 있어야 한다.

`핵심 보카` 전치사 **in**의 기본 개념은 뭔가에 포위되어 '공간'에 둘러싸여 있는 이미지다.

`기출 표현` **in the lobby** '로비에서' 덩어리 표현을 암기하자.

`해석` 호텔 로비에서

정답: (C)

Day 10

291 will _____ an agreement

(A) reach
(B) reaches
(C) reachable
(D) reaching

292 their _____ information

(A) personalize
(B) personally
(C) personal
(D) personalization

293 The gauge is _____ accurate.

(A) surprising
(B) surprisingly
(C) surprised
(D) surprises

294 a _____ taste

(A) distinctive
(B) distinction
(C) distinctiveness
(D) distinctly

291 `출제 포인트` 조동사(will) 다음의 빈칸은 '동사원형'이 정답이다.

`핵심 보카` **reach**는 '손을 뻗다'라는 의미에서 '도착하다'와 '연락하다'라는 뜻으로 의미가 파생되어 간다.

`기출 표현` **reach an agreement** '합의에 도달하다' 덩어리 표현을 암기하자.

`해석` 합의에 도달할 것이다

정답: (A)

292 `출제 포인트` 빈칸 앞 소유격에 속지 말자. 명사(information) 앞의 빈칸은 '형용사'가 정답이다.

`핵심 보카` **personal**은 '개인적인'이란 뜻의 형용사다. 스펠링이 비슷한 **personnel**은 '직원의'라는 형용사뿐만 아니라 '직원들, 인사과'라는 뜻의 명사도 된다는 것을 함께 알아두자.

`기출 표현` **personal information** '개인 정보' 덩어리 표현을 암기하자.

`해석` 그들의 개인적인 정보

정답: (C)

293 `출제 포인트` 형용사(accurate) 앞의 빈칸은 '부사'가 정답이다.

`핵심 보카` **surprise**는 '놀라게 하다'라는 뜻의 타동사다. **surprised**는 '놀란'이란 뜻의 형용사다. **surprisingly**는 '놀랍게도'라는 뜻의 부사다.

`기출 표현` **surprisingly accurate** '놀랍게도 정확한' 덩어리 표현을 암기하자.

`해석` 그 측정기는 놀라울 정도로 정확하다.

정답: (B)

294 `출제 포인트` 명사(taste) 앞의 빈칸은 '형용사'가 정답이다.

`핵심 보카` **distinct**는 '뚜렷한(= clear)'이란 뜻의 형용사고, **distinctive**는 '독특한 (= unique)'이란 뜻의 형용사다. 같은 형용사지만 의미는 완전히 다르다.

`기출 표현` **distinctive taste** '독특한 맛' 덩어리 표현을 암기하자.

`해석` 독특한 맛

정답: (A)

Day 10

295 Groceries can now _____ online.

(A) purchase
(B) purchased
(C) purchasing
(D) be purchased

296 We were surprised _____ the news.

(A) of
(B) through
(C) about
(D) at

297 The costs were relatively _____ .

(A) high
(B) height
(C) highly
(D) heighten

298 _____ highly trained mechanics

(A) our
(B) us
(C) ours
(D) ourselves

295 `출제 포인트` 조동사(can) 다음에 '동사원형'이 나와야 한다. 식료품이 구매되는 것이기 때문에 '수동태'가 정답이다. 함정 (**A**)에 속지 말자!

`핵심 보카` **purchase**는 '구매, 구매하다'라는 뜻으로 명사와 동사가 동시에 되는 단어다. **online**은 '온라인상에서'라는 뜻의 부사라는 것이 중요하다.

`기출 표현` **can be purchased** '구매될 수 있다' 덩어리 표현을 암기하자.

`해석` 식료품은 지금 온라인상에서 구매될 수 있다.

정답: (D)

296 `출제 포인트` '놀람'을 의미하는 surprised는 전치사 at과 잘 어울려 출제된다.

`핵심 보카` **surprise**는 '놀라게 하다'라는 뜻의 타동사이다. 수동태가 되어 **be surprised**의 형태가 되면 뒤에 전치사 **at**이 나온다.

`기출 표현` **surprised at the news** '그 소식에 놀란' 덩어리 표현을 암기하자.

`해석` 우리는 그 소식에 놀랐다.

정답: (D)

297 `출제 포인트` 빈칸 앞의 부사는 무시해도 된다. be동사 다음의 빈칸은 '형용사'가 정답이다.

`핵심 보카` **high**는 형용사로 '높은'이란 뜻이고 부사로는 '높게'라는 뜻이다. 반면에 **highly**는 '높게'가 아니라 '매우'라는 뜻의 부사다.

`기출 표현` **relatively high** '비교적 높은' 덩어리 표현을 암기하자.

`해석` 비용이 비교적 높았다.

정답: (A)

298 `출제 포인트` 명사 덩어리 앞에는 '소유격'이 정답이다.

`핵심 보카` **mechanic**은 –tic로 끝났지만 형용사가 아니라 '정비사'이란 뜻의 사람 명사다.

`기출 표현` **trained mechanic** '훈련받은 정비사' 덩어리 표현을 암기하자.

`해석` 우리의 매우 훈련받은 정비사들

정답: (A)

Day
10

299 The firm _____ started its business in Europe.

(A) origin
(B) original
(C) originally
(D) originated

300 The tentative plan is scheduled to be confirmed _____ the committee's final approval.

(A) follows
(B) follow
(C) following
(D) followed

299 주어와 동사 사이의 빈칸은 '부사'가 정답이다.

핵심 보카 origin은 '기원, 근원'이라는 뜻의 명사다. original은 '원래의, 독창적인'이란 뜻의 형용사다. originally는 '원래, 처음에'라는 뜻의 부사로 과거 시제와 어울려 출제된다. originate는 '시작하다, 유래되다'라는 뜻의 동사다.

기출 표현 originally started '처음에 시작했다' 덩어리 표현을 암기하자.

해석 그 회사는 유럽에서 사업을 처음에 시작했다.

정답: (C)

300 출제 포인트 '동사+ing' 형태의 전치사 5개를 암기하자. regarding ~대해서, concerning ~관해서, including ~포함해서, excluding ~제외하고, following ~후에. 위의 다섯 단어가 보기에 등장하면 정답일 가능성이 매우 높다.

핵심 보카 follow는 '따르다'라는 뜻의 동사다. 여기에 -ing을 붙여 following이 되면 '~후에'라는 뜻의 전치사가 된다.

기출 표현 following the final approval '최종 승인 후에' 덩어리 표현을 암기하자.

해석 잠정적인 계획이 위원회의 최종 승인 후에 확정되기로 일정이 잡혀있다.

정답: (C)

Day
10

DAY 10
Daily Checkup
기출 표현 암기하기

271	highly qualified applicants	매우 자격을 갖춘 지원자들
272	either A or B	A 또는 B 둘 중 하나
273	excellent result	훌륭한 결과
274	continually improve	꾸준히 향상시키다
275	technical problem	기술적인 문제
276	responsible for	~에 대해 책임이 있는
277	before announcing	발표하기 전에
278	near the entrance	출구 근처에
279	As projected	예상한 대로
280	rewarding career	보람 있는 직업
281	as flexible as possible	가능한 융통성 있는
282	plan to increase	증가시킬 계획이다
283	increase dramatically	급격하게 증가하다
284	react promptly to	~에 신속하게 반응하다
285	by replacing	교체함으로써
286	will surpass	뛰어넘을 것이다
287	work very hard	매우 열심히 일하다
288	carefully examine	주의 깊게 조사하다
289	address vital issues	중요한 문제들을 해결하다
290	in the lobby	로비에서
291	reach an agreement	합의에 도달하다
292	personal information	개인 정보
293	surprisingly accurate	놀랍게도 정확한
294	distinctive taste	독특한 맛
295	can be purchased	구매될 수 있다
296	surprised at the news	그 소식에 놀란
297	relatively high	비교적 높은
298	trained mechanic	훈련받은 정비사
299	originally started	처음에 시작했다
300	following the final approval	최종 승인 후에

DAY 11

301 All materials should be _____ no later than Monday.

(A) order
(B) ordering
(C) ordered
(D) orders

302 Our representatives are ready to help you at all _____ .

(A) time
(B) times
(C) timely
(D) timing

303 We will _____ replace any defective items.

(A) be glad
(B) gladly
(C) glad
(D) be gladdened

304 as a better _____ to watching television

(A) alternative
(B) alternatively
(C) alternatives
(D) alternativeness

301 　출제 포인트　 물건들이 주문되는 것이기 때문에 '수동태'가 정답이다.

　핵심 보카　 **no later than**은 '～보다 늦지 않게'라는 뜻으로 '～까지'라는 뜻의 전치사 **by**와 동의어다.

　기출 표현　 **should be ordered** '주문되어야 한다' 덩어리 표현을 암기하자.

　해석　 모든 물건들은 월요일까지 주문되어야 한다.

정답: (C)

302 　출제 포인트　 수량 형용사 all 다음에는 셀 수 있는 '복수명사'가 정답이다.

　핵심 보카　 **representative**는 '대표하는'이란 뜻의 형용사에서, '대표자'라는 명사로 파생된다. 토익에서는 '직원'이라는 사람 명사로 훨씬 더 많이 출제되고 있다.

　기출 표현　 **at all times** '항상' 덩어리 표현을 암기하자.

　해석　 저희 직원들은 항상 언제나 귀하를 도와 드릴 준비가 되어 있습니다.

정답: (B)

303 　출제 포인트　 조동사(can)와 동사원형(replace) 사이의 빈칸은 '부사'가 정답이다.

　핵심 보카　 **glad**는 '기쁜'이란 뜻의 형용사다. **gladly**는 '기꺼이, 기쁘게'라는 뜻의 부사다.

　기출 표현　 **gladly replace** '기꺼이 교체해 주다' 덩어리 표현을 암기하자.

　해석　 우리는 어떤 결함 있는 제품도 기꺼이 교체해 드릴 것입니다.

정답: (B)

304 　출제 포인트　 부정관사(a/an) 다음에는 '단수명사'가 정답이다.

　핵심 보카　 **alternative**는 '대안의, 대체하는'이라는 뜻의 형용사도 되지만 '대안, 선택대상'이라는 뜻의 명사로 훨씬 더 많이 쓰인다.

　기출 표현　 **a better alternative** '더 좋은 대안' 덩어리 표현을 암기하자.

　해석　 TV 시청에 대한 더 좋은 대안으로써

정답: (A)

305 The museum will be closed until further _____ .

(A) attention
(B) opinion
(C) status
(D) notice

306 _____ our records,

(A) Only if
(B) In case
(C) According to
(D) Now that

307 at _____ prices

(A) reasonable
(B) reasonably
(C) reasoning
(D) reasoned

308 The construction _____ affected the flow of traffic.

(A) rare
(B) rarest
(C) rarely
(D) rarer

305 **출제 포인트** 토익에 정답으로 자주 출제되었던 덩어리 표현들을 최대한 많이 암기하고 있어야 한다.

핵심 보카 notice는 '공지'라는 뜻의 명사와 '알아차리다'라는 뜻의 동사로 쓰인다. 스펠링이 비슷한 notify는 '알리다, 통지하다'라는 뜻으로 두 단어의 의미 차이를 구별해서 알아두자.

기출 표현 until further notice '추후 공지가 있을 때까지' 덩어리 표현을 암기하자

해석 박물관은 추후 공지가 있을 때가지 문을 닫을 것이다.

정답: (D)

306 **출제 포인트** 빈칸 뒤에 '조사결과, 계약서, 규정'과 같은 단어가 나오면 'according to'가 정답이다.

핵심 보카 according to는 '~에 따르면'이란 뜻의 전치사이다. 여기서 to는 부정사가 아니라 전치사의 to라는 것을 꼭 기억해야 한다.

기출 표현 according to our records '우리의 기록에 따르면' 덩어리 표현을 암기하자.

해석 우리의 기록에 따르면

정답: (C)

307 **출제 포인트** 명사(prices) 앞의 빈칸은 '형용사'가 정답이다.

핵심 보카 reason은 '이유'라는 뜻의 명사다. reasonable은 이유에 '합당한' 또는 가격이 '적당한'이라는 뜻의 형용사다. 동의어로는 '감당할 수 있는' affordable이 있다. 둘 다 가격이 싸다는 의미로 쓰인다.

기출 표현 reasonable prices '적절한 가격' 덩어리 표현을 암기하자.

해석 적절한 가격에

정답: (A)

308 **출제 포인트** 주어와 동사 사이의 빈칸은 '부사'가 정답이다.

핵심 보카 rare는 '드문, 희귀한'이란 뜻의 형용사다. rarely는 '드물게, 좀처럼 ~않게'란 뜻의 부사다. 부정어 '거의 ~가 아니다'의 동의어 hardly, seldom, scarcely도 함께 알아두자.

기출 표현 rarely affect '거의 영향을 주지 않는다' 덩어리 표현을 암기하자.

해석 그 공사는 교통의 흐름에 거의 영향을 주지 않았다.

정답: (C)

309 _____ seminar participants

(A) at
(B) every
(C) all
(D) much

310 It is essential that the equipment _____ in accordance with the safety regulations.

(A) to use
(B) using
(C) used
(D) be used

311 The event will _____ until next year.

(A) be delayed
(B) delay
(C) delaying
(D) have delayed

312 The equipment is checked on a _____ basis.

(A) regular
(B) regularly
(C) regularize
(D) regularity

309 　출제 포인트　 **all**은 뒤에는 셀 수 있는 '복수명사'가 나오고, **every**는 뒤에 셀 수 있는
'단수명사'가 나온다.

　핵심 보카　 **participant**는 '참가자'라는 뜻의 사람 명사다.

　기출 표현　 **all participants** '모든 참가자들' 덩어리 표현을 암기하자.

　해석　 모든 세미나 참가자들

정답: (C)

310 　출제 포인트　 It is 다음에 'VIPS' 형용사가 나오면 '동사원형'이 정답이다.

　핵심 보카　 **VIPS** 형용사는 다음과 같다. **vital** 매우 중요한, **important** 중요한,
imperative 반드시 해야 하는, **essential** 필수적인, **necessary** 필
요한.

　기출 표현　 **It is essential that** '그것은 필수적이다' 덩어리 표현을 암기하자.

　해석　 장비들이 안전 규정에 맞게 사용되는 것이 필수적이다.

정답: (D)

311 　출제 포인트　 조동사(will) 다음은 '동사원형'이 나와야 한다. 빈칸 뒤에 목적어가 없이
전치사가 나왔기 때문에 '수동태'가 정답이다.

　핵심 보카　 **delay**는 '연기'라는 뜻의 명사와 '연기시키다'라는 뜻의 동사가 동시에
되는 단어다.

　기출 표현　 **will be delayed** '연기될 것이다' 덩어리 표현을 암기하자.

　해석　 행사가 내년까지 연기될 것이다.

정답: (A)

312 　출제 포인트　 명사(basis) 앞의 빈칸은 '형용사'가 정답이다.

　핵심 보카　 **basis**는 '기초, 근거'라는 뜻의 명사고, **basic**은 '기초적인'이란 뜻의 형
용사다. 특히 **based in Seoul**은 '서울에 기반을 둔'이란 뜻으로 본사
가 서울에 있다는 의미다.

　기출 표현　 **on a regular basis** '정기적으로' 덩어리 표현을 암기하자.

　해석　 그 장비는 정기적으로 점검된다.

정답: (A)

313 one of _____ colleagues

(A) hers
(B) her
(C) herself
(D) she

314 All systems are thoroughly _____ by highly skilled technicians.

(A) inspection
(B) inspecting
(C) inspect
(D) inspected

315 Mr. Lee _____ his business three decades ago.

(A) start
(B) starting
(C) started
(D) will start

316 a _____ means of transportation

(A) prefer
(B) preference
(C) preferring
(D) preferred

313 출제 포인트 명사(colleague) 앞의 빈칸은 '소유격'이 정답이다.

핵심 보카 **colleague**는 '동료'라는 뜻으로 동의어에는 **coworker**와 **associate**
가 있다.

기출 표현 **her colleagues** '그녀의 동료들' 덩어리 표현을 암기하자.

해석 그녀의 직장 동료들 중의 한 명

정답: (B)

314 출제 포인트 시스템이 철저하게 조사 되는 것이기 때문에 '수동태'가 정답이다.

핵심 보카 **inspect**는 '조사하다'라는 뜻의 동사다. **inspector**는 '조사관'이란 뜻
의 사람 명사고, **inspection**은 '조사'라는 뜻의 개념 명사다.

기출 표현 **inspect the system thoroughly** '시스템을 철저하게 점검하다' 덩
어리 표현을 암기하자.

해석 모든 시스템이 매우 숙련된 기술자들에 의해서 철저히 점검된다.

정답: (D)

315 출제 포인트 **ago**를 보는 순간 '과거시제'가 정답이다.

핵심 보카 **decade**는 '10년'이라는 뜻의 명사다.

기출 표현 **three decades ago** '30년 전에' 덩어리 표현을 암기하자.

해석 미스터리는 30년 전에 그의 사업을 시작했다.

정답: (C)

316 출제 포인트 **means**는 '수단'이라는 뜻의 명사다. 명사 앞의 빈칸은 '분사'가 나올 수
있다.

핵심 보카 **prefer**는 '선호하다'라는 뜻의 동사다. **preference**는 '선호도'라는 뜻
의 명사다.

기출 표현 **preferred means** '선호되는 수단' 덩어리 표현을 암기하자.

해석 선호되는 교통수단

정답: (D)

317 were _____ consolidated into a single team

(A) eventual
(B) eventually
(C) eventuality
(D) eventualities

318 Please _____ the production process rigidly.

(A) monitored
(B) monitors
(C) monitor
(D) monitoring

319 the steady _____ of the local market

(A) grown
(B) growth
(C) grow
(D) grew

320 More funds _____ for several community projects.

(A) allocated
(B) have been allocating
(C) allocation
(D) were allocated

317 출제 포인트 수동태 사이의 빈칸은 '부사'가 정답이다.

핵심 보카 **eventual**은 '궁극적인, 최종적인'이란 뜻의 형용사다. **eventually**는
'마침내, 드디어'라는 뜻의 부사다.

기출 표현 **eventually consolidated** '드디어 통합되었다' 덩어리 표현을 암기
하자.

해석 마침내 단일 팀으로 통합되었다.

정답: (B)

318 출제 포인트 **Please** 다음의 빈칸은 '동사원형이 정답이다.

핵심 보카 **monitor**는 명사와 동사가 동시에 되는 단어다. 명사로는 '화면 모니터'
라는 뜻이고, 동사로는 '감시하다'라는 뜻이다.

기출 표현 **monitor the process** '처리과정을 감시하다' 덩어리 표현을 암기하자.

해석 생산 과정을 엄격하게 모니터링하세요.

정답: (C)

319 출제 포인트 형용사(steady) 다음의 빈칸은 '명사'가 정답이다.

핵심 보카 **grow**는 '성장하다'라는 뜻의 동사다. 동사의 3단 변화는 **grow–grew–
grown**이다. **growth**는 '성장'이란 뜻의 명사다.

기출 표현 **steady growth** '꾸준한 성장' 덩어리 표현을 암기하자.

해석 지역 시장의 꾸준한 성장

정답: (B)

320 출제 포인트 자금(funds)이 할당되는 것이기 때문에 '수동태'가 정답이다.

핵심 보카 **allocate**는 '할당하다'라는 뜻의 동사다. **allocation**은 '할당, 배당'이
란 뜻의 명사다. 스펠링이 비슷한 **relocate**는 '이전하다'라는 뜻의 동사
고, **relocation**은 '이전'이라는 뜻의 명사다. 위의 두 단어를 혼동하지
말자.

기출 표현 **Funds were allocated** '자금이 할당 되었다' 덩어리 표현을 암기하자.

해석 더 많은 자금이 여러 지역 사회 프로젝트에 할당된다.

정답: (D)

321 Some department store workers _____ greet customers.

(A) habits
(B) habit
(C) habitual
(D) habitually

322 in a _____ fashion

(A) time
(B) timing
(C) timely
(D) timer

323 offer attractive _____ like tax incentives

(A) benefit
(B) benefits
(C) beneficial
(D) beneficially

324 extensive _____ of current systems

(A) know
(B) known
(C) knowledge
(D) knowledgeable

321 　출제 포인트　 greet가 '인사하다'라는 뜻의 동사라는 것을 알고 있어야 한다. 주어와 동사 사이의 빈칸은 '부사'가 정답이다.

　핵심 보카　 habit은 '습관'이라는 뜻의 명사다. habitual은 '습관적인'이란 뜻의 형용사다. habitually는 '습관적으로'라는 뜻의 부사다.

　기출 표현　 habitually greet '습관적으로 인사하다' 덩어리 표현을 암기하자.

　해석　 몇몇 백화점 직원들을 손님들에게 습관적으로 인사를 한다.

정답: (D)

322 　출제 포인트　 명사(fashion) 앞의 빈칸은 '형용사'가 정답이다.

　핵심 보카　 명사(time)에 −ly가 붙으면 '형용사'가 된다. timely는 '시기적절한'이란 뜻으로 부사가 아니라 '형용사'라는 사실이 중요하다.

　기출 표현　 in a timely fashion '제때에' 덩어리 표현을 암기하자.

　해석　 늦지 않고 제때에

정답: (C)

323 　출제 포인트　 형용사(attractive) 다음의 빈칸은 '명사'가 정답이다. 보기 중에 단수명사와 복수명사가 동시에 있을 때, 빈칸 앞에 a가 없다면 '복수명사'가 정답이다.

　핵심 보카　 benefit은 명사와 동사가 동시에 되는 단어다. 명사일 경우는 '이익, 혜택'이라는 뜻이고, 동사일 경우는 '이익을 얻다, 이익을 주다'라는 뜻이다.

　기출 표현　 attractive benefits '매력적인 혜택들' 덩어리 표현을 암기하자.

　해석　 세금 우대 조치와 같은 매력적인 혜택을 제공하다

정답: (B)

324 　출제 포인트　 형용사(extensive) 다음의 빈칸은 '명사'가 정답이다.

　핵심 보카　 know는 '알다'라는 뜻의 동사다. knowledge는 '지식'이라는 뜻의 명사다. knowledgeable은 '아는 것이 많은'이란 뜻의 형용사다.

　기출 표현　 extensive knowledge '폭넓은 지식' 덩어리 표현을 암기하자.

　해석　 현재 시스템에 대한 폭넓은 지식

정답: (C)

325 have been frequently _____ by unstable weather

(A) disruption
(B) disrupt
(C) disrupting
(D) disrupted

326 They are working on _____ a new chair.

(A) develop
(B) developed
(C) developing
(D) development

327 a degree in _____

(A) accountant
(B) accounted
(C) accountable
(D) accounting

328 Extra generators should be _____ in case of a power failure.

(A) preparing
(B) prepared
(C) prepare
(D) prepares

325 빈칸 앞에 be동사가 있고, 뒤에 목적어 없이 전치사가 나와서 끝기면 '과거분사'가 정답이다.

　　　 핵심 보카 **disrupt**는 '중단시키다'라는 뜻의 동사다. **disruption**은 '중단'이라는 뜻의 명사다.

　　　 기출 표현 **frequently disrupted** '자주 중단되는' 덩어리 표현을 암기하자.

　　　 해석 기상 불안정으로 자주 중단되었다

　　　　　　　　　　　　　　　　　　　　　　　　　　　　　　정답: (D)

326 출제 포인트 전치사와 명사 사이의 빈칸은 '동명사'가 정답이다.

　　　 핵심 보카 **develop**는 '개발하다'라는 뜻의 동사고, **development**는 '개발'이라는 뜻의 명사다.

　　　 기출 표현 **on developing a new chair** '새로운 의자 개발에 대해서' 덩어리 표현을 암기하자.

　　　 해석 그들은 새로운 의자 개발 작업 중이다.

　　　　　　　　　　　　　　　　　　　　　　　　　　　　　　정답: (C)

327 출제 포인트 전치사(in) 다음의 빈칸은 '명사'가 정답이다. 주의할 점은 사람 명사는 홀로 단독적으로 쓰일 수 없다는 것을 꼭 기억하자.

　　　 핵심 보카 **accountant**는 '회계사'라는 뜻의 사람 명사다. **accounting**은 동명사가 명사로 완전히 굳어져 '회계'라는 뜻의 명사가 되었다.

　　　 기출 표현 **a degree in accounting** '회계학 학위' 덩어리 표현을 암기하자.

　　　 해석 회계학 학위

　　　　　　　　　　　　　　　　　　　　　　　　　　　　　　정답: (D)

328 출제 포인트 be동사 다음에 빈칸이 있고 전치사가 나와서 끝기면 '수동태'가 정답이다.

　　　 핵심 보카 접두어 pre–는 '미리'라는 의미에서 알 수 있듯이 **prepare**는 '준비하다, 대비하다'라는 뜻의 동사다.

　　　 기출 표현 **should be prepared** '준비되어야 한다' 덩어리 표현을 암기하자.

　　　 해석 정전의 경우를 대비해서 추가적인 발전기가 준비되어야 한다.

　　　　　　　　　　　　　　　　　　　　　　　　　　　　　　정답: (B)

329 This equipment should be _____ checked.

(A) period
(B) periodic
(C) periodical
(D) periodically

330 The plane can _____ up to five hundred passengers.

(A) accommodate
(B) to accommodate
(C) accommodating
(D) accommodation

329 　**출제 포인트**　수동태 사이의 빈칸은 '부사'가 정답이다.

　　핵심 보카　**period**는 '기간'이란 뜻의 명사다. **periodic**은 '정기적인, 주기적인' 이란 뜻의 형용사다. **periodical**은 '정기 간행물'이란 뜻의 명사다. **periodically**는 '정기적으로, 주기적으로'라는 뜻의 부사다.

　　기출 표현　**periodically check** '정기적으로 점검하다' 덩어리 표현을 암기하자.

　　해석　이 장비는 정기적으로 점검되어야 한다.

정답: (D)

330 　**출제 포인트**　조동사(can) 다음의 빈칸은 '동사원형'이 정답이다.

　　핵심 보카　**accommodate**는 '수용하다'라는 뜻의 동사다. **accommodation**은 '숙박시설'이라는 뜻의 명사다.

　　기출 표현　**accommodate 500 passengers** '500명의 승객을 수용하다' 덩어리 표현을 암기하자.

　　해석　그 비행기는 최대 500명의 승객을 수용할 수 있다.

정답: (A)

DAY 11
Daily Checkup
기출 표현 암기하기

301	should be ordered	주문되어야 한다
302	at all times	항상
303	gladly replace	기꺼이 교체해 주다
304	a better alternative	더 좋은 대안
305	until further notice	추후 공지가 있을 때까지
306	according to our records	우리의 기록에 따르면
307	reasonable prices	적절한 가격
308	rarely affect	거의 영향을 주지 않는다
309	all participants	모든 참가자들
310	It is essential that	그것은 필수적이다
311	will be delayed	연기될 것이다
312	on a regular basis	정기적으로
313	her colleagues	그녀의 동료들
314	inspect the system thoroughly	시스템을 철저하게 점검하다
315	three decades ago	30년 전에
316	preferred means	선호되는 수단
317	eventually consolidated	드디어 통합되었다
318	monitor the process	처리과정을 감시하다
319	steady growth	꾸준한 성장
320	Funds were allocated	자금이 할당 되었다
321	habitually greet	습관적으로 인사하다
322	in a timely fashion	늦지 않고 제때에
323	attractive benefits	매력적인 혜택들
324	extensive knowledge	폭넓은 지식
325	frequently disrupted	자주 중단되는
326	on developing a new chair	새로운 의자 개발에 대해서
327	a degree in accounting	회계학 학위
328	should be prepared	준비되어야 한다
329	periodically check	정기적으로 점검하다
330	accommodate 500 passengers	500명의 승객을 수용하다

DAY 12

331 It is expected to be very _____ .

(A) profitable
(B) profitably
(C) profited
(D) profits

332 Thank you for _____ generous donation.

(A) yours
(B) yourself
(C) you
(D) your

333 an _____ location

(A) ideal
(B) ideally
(C) idealize
(D) idealism

334 an alternative _____ of building materials

(A) supplied
(B) supplier
(C) suppliers
(D) supplying

331 출제 포인트 빈칸 앞의 부사(very)는 삭제하자. be동사 다음에 여러 품사가 나올 수 있는데 토익은 주로 '형용사'를 정답으로 출제하고 있다.

핵심 보카 **profit**은 '수익, 수익을 얻다'라는 뜻으로 명사와 동사가 동시에 된다. **profitable**은 '수익성이 있는'이라는 뜻의 형용사다.

기출 표현 **very profitable** '매우 수익성 있는' 덩어리 표현을 암기하자.

해석 매우 수익성 있을 것으로 기대된다.

정답: (A)

Day 12

332 출제 포인트 '소유격+형용사+명사'의 형태로 출제될 수 있다. 명사 덩어리 앞의 빈칸은 '소유격'이 정답이다.

핵심 보카 **generous**는 '관대한, 너그러운'이란 뜻의 형용사다.

기출 표현 **generous donation** '관대한 기부' 덩어리 표현을 암기하자.

해석 귀하의 후한 기부에 감사드립니다.

정답: (D)

333 출제 포인트 명사(location) 앞의 빈칸은 '형용사'가 정답이다. **location**은 '위치, 장소'라는 뜻에서 '사무소, 지점'이라는 의미로 파생된다.

핵심 보카 **ideal**은 '이상적인'이라는 뜻의 형용사다. **ideally**는 '이상적으로'라는 뜻의 부사다. **idealize**는 '이상화하다'라는 뜻의 동사다. **idealism**는 '이상주의'라는 뜻의 명사다.

기출 표현 **ideal location** '이상적인 장소' 덩어리 표현을 암기하자.

해석 이상적인 장소

정답: (A)

334 출제 포인트 형용사(alternative) 다음의 빈칸은 '명사'가 정답이다. 부정관사 an이 있기 때문에 '단수명사'가 정답이다.

핵심 보카 **supplier**는 '공급업자'라는 뜻의 사람명사에서 '공급업체'라는 회사의 의미로 파생된다.

기출 표현 **an alternative supplier** '대안의 공급 업체' 덩어리 표현을 암기하자.

해석 건축 자재의 대안의 공급업체

정답: (B)

335 I would like to congratulate you _____ the results.

(A) on
(B) of
(C) to
(D) from

336 If you _____ to take a leave of absence, S+V⋯.

(A) expect
(B) expects
(C) expecting
(D) expectation

337 according to a _____ survey

(A) recent
(B) recentness
(C) more recently
(D) most recently

338 for _____ suggestions into a revised proposal

(A) incorporate
(B) incorporated
(C) incorporation
(D) incorporating

335 `출제 포인트` 동사 congratulate와 잘 어울려 쓰이는 전치사는 무엇일까?

`핵심 보카` **congratulate**는 '축하하다'라는 뜻의 동사로 **congratulate A on B** 의 형태로 출제된다. 대부분의 전치사들이 한국말로 '~에 대해서'라고 해석될 수 있다는 것을 알아두자.

`기출 표현` **congratulate A on B** 'A에게 B에 대해서 축하하다' 덩어리 표현을 암기하자.

`해석` 저는 당신에게 그 결과에 대해서 축하드리고 싶습니다.

정답: (A)

336 `출제 포인트` 빈칸은 '동사 자리'이다. 주어가 you이기 때문에 expect가 정답이다. 주어가 '3인칭 단수 현재'일 경우에만 '동사**s**'를 써야한다.

`핵심 보카` '나두고 떠나다'라는 뜻의 **leave**가 명사로 쓰이면 '휴가'라는 뜻으로 쓰인다.

`기출 표현` **a leave of absence** '휴직' 덩어리 표현을 암기하자.

`해석` 만약 당신이 휴가 가기를 기대한다면

정답: (A)

337 `출제 포인트` 명사(survey) 앞의 빈칸은 '형용사'가 정답이다. 부사는 원칙을 가지고 자유롭게 아무 곳이나 들어갈 수 있다. 하지만 명사 바로 앞에는 부사가 나올 수 없다.

`핵심 보카` **recent**는 '최근의'라는 뜻의 형용사다. **recently**는 '최근에'라는 뜻의 부사다.

`기출 표현` **recent survey** '최근의 설문조사' 덩어리 표현을 암기하자.

`해석` 최근의 설문조사에 따르면

정답: (A)

338 `출제 포인트` 전치사(for)와 명사(**suggestions**) 사이의 빈칸은 '동명사'가 정답이다.

`핵심 보카` **corporate** '기업의'라는 뜻의 형용사고, **corporation**은 '기업'이라는 뜻의 명사다. 앞에 in—을 붙여 **incorporate**가 되면 여러 가지를 '통합시키다'와 법인을 '설립하다'라는 뜻의 동사가 된다. **incorporation**은 '기업, 법인'이라는 뜻의 명사다.

`기출 표현` **incorporate A into B** 'A를 B에 포함시키다' 덩어리 표현을 암기하자.

`해석` 제안들을 수정 기획안에 통합시키기 위해서

정답: (D)

339 the outstanding _____

(A) expends
(B) expenses
(C) expensive
(D) expended

340 The results are published in scientific _____.

(A) journals
(B) journalists
(C) journalism
(D) journalistic

341 The acquisition will _____ affect the semiconductor industry.

(A) adversarial
(B) adversely
(C) adversity
(D) adversary

342 a _____ range of household appliances

(A) wide
(B) widen
(C) widely
(D) width

339 **출제 포인트** 형용사(outstanding) 다음의 빈칸은 '명사'가 정답이다.

핵심 보카 **outstanding**은 '뛰어난, 탁월한'이란 뜻도 있지만, 돈과 관련해서 사용되면 '미지불 상태의(= **unpaid**)'라는 뜻이 된다는 것이 너무 중요하다.

기출 표현 **outstanding expenses** '미지불 비용' 덩어리 표현을 암기하자.

해석 미 지불된 상태의 비용

정답: (B)

340 **출제 포인트** '사람명사'와 '사물명사'의 의미 차이를 구별할 수 있어야 한다.

핵심 보카 **journal**은 '신문, 학술지'라는 뜻의 사물 명사다. **journalist**는 '기자, 언론인'이라는 뜻의 사람 명사다. **journalism**은 '언론'이란 뜻의 개념 명사다.

기출 표현 **scientific journal** '과학 학술지' 덩어리 표현을 암기하자.

해석 결과들이 과학 학술지에 게재되었다.

정답: (A)

341 **출제 포인트** 조동사(will)와 동사원형(affect) 사이의 빈칸은 '부사'가 정답이다.

핵심 보카 **adverse**는 '부정적인, 불리한'이란 뜻의 형용사다. **adversely**는 '부정적으로, 불리하게'라는 뜻의 부사다. **adversity**는 '역경, 불운'이란 뜻의 명사다.

기출 표현 **adversely affect** '악영향을 끼치다' 덩어리 표현을 암기하자.

해석 기업 인수가 반도체 산업에 악영향을 끼칠 것이다.

정답: (B)

342 **출제 포인트** 명사(range) 앞의 빈칸은 '형용사'가 정답이다.

핵심 보카 **wide**는 '넓은, 다양한'이란 뜻의 동사다. **widely**는 '널리, 광범위하게'라는 뜻의 부사다. **widen**은 '넓히다'라는 뜻의 동사다. **width**은 '너비'라는 뜻의 명사다.

기출 표현 **a wide range of** '매우 다양한' 덩어리 표현을 암기하자.

해석 매우 다양한 가정용품들

정답: (A)

343 ABC Mart _____ the intense competition.

(A) withstanding
(B) is withstood
(C) to withstand
(D) has withstood

344 I am _____ appreciative of your support.

(A) true
(B) truly
(C) truthful
(D) truthfulness

345 If you want to reschedule your _____ with Dr. Lee, S+V⋯.

(A) appointment
(B) appoint
(C) appoints
(D) appointed

346 fill the _____ positions

(A) vacant
(B) vacantly
(C) vacancy
(D) vacating

343　**출제 포인트**　빈칸은 '동사 자리'이다. 빈칸 뒤에 목적어가 나왔기 때문에 수동태는 오답이다.

　　핵심 보카　withstand는 '견디다, 버티다'라는 뜻의 동사다.

　　기출 표현　**withstand the competition** '경쟁을 견뎌내다' 덩어리 표현을 암기하자.

　　해석　ABC 마트는 치열한 경쟁을 견뎌내고 있다.

정답: (D)

344　**출제 포인트**　형용사(appreciative) 앞의 빈칸은 '부사'가 정답이다.

　　핵심 보카　appreciative는 '감사하는'이라는 뜻의 형용사다. appreciation은 '감사'라는 뜻의 명사다. 동의어에는 **gratitude**가 있다.

　　기출 표현　**be appreciative of** '~대해 감사하다' 덩어리 표현을 암기하자.

　　해석　저는 당신의 지지에 대해 정말로 감사드립니다.

정답: (B)

345　**출제 포인트**　소유격(your) 다음의 빈칸은 '명사'가 정답이다.

　　핵심 보카　appoint는 시간을 '약속하다'와 사람을 '임명하다'라는 뜻의 동사다. appointment는 '약속, 예약, 임명'이라는 뜻의 명사다.

　　기출 표현　**reschedule the appointment** '약속을 변경하다' 덩어리 표현을 암기하자.

　　해석　만약 귀하의 예약 시간을 변경하고 싶다면

정답: (A)

346　**출제 포인트**　명사(positions) 앞의 빈칸은 '형용사'가 정답이다.

　　핵심 보카　vacate는 '비우다'라는 뜻의 동사다. vacant는 자리가 '비어있는'이란 뜻의 형용사다. vacancy는 '공석, 일자리'이란 뜻의 명사다.

　　기출 표현　**vacant position** '빈자리, 공석' 덩어리 표현을 암기하자.

　　해석　공석을 충원하다

정답: (A)

347 _____ further information, please contact us.

(A) By
(B) For
(C) From
(D) Of

348 Any items must _____ to a customs officer.

(A) declare
(B) be declared
(C) be declaring
(D) declaration

349 The students must submit their _____ by May 20.

(A) being entered
(B) enters
(C) enter
(D) entries

350 Check the seating _____ again.

(A) arrange
(B) arranged
(C) arranging
(D) arrangements

347

Day 12

출제 포인트 전치사는 뒤에 나오는 명사와의 어울림을 파악해야 한다.

핵심 보카 뭔가를 향해가는 이미지의 전치사 **for**는 '방향성, 목적, 교환, 이유, 범위' 등을 의미한다. 마음이 뭔가를 향해서 간다라는 것에서 '~위해서'라는 의미가 생겨났다. 토익 전치사 중에서 정답 출제 빈도가 가장 높다.

기출 표현 **for further information** '추가적인 정보를 위해서' 덩어리 표현을 암기하자.

해석 더 많은 정보를 원하시면 저희에게 연락 주세요.

정답: (B)

348

출제 포인트 조동사(must) 다음에 '동사원형'이 나와야 한다. 빈칸 뒤에 목적어가 없이 전치사가 나왔기 때문에 '수동태'가 정답이다.

핵심 보카 **declare**는 '선언하다'라는 뜻과 '세관에 신고하다'라는 뜻의 동사다.

기출 표현 **declare bankruptcy** '파산 선고하다' 덩어리 표현을 암기하자.

해석 어떤 물건도 세관원에게 반드시 신고되어야 한다.

정답: (B)

349

출제 포인트 소유격(their) 다음의 빈칸은 '명사'가 정답이다.

핵심 보카 **enter**는 '들어가다'라는 뜻과 '입력하다'라는 뜻이 있다. **entry**는 '출품작'이란 뜻의 사물 명사와 '참가자'라는 뜻의 사람 명사가 동시에 되는 단어다.

기출 표현 **submit the entry** '출품작을 제출하다' 덩어리 표현을 암기하자.

해석 학생들은 5월 20일까지 그들의 출품작을 제출해야 한다.

정답: (D)

350

출제 포인트 정답으로 자주 출제되는 '복합명사'를 암기하자.

핵심 보카 **arrange**는 '배열하다, 정리하다'라는 뜻에서 '준비하다, 예약하다'라는 뜻으로 의미가 확장된다.

기출 표현 **seating arrangements** '자리 배치' 덩어리 표현을 암기하자.

해석 자리 배치를 다시 확인하세요.

정답: (D)

351 Mr. Lee has worked _____ to attract funding.

(A) persistence
(B) persistently
(C) persistent
(D) persisted

352 They are _____ about the security.

(A) concern
(B) concerns
(C) concerned
(D) concerning

353 Mr. Lee has an outgoing _____.

(A) personal
(B) personalize
(C) personality
(D) personally

354 due to the _____ need for technical support

(A) urgent
(B) urgently
(C) urgency
(D) urgencies

351 자동사 work 다음의 빈칸은 '부사'가 정답이다.

persist는 '고집하다, 지속하다'라는 뜻의 동사다. **persistent**는 '끈질긴, 지속적인'이란 뜻의 형용사다. **persistently**는 '끈질기게, 지속적으로'라는 뜻의 부사다. **persistence**는 '끈기, 지속'이라는 뜻의 명사다.

work persistently '지속적으로 일하다' 덩어리 표현을 암기하자.

미스터리는 자금을 끌어모으기 위해서 지속적으로 일하고 있다.

정답: (B)

Day 12

352 concerned는 전치사 about과 어울려 출제된다.

concern은 '관심, 관련'이라는 뜻에서 '우려, 걱정'이라는 뜻으로 의미가 파생된다. **concerned**는 '걱정되는'이란 뜻의 과거분사로 동의어에는 **worried**가 있다. **concerning**은 '~에 관하여'라는 뜻의 전치사다.

concerned about '~에 대해 걱정하는' 덩어리 표현을 암기하자.

그들은 안전에 대해 우려한다.

정답: (C)

353 outgoing은 '외향적인'이라는 뜻의 형용사다. 형용사 다음의 빈칸은 '명사'가 정답이다.

personality는 '성격'이라는 뜻의 명사다. 또한 '유명인사'라는 뜻도 있어 독해에서 동의어 **celebrity**로 패러프레이징 될 수 있다.

outgoing personality '외향적인 성격' 덩어리 표현을 암기하자.

미스터리는 외향적인 성격이다.

정답: (C)

354 명사(need) 앞의 빈칸은 '형용사'가 정답이다.

urgent는 '긴급한'이란 뜻의 형용사다. **urgently**는 '긴급하게'란 뜻의 부사다. **urgency**는 '긴급'이란 뜻의 명사다.

urgent need '긴급한 필요' 덩어리 표현을 암기하자.

시급한 기술 지원을 받을 필요 때문에

정답: (A)

355 The shopping complex stays open _____ 10 P.M.

(A) by
(B) until
(C) about
(D) during

356 They think he _____ a promotion.

(A) deserve
(B) deserves
(C) deserving
(D) deservedly

357 in a more _____ way

(A) production
(B) productivity
(C) productive
(D) produce

358 have _____ time to revise

(A) sufficiency
(B) sufficiently
(C) sufficient
(D) sufficiencies

355

출제 포인트 '~까지'를 의미하는 by와 until의 차이를 구별할 수 있어야 한다.

핵심 보카 '~까지 쭉'을 의미하는 **until**은 어느 시점까지의 '계속'을 나타낸다. 반면에 비슷한 의미를 가진 **by**는 '~까지는'이라는 '기한'을 나타낸다.

기출 표현 **open until 10 P.M.** '저녁 10시까지 문을 여는' 덩어리 표현을 암기하자.

해석 쇼핑 단지는 저녁 10시까지 문을 열 것이다.

정답: (B)

356

출제 포인트 주어가 3인칭 단수 **he**이기 때문에 동사에 **s**를 붙여야 한다.

핵심 보카 **deserve**는 '받을 만한 자격이 있다'라는 뜻의 동사다.

기출 표현 **deserve a promotion** '승진할 만하다' 덩어리 표현을 암기하자.

해석 그들은 그가 승진할 만하다고 생각한다.

정답: (B)

357

출제 포인트 명사(way) 앞의 빈칸은 '형용사'가 정답이다.

핵심 보카 **product**는 '제품'이라는 뜻이다. 여기서 파생된 단어 **production**은 '생산'이라는 뜻이고, **productivity**는 '생산성'이라는 뜻의 명사다. 형용사 **productive**는 '생산적인'이란 뜻이다. **produce**는 '생산하다'라는 뜻의 동사도 되지만 '농산물'이란 뜻의 명사도 된다는 것에 주의해야 한다.

기출 표현 **more productive way** '더 생산적인 방법' 덩어리 표현을 암기하자.

해석 더 생산적으로 방식으로

정답: (C)

358

출제 포인트 명사(time) 앞의 빈칸은 '형용사'가 정답이다.

핵심 보카 **sufficient**는 '충분한'이란 뜻의 형용사고, **sufficiently**는 '충분히'라는 뜻의 부사다.

기출 표현 **sufficient time** '충분한 시간' 덩어리 표현을 암기하자.

해석 수정할 충분한 시간이 있다.

정답: (C)

359 a more _____ place to live

(A) desire
(B) desirable
(C) desirably
(D) desirableness

360 due to its _____ to major roadways

(A) accessibility
(B) accessed
(C) accessible
(D) been accessed

359 출제 포인트 명사(place) 앞의 빈칸은 '형용사'가 정답이다.

핵심 보카 **desire**는 간절히 '바라다'라는 뜻의 동사와 '욕구, 열망'이라는 명사가 동시에 되는 단어다. **desirable**은 '바람직한, 호감이 가는'이란 뜻의 형용사다.

기출 표현 **desirable place** '매우 탐나는 장소' 덩어리 표현을 암기하자.

해석 살기에 좋은 장소

정답: (B)

360 **출제 포인트** 소유격(its) 다음의 빈칸은 '명사'가 정답이다.

핵심 보카 **access**는 '접근, 접근하다'라는 뜻의 동사와 명사가 동시에 된다. 하지만 **accessibility**는 '접근 가능성'이란 뜻의 명사로만 쓰인다.

기출 표현 **due to its accessibility** '접근성 때문에' 덩어리 표현을 암기하자.

해석 주요 도로에 대한 접근성 때문에

정답: (A)

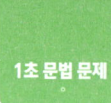

DAY 12
Daily Checkup
기출 표현 암기하기

331	very profitable	매우 수익성 있는
332	generous donation	관대한 기부
333	ideal location	이상적인 장소
334	an alternative supplier	대안의 공급 업체
335	congratulate A on B	A에게 B에 대해서 축하하다
336	a leave of absence	휴직
337	recent survey	최근의 설문조사
338	incorporate A into B	A를 B에 포함시키다
339	outstanding expenses	미지불 비용
340	scientific journal	과학 학술지
341	adversely affect	악영향을 끼치다
342	a wide range of	매우 다양한
343	withstand the competition	경쟁을 견뎌내다
344	be appreciative of	~대해 감사하다
345	reschedule the appointment	약속을 변경하다
346	vacant position	빈자리, 공석
347	for further information	추가적인 정보를 위해서
348	declare bankruptcy	파산 선고하다
349	submit the entry	출품작을 제출하다
350	seating arrangements	자리 배치
351	work persistently	지속적으로 일하다
352	concerned about	~에 대해 걱정하는
353	outgoing personality	외향적인 성격
354	urgent need	긴급한 필요
355	open until 10 P.M.	저녁 10시까지 문을 여는
356	deserve a promotion	승진할 만하다
357	more productive way	더 생산적인 방법
358	sufficient time	충분한 시간
359	desirable place	매우 탐나는 장소
360	due to its accessibility	접근성 때문에

DAY 13

361 due to a scheduling _____ with the new deadline

(A) conflict
(B) conflicts
(C) conflicted
(D) conflicting

362 Data must be interpreted _____ .

(A) caution
(B) cautiously
(C) cautious
(D) cautionary

363 depend _____ on federal financial support

(A) heaviness
(B) heavily
(C) heavy
(D) heaviest

364 All employees are invited to _____ the seminar.

(A) take part
(B) participate
(C) enroll
(D) attend

361 빈칸 앞에 부정관사 a가 있기 때문에 '단수명사'가 정답이다.

핵심 보카 **conflict**는 '충돌, 갈등'이란 뜻의 명사와 '상충하다'라는 뜻의 동사로 동시에 사용된다.

기출 표현 **a scheduling conflict** '일정 충돌' 덩어리 표현을 암기하자.

해석 새로운 마감일과 일정이 겹치기 때문에

정답: (A)

362 출제 포인트 수동태 다음의 빈칸은 '부사'가 정답이다.

핵심 보카 **cautiously**는 '조심스럽게, 신중히'라는 뜻의 부사로 동의어 **carefully**도 함께 알아두자.

기출 표현 **interpret cautiously** '조심스럽게 해석하다' 덩어리 표현을 암기하자.

해석 자료가 신중하게 해석되어야 한다.

정답: (B)

363 출제 포인트 depend on과 같은 숙어 사이의 빈칸은 '부사'가 정답이다.

핵심 보카 **heavy**는 '무거운'이라는 뜻의 형용사다. 하지만 **heavily**는 '무겁게'라는 뜻보다는 '몹시, 심하게'라는 뜻으로 쓰이는 부사다.

기출 표현 **depend heavily on** '심하게 의존한다' 덩어리 표현을 암기하자.

해석 연방 정부의 재정적인 지원에 심하게 의존하다

정답: (B)

364 출제 포인트 '참석하다'에 해당하는 각 동사의 특징을 알고 있어야 한다.

핵심 보카 '참석하다' **participate**는 자동사로 전치사 **in**이 나와야 한다. 반면에 **attend**는 타동사로 전치사 없이 바로 뒤에 목적어가 나온다. '등록하다' **enroll**도 자동사로 전치사 **in**이 나와야 하고, '참가하다' **take part**도 전치사 **in**이 나와야 한다.

기출 표현 **attend the seminar** '세미나에 참석하다' 덩어리 표현을 암기하자.

해석 모든 직원들은 세미나에 참석하도록 권장 받는다.

정답: (D)

365 _____ conglomerates and small companies

(A) also
(B) both
(C) not only
(D) the same as

366 The store is right _____ the street.

(A) along
(B) among
(C) across
(D) above

367 Mr. Lee has not _____ submitted his vacation request forms.

(A) only
(B) earlier
(C) yet
(D) rather

368 your immediate _____

(A) supervisor
(B) supervising
(C) supervise
(D) supervisory

365 `출제 포인트` 등위 접속사 and가 보이면 'both'가 정답이다.

`핵심 보카` **conglomerate**는 '거대 복합기업, 대기업'이란 뜻의 명사다.

`기출 표현` **both A and B** 'A와 B 둘 다' 덩어리 표현을 암기하자.

`해석` 대기업과 소기업 둘 다

정답: (B)

Day 13

366 `출제 포인트` 자주 출제되는 전치사는 하나의 덩어리로 암기하고 있어야 한다.

`핵심 보카` 전치사 **across**는 십자로 가르듯이 이동하는 '횡단'이 기본 개념 이미지 다. 여기에서 '통과, 관통, 건너편' 등의 의미로 파생된다.

`기출 표현` **right across from** '바로 건너편에' 덩어리 표현을 암기하자.

`해석` 그 가게는 바로 길 맞은편에 있다.

정답: (C)

367 `출제 포인트` 부정어 not 다음에 빈칸은 'yet'이 정답이다.

`핵심 보카` **yet**은 부정문이나 의문문에서 '아직' 안 했거나 못 했다는 뜻을 나타낼 때 쓰인다.

`기출 표현` **not yet** '아직' 덩어리 표현을 암기하자.

`해석` 미스터리는 휴가 요청서를 아직 제출하지 않았다.

정답: (C)

368 `출제 포인트` 형용사(immediate) 다음의 빈칸은 '명사'가 정답이다.

`핵심 보카` **supervise**는 '위에서(super) 보다(vise)'라는 의미로 '감독하다'라는 뜻 의 동사다. **supervisor**는 '감독자'라는 뜻의 사람 명사다. **supervision** 은 '감독'이라는 뜻의 추상 명사다.

`기출 표현` **immediate supervisor** '직속 상관' 덩어리 표현을 암기하자.

`해석` 당신의 직속 상관

정답: (A)

369 lead a _____ session

(A) train
(B) training
(C) to train
(D) had trained

370 the most _____ qualifications

(A) impressive
(B) impressed
(C) impress
(D) impression

371 the _____ of residents

(A) major
(B) majority
(C) majored
(D) majoring

372 in full _____ with the regulations

(A) comply
(B) compliant
(C) compliance
(D) complied

369 `출제 포인트` **train**은 '기차'라는 뜻의 명사는 잘 알고 있을 것이다. 이 단어가 '훈련시키다'라는 뜻의 동사로도 쓰인다. **training**은 명사로 완전히 굳어져 '교육, 훈련'이라는 뜻의 명사다.

`핵심 보카` **session**은 '모임, 회의, 활동'이라는 뜻으로 시리즈로 이뤄지는 모임 활동의 기본 단위를 나타낸다.

`기출 표현` **training session** '연수' 덩어리 표현을 암기하자.

`해석` 연수를 이끌다

정답: (B)

Day
13

370 `출제 포인트` 명사(qualifications) 앞의 빈칸은 '형용사'가 정답이다.

`핵심 보카` **impress**는 '깊은 인상을 주다, 감동시키다'라는 뜻의 동사다. **impression**은 '인상'이란 뜻의 명사다. **impressive**는 '인상적인'이란 뜻의 형용사로 주로 사물을 수식할 때 쓰인다. **impressed**는 '감명받은'이란 뜻의 과거분사로 대체로 사람을 수식하는 경우에 쓰인다.

`기출 표현` **impressive qualifications** '인상적인 자격요건' 덩어리 표현을 암기하자.

`해석` 가장 인상적인 자격요건

정답: (A)

371 `출제 포인트` 관사 the와 전치사 of 사이의 빈칸은 '명사'가 정답이다.

`핵심 보카` **major**는 '전공'이라는 뜻의 명사와 '주요한, 중대한'이란 뜻의 형용사가 동시에 된다. **majority** '대다수'라는 뜻의 명사다.

`기출 표현` **the majority of** '대다수의' 덩어리 표현을 암기하자.

`해석` 대다수의 주민들

정답: (B)

372 `출제 포인트` 형용사(full) 다음의 빈칸은 '명사'가 정답이다.

`핵심 보카` **comply**는 '준수하다'라는 뜻의 동사다. **compliant**는 '준수하는'이란 뜻의 형용사다. **compliance**는 '준수'라는 뜻의 명사다.

`기출 표현` **in compliance with** '~을 준수하여' 덩어리 표현을 암기하자.

`해석` 규정을 철저히 준수하여

정답: (C)

373 Mr. Lee had to decline the invitation _____ due to a prior engagement.

(A) respects
(B) respecting
(C) respectable
(D) respectfully

374 The restructuring is progressing _____.

(A) steadily
(B) steadies
(C) steadiest
(D) steadiness

375 a _____ increase in profits

(A) signify
(B) significant
(C) significantly
(D) signifying

376 It is _____ to rain.

(A) likable
(B) like
(C) likely
(D) likeness

373

출제 포인트 완전한 문장 다음의 빈칸은 '부사'가 정답이다.

핵심 보카 **respect**는 '존경, 존경하다'라는 뜻으로 명사와 동사가 동시에 된다. **respectable**은 '존경받을만한'이란 뜻의 형용사다. **respectful**은 '존경하는, 공손한'이란 뜻의 형용사다. **respectfully**는 '공손하게'라는 뜻의 부사다.

기출 표현 **decline the invitation respectfully** '공손하게 초대를 거절하다' 덩어리 표현을 암기하자.

해석 미스터리는 선약 때문에 초대를 정중히 사양해야 했다.

정답: (D)

Day 13

374

출제 포인트 자동사 progress 다음의 빈칸은 '부사'가 정답이다.

핵심 보카 **steady**는 '꾸준한'이란 뜻의 형용사다. **steadily**는 '꾸준하게'라는 뜻의 부사다. **steadiness** '끈기'라는 뜻의 명사다.

기출 표현 **progress steadily** '꾸준하게 진행되다' 덩어리 표현을 암기하자.

해석 구조조정이 꾸준하게 진행되고 있다.

정답: (A)

375

출제 포인트 **increase**는 명사와 동사가 동시에 된다. 명사(increase) 앞의 빈칸은 '형용사'가 정답이다.

핵심 보카 **significant**는 '상당한, 중요한'이란 뜻의 형용사다. **significantly**는 '상당히'라는 뜻의 부사다.

기출 표현 **a significant increase** '상당한 증가' 덩어리 표현을 암기하자.

해석 수익에 있어서 상당한 증가

정답: (B)

376

출제 포인트 단어의 꼬리가 ~ly로 끝났지만 '형용사'인 단어들을 알고 있어야 한다.

핵심 보카 **like**는 '좋아하다'라는 뜻의 동사와 '~처럼'이라는 뜻의 전치사다. **likely**는 부사처럼 보이지만 '~일 것 같은'이라는 뜻의 형용사라는 사실을 꼭 기억하자.

기출 표현 **It's likely to rain.** '비가 내릴 것 같다' 덩어리 표현을 암기하자.

해석 비가 내릴 것 같다.

정답: (C)

377 one _____ outcome of negotiations

(A) possibility
(B) possible
(C) possibly
(D) possiblilist

378 in times of _____.

(A) prosper
(B) prosperity
(C) prosperous
(D) prosperously

379 a reliable _____ of the survey results

(A) analytic
(B) analyze
(C) analyzed
(D) analysis

380 a _____ copy of the agreement

(A) revise
(B) revised
(C) revising
(D) revises

377 `출제 포인트` 명사(outcome) 앞의 빈칸은 '형용사'가 정답이다.

`핵심 보카` **possible**은 '가능한'이란 뜻의 형용사다. **possibly**는 '아마'라는 뜻의 부사다. **possibility**는 '가능성'이란 뜻의 명사.

`기출 표현` **possible outcome** '가능한 결과' 덩어리 표현을 암기하자.

`해석` 협상에서 가능한 한 가지 결과

정답: (B)

378 `출제 포인트` 전치사 of 다음의 빈칸은 '명사'가 정답이다.

`핵심 보카` **prosper**는 '번영하다'라는 뜻의 동사다. **prosperous**는 '번영하는'이란 뜻의 형용사다. **prosperity**는 '번영'이란 뜻의 명사다.

`기출 표현` **in times of prosperity** '번성기에' 덩어리 표현을 암기하자.

`해석` 번영의 시기에

정답: (B)

379 `출제 포인트` 형용사(reliable) 다음의 빈칸은 '명사'가 정답이다.

`핵심 보카` **analyze**는 '분석하다'라는 뜻의 동사다. **analysis**는 '분석'이라는 뜻의 개념 명사다. **analyst**는 '분석가'라는 뜻의 사람 명사다.

`기출 표현` **reliable analysis** '신뢰할 만한 분석' 덩어리 표현을 암기하자.

`해석` 설문조사 결과에 대한 신뢰할 만한 분석

정답: (D)

380 `출제 포인트` 명사(copy) 앞의 빈칸은 '형용사'가 정답이다. 순수한 형용사가 없을 때 '분사'가 정답이 될 수 있다.

`핵심 보카` **revise**는 '수정하다'라는 뜻의 동사다. **revised**는 '수정된'이란 뜻의 분사다.

`기출 표현` **revised copy** '수정된 복사본' 덩어리 표현을 암기하자.

`해석` 수정된 계약서 복사본

정답: (B)

381 Parking spaces will be _____ to all full-time employees next week.

(A) assumed
(B) assigned
(C) inspected
(D) installed

382 The special bonus will be divided _____ between team members.

(A) equal
(B) equally
(C) equaled
(D) equals

383 _____ all the applicants

(A) Of
(B) At
(C) In
(D) During

384 the _____ of a new film

(A) releaseable
(B) released
(C) release
(D) releaser

381 **assign**은 'assign+사람+to+사물' 패턴으로 쓰인다. 또한 be assigned to처럼 수동태로 출제된다.

(A) **assume** 추정하다, (B) **assign** 할당하다, (C) **inspect** 조사하다, (D) **install** 설치하다.

will be assigned '할당될 것이다' 덩어리 표현을 암기하자.

주차 공간이 다음 주에 모든 정규 직원들에게 할당될 것이다.

정답: (B)

Day 13

382 수동태 다음의 빈칸은 '부사'가 정답이다.

equal은 '똑같은, 대등한'이란 뜻의 형용사다. **equally**는 '똑같이, 대등하게'라는 뜻의 부사다.

will be divided equally '똑같이 분배될 것이다' 덩어리 표현을 암기하자.

특별 보너스는 팀원들에게 고르게 분배될 것이다.

정답: (B)

383 전치사 of는 '~의'라는 뜻이다. 하지만 뒤에 복수명사가 나오면 '~중에서'라고 해석된다.

applicant는 '지원자, 신청자'라는 뜻의 사람 명사다.

of all the applicants '모든 지원자들 중에서' 덩어리 표현을 암기하자.

모든 그 지원자들 중에서

정답: (A)

384 관사 the와 전치사 of 사이의 빈칸은 '명사'가 정답이다.

release는 갇히거나 막혀 있던 것을 '풀어 주다'라는 뜻으로 동사와 명사가 동시에 되는 단어이다. 토익에서는 주로 '출시(하다), 공개(하다)'라는 뜻으로 쓰인다. 동의어 '출시(하다), 시작(하다)' **launch**도 함께 알아두자.

the release of a new film '새로운 영화의 공개' 덩어리 표현을 암기하자.

새로운 영화의 공개

정답: (C)

385 The employee's salary will be paid _____ at the bank.

(A) electronic
(B) electronics
(C) electricity
(D) electronically

386 She _____ to the Managing Director position

(A) were promoting
(B) would be promoting
(C) to be promoted
(D) has been promoted

387 in a _____ manner

(A) time
(B) timing
(C) timely
(D) timer

388 This letter is to _____ you of my resignation.

(A) present
(B) announce
(C) admit
(D) notify

385 수동태 다음의 빈칸은 '부사'가 정답이다.

electronic은 '전자의'라는 뜻의 형용사다. electronics는 '전자공학'이 란 뜻의 명사다. electricity는 '전기'라는 뜻의 명사다. electronically 는 '전자적으로, 컴퓨터로'라는 뜻의 부사다.

will be paid electronically '전자적으로 지불 될 것이다' 덩어리 표 현을 암기하자.

직원들의 월급이 은행에서 전자적인 방법으로 지불될 것이다.

정답: (D)

Day 13

386 빈칸은 동사 자리이고, 뒤에 목적어가 없기 때문에 '수동태'가 나와야 한다.

promote의 기본 기념은 '촉진하다'라는 뜻이다. 이 단어가 사람과 어울 려 쓰이면 '승진시키다'라는 뜻이고, 사물과 어울려 쓰이면 '홍보하다'라 는 뜻이다.

has been promoted '승진되었다' 덩어리 표현을 암기하자.

그녀는 마케팅 이사 직책으로 승진되었다.

정답: (D)

387 명사(manner) 앞의 빈칸은 '형용사'가 정답이다.

timely는 '시기적절한'이란 뜻으로 부사가 아니라 '형용사'라는 사실이 중요하다. 명사(time)에 −ly가 붙으면 '형용사'가 된다.

in a timely manner '제때에' 덩어리 표현을 암기하자.

늦지 않고 제때에

정답: (C)

388 동사는 뒤에 나오는 '문장구조' 패턴을 정확히 꿰뚫고 있어야 한다.

notify는 누구에게 무엇을 '알리다, 통지하다'라는 뜻의 동사로 목적어 사이에 전치사 of나 접속사 that이 들어가야 한다.

notify you of my resignation '당신에게 나의 사직에 대해서 알리다' 덩어리 표현을 암기하자.

이 편지는 당신에게 나의 사직에 대해서 알리기 위한 것입니다.

정답: (D)

389 All contracts must be _____ by the manager.

(A) reviewer
(B) reviewed
(C) reviewing
(D) review

390 They will keep their prices _____ on the market.

(A) competitor
(B) competition
(C) competitive
(D) competitively

389 계약서가 검토되는 것이기 때문에 '수동태'가 정답이다.

review는 '검토, 검토하다, 평가, 비평하다'라는 뜻으로 명사와 동사가 동시에 된다.

must be reviewed '검토 되어야한다' 덩어리 표현을 암기하자.

모든 계약서들이 매니져에 의해서 검토되어야 한다.

정답: (B)

390 **keep**은 '무엇을 어떤 상태로 유지하다'라는 뜻으로 목적어 다음에 부사가 아니라 '형용사'가 정답이다.

compete는 '경쟁하다'라는 뜻의 동사다. **competitive**의 긍정적인 의미는 '경쟁력 있는'이란 뜻이고, 부정적인 의미는 '경쟁이 심한'이란 뜻이다. **competitor**는 '경쟁자'라는 뜻의 사람 명사다. **competition**은 '경쟁'이라는 뜻에서 '대회'라는 뜻으로 의미가 파생된다.

competitive prices '경쟁력 있는 가격' 덩어리 표현을 암기하자.

그들은 시장에서의 가격을 경쟁력 있는 상태로 유지할 것이다.

정답: (C)

DAY 13
Daily Checkup
기출 표현 암기하기

361	a scheduling conflict	일정 충돌
362	interpret cautiously	조심스럽게 해석하다
363	depend heavily on	심하게 의존한다
364	attend the seminar	세미나에 참석하다
365	both A and B	A와 B 둘 다
366	right across from	바로 건너편에
367	not yet	아직
368	immediate supervisor	직속 상관
369	training session	연수
370	impressive qualifications	인상적인 자격요건
371	the majority of	대다수의
372	in compliance with	~을 준수하여
373	decline the invitation respectfully	공손하게 초대를 거절하다
374	progress steadily	꾸준하게 진행되다
375	a significant increase	상당한 증가
376	It's likely to rain.	비가 내릴 것 같다
377	possible outcome	가능한 결과
378	in times of prosperity	번영의 시기에
379	reliable analysis	신뢰할 만한 분석
380	revised copy	수정된 복사본
381	will be assigned	할당될 것이다
382	will be divided equally	똑같이 분배될 것이다
383	of all the applicants	모든 지원자들 중에서
384	the release of a new film	새로운 영화의 공개
385	will be paid electronically	전자적으로 지불 될 것이다
386	has been promoted	승진되었다
387	in a timely manner	제때에
388	notify you of my resignation	당신에게 나의 사직에 대해서 알리다
389	must be reviewed	검토 되어야한다
390	competitive prices	경쟁력 있는 가격

DAY 14

391 due to traffic _____ on Highway 85

(A) congested
(B) congestive
(C) congestion
(D) congests

392 Mr. Lee _____ visited the headquarters.

(A) brief
(B) briefly
(C) briefer
(D) briefness

393 a _____ renowned businessman

(A) nation
(B) nationally
(C) nationality
(D) nationalities

394 This proposal must _____ before being submitted.

(A) correct
(B) corrected
(C) be correct
(D) be corrected

391 `출제 포인트` 전치사(due to) 맨 끝은 '명사'가 정답이다. 자주 출제되는 '복합명사'를 암기하자.

`핵심 보카` **congest**는 '혼잡하게 하다'라는 뜻의 동사다. **congestion**은 '혼잡, 정체'라는 뜻의 명사다. 동의어 **traffic jam** '교통 체증'도 함께 알아두자.

`기출 표현` **traffic congestion** '교혼 혼잡' 덩어리 표현을 암기하자.

`해석` 85번 고속도로의 교통 혼잡 때문에

정답: (C)

392 `출제 포인트` 주어와 동사 사이의 빈칸은 '부사'가 정답이다.

`핵심 보카` **brief**는 '간단한, 짧은'이라는 형용사는 잘 알고 있을 것이다. 하지만 '간단히 설명하다'라는 뜻의 동사도 된다는 것에 주의하자. **briefly**는 '간단히, 잠시'라는 뜻의 부사다.

`기출 표현` **briefly visit** '잠시 방문하다' 덩어리 표현을 암기하자.

`해석` 미스터리는 본사를 잠시 방문했다.

정답: (B)

393 `출제 포인트` 과거분사(renowned) 앞의 빈칸은 '부사'가 정답이다.

`핵심 보카` **renowned**는 '저명한'이란 뜻의 과거분사가 형용사화된 단어다.

`기출 표현` **renowned businessman** '저명한 사업가' 덩어리 표현을 암기하자.

`해석` 전국적으로 유명한 사업가

정답: (B)

394 `출제 포인트` 조동사(must) 다음의 빈칸은 '동사원형'이 나와야 한다. 빈칸 뒤에 접속사(before)가 나와서 끊기기 때문에 '수동태'가 정답이다.

`핵심 보카` **correct**는 '정확한, 올바른'이란 뜻의 형용사와 '바르게 고치다'라는 뜻의 동사가 동시에 되는 단어다.

`기출 표현` **must be corrected** '수정되어야 한다' 덩어리 표현을 암기하자.

`해석` 제안서가 제출되기 전에 반드시 수정되어야 한다.

정답: (D)

395 The museum will be _____ closed for renovation.

(A) temporary
(B) temporal
(C) temporality
(D) temporarily

396 To show _____ gratitude for the staff's hard work,

(A) he
(B) his
(C) him
(D) himself

397 the _____ date of the auction

(A) exact
(B) exacting
(C) exactly
(D) exacted

398 The company was founded _____ Mr. Lee.

(A) as
(B) to
(C) by
(D) of

395 be동사와 과거분사, 즉 수동태 사이의 빈칸은 '부사'가 정답이다.

핵심 보카 t e m p o r a r y는 '임시적인, 일시적인'이라는 뜻의 형용사다. **temporarily**는 '임시적으로, 일시적으로'라는 뜻의 부사다.

기출 표현 **will be temporarily closed** '일시적으로 문을 닫을 것이다' 덩어리 표현을 암기하자.

해석 박물관은 수리를 위해 문을 일시적으로 닫을 것이다.

정답: (D)

396 출제 포인트 명사(gratitude) 앞의 빈칸은 '소유격'이 정답이다.

핵심 보카 **gratitude**는 '감사'라는 뜻의 명사다. 동의어 **appreciation**도 함께 알아두자.

기출 표현 **show gratitude** '고마움을 표시하다' 덩어리 표현을 암기하자.

해석 직원들의 고생에 그의 감사를 표하기 위해서

정답: (B)

Day 14

397 출제 포인트 명사(date) 앞의 빈칸은 '형용사'가 정답이다. 보기 중에 '‒ly'를 삭제하고 남은 것이 형용사다.

핵심 보카 **exact**는 '정확한'이란 뜻의 형용사다. **exactly**는 '정확하게'라는 뜻의 부사다.

기출 표현 **exact date** '정확한 날짜' 덩어리 표현을 암기하자.

해석 경매의 정확한 날짜

정답: (A)

398 출제 포인트 행위의 주체자를 의미하는 전치사 '**by**'가 정답이다.

핵심 보카 **found**는 find의 과거 동사 '찾았다'도 되지만 '설립하다'라는 뜻도 가지고 있다. '찾다'의 동사 3단 변화는 **find‒found‒found**이다. '설립하다' 동사의 3단 변화는 **found‒founded‒founded**이다.

기출 표현 **was founded** '설립되었다' 덩어리 표현을 암기하자.

해석 회사가 미스터리에 의해서 설립되었다.

정답: (C)

399 All workers should _____ in the seminar.

(A) admit
(B) apply
(C) subscribe
(D) enroll

400 his _____ contributions to the arts

(A) create
(B) creative
(C) creation
(D) creativity

401 The symposium _____ with a short speech.

(A) conclusion
(B) concluding
(C) to conclude
(D) concluded

402 This conference is intended _____ cooperation among various departments.

(A) facilitating
(B) facilitator
(C) to facilitate
(D) to be facilitated

399 **출제 포인트** 자동사는 뒤에 나오는 전치사와 한 덩어리로 암기해야 한다.

핵심 보카 '등록하다' 3가지 표현에는 '**enroll in = register for = sign up for**' 가 있다.

기출 표현 **enroll in the seminar** '세미나에 등록하다' 덩어리 표현을 암기하자.

해석 모든 직원들은 세미나에 등록해야 한다.

정답: (D)

400 **출제 포인트** 명사(contributions) 앞의 빈칸은 '형용사'가 정답이다.

핵심 보카 **create**는 '만들어내다'라는 뜻의 동사다. **creative**는 '독창적인'이란 뜻의 형용사다. **creation**은 '창조'라는 뜻의 명사다. **creativity**는 '독창성'이란 뜻의 명사다.

기출 표현 **creative contributions** '독창적인 기여' 덩어리 표현을 암기하자.

해석 예술에 대한 그의 독창적인 기여

정답: (B)

401 **출제 포인트** 주어 다음에 빈칸은 '동사'가 정답이다.

핵심 보카 **conclude**는 '결론짓다, 종료하다'라는 뜻의 동사다. **conclusion**은 '결론, 종료'란 뜻의 명사다.

기출 표현 **The event concluded.** '이벤트가 끝났다' 덩어리 표현을 암기하자.

해석 그 심포지엄은 짧은 연설로 마무리되었다.

정답: (D)

402 **출제 포인트** '의도하다' **intend**는 뒤에 'to+동사원형'의 형태가 나온다. 빈칸 뒤에 끊기지 않고 목적어가 나왔기 때문에 수동태가 될 수 없다.

핵심 보카 **facilitate**는 뭔가를 쉽게 '용이하게 하다'라는 뜻으로 '촉진하다' **foster** 와 동의어다. **facilitator**는 일을 순조롭게 해주는 '진행자'라는 뜻으로 동의어에는 **coordinator**가 있다.

기출 표현 **intended to facilitate** '촉진하려고 의도된' 덩어리 표현을 암기하자.

해석 이 회의는 다양한 부서들 간의 협력을 촉진하기위해 의도된 것이다.

정답: (C)

403 Mr. Lee _____ extraordinary management abilities.

(A) has demonstrated
(B) to demonstrate
(C) demonstrating
(D) was demonstrated

404 There have been _____ improvements in staff morale.

(A) notes
(B) notable
(C) noting
(D) note

405 HDX Inc _____ a press conference later this week.

(A) held
(B) is holding
(C) will be held
(D) had been holding

406 take into _____

(A) completion
(B) account
(C) participation
(D) relocation

403 출제 포인트 빈칸은 '동사' 자이리다. 빈칸 뒤에 목적어가 있기 때문에 수동태는 오답이다.

핵심 보카 **demonstrate**는 '설명하다, 시연하다, 보여주다'의 뜻의 동사로 사물을 직접 다루거나 시연하면서 설명할 때 쓰인다.

기출 표현 **demonstrate ability** '능력을 보여주다' 덩어리 표현을 암기하자.

해석 미스터리는 놀라운 경영 능력을 보여주었다.

정답: (A)

404 출제 포인트 명사(improvements) 앞의 빈칸은 '형용사'가 정답이다.

핵심 보카 **note**는 '메모, 필기'라는 뜻의 명사도 되지만 '주목하다, 유념하다, 언급하다'라는 뜻의 동사도 된다. **notable**은 '주목할 만한, 눈에 띄는'이란 뜻의 형용사다.

기출 표현 **notable improvements** '주목할 만한 향상' 덩어리 표현을 암기하자.

해석 직원 사기가 눈에 띄게 향상되었다.

정답: (B)

> **Day**
> **14**

405 출제 포인트 선급하게 (C)를 정답으로 고르지 말자. 빈칸 뒤에 목적어가 나왔기 때문에 수동태가 될 수 없다. 현재 진행형이 미래를 나타낼 수 있다.

핵심 보카 **hold**는 손으로 무엇을 '붙잡다'라는 뜻이다. 토익에서는 행사 등을 '개최하다'라는 의미로 자주 출제된다.

기출 표현 **hold a conference** '회의를 열다' 덩어리 표현을 암기하자.

해석 HDX 회사는 이번 주말에 기자회견을 열 것이다.

정답: (B)

406 출제 포인트 **take into account** '고려하다' 덩어리 표현을 암기하자.

핵심 보카 '숫자를 세다'를 의미하는 **count**에서 파생된 **account**는 여러 가지 의미로 쓰인다. 명사일 경우는 '계좌, 계정'이라는 뜻과 **take into account**의 형태로 '고려하다'라는 뜻으로 쓰인다. 동사일 경우는 **account for**의 형태로 '이유를 설명하다'와 '비율을 차지하다'라는 뜻으로 쓰인다.

기출 표현 **take into account** '고려하다' 덩어리 표현을 암기하자.

해석 고려하다

정답: (B)

407 The terms of the _____ must be reviewed.

(A) subsidy
(B) contract
(C) site
(D) citation

408 Mr. Lee _____ with the results.

(A) satisfies
(B) was satisfied
(C) will satisfy
(D) satisfied

409 Please _____ the receipt for your records.

(A) retain
(B) retaining
(C) retains
(D) retained

410 _____ are currently being accepted.

(A) Donates
(B) Donating
(C) Donation
(D) Donations

407 `출제 포인트` 잘 어울려 다니는 기출 표현들을 최대한 많이 암기해 놓자.

`핵심 보카` **terms**는 '기간, 용어, 조건'이라는 3가지 뜻이 있다. '계약서' contract와 어울려 자주 나온다.

`기출 표현` **the terms of contract** '계약 조건' 덩어리 표현을 암기하자.

`해석` 계약 조건들이 반드시 검토되어야 한다.

정답: (B)

408 `출제 포인트` 결과에 만족 된 상태이기 때문에 '수동태'가 정답이다.

`핵심 보카` **satisfy**는 '만족시키다'라는 뜻의 타동사다. **satisfied**는 '만족된' 상태라는 뜻의 과거분사로 전치사 **with**와 어울려 출제된다.

`기출 표현` **be satisfied with** '~에 만족하다' 덩어리 표현을 암기하자.

`해석` 미스터리는 그 결과에 만족했다.

정답: (B)

409 `출제 포인트` **Please** 다음의 빈칸은 '동사원형'이 정답이다.

`핵심 보카` **retain**은 '보관하다, 유지하다'라는 뜻의 동사다.

`기출 표현` **retain the receipt** '영수증을 보관하다' 덩어리 표현을 암기하자.

`해석` 기록용으로 영수증을 보관하세요.

정답: (A)

410 `출제 포인트` 빈칸 뒤에 복수 동사 are가 나왔기 때문에 주어는 '복수명사'가 정답이다.

`핵심 보카` **donate**는 '기부하다'라는 뜻의 동사다. **donor**는 '기부자'라는 뜻의 사람명사고, **donation**은 '기부'라는 뜻의 개념 명사다.

`기출 표현` **accept donations** '기부를 받다' 덩어리 표현을 암기하자.

`해석` 기부들을 현재 받고 있는 중입니다.

정답: (D)

411 If there are _____ , we might be able to get seats.

   (A) canceled
   (B) cancellations
   (C) cancels
   (D) canceling

412 No budget proposal may _____ ten pages.

   (A) exceed
   (B) excess
   (C) excessive
   (D) excessively

413 review the terms of the _____ carefully

   (A) agree
   (B) agreeable
   (C) agreeably
   (D) agreement

414 the manager's poor _____

   (A) performed
   (B) performance
   (C) performable
   (D) perform

411 **출제 포인트** there are 다음에는 '복수명사'가 정답이다.

핵심 보카 cancel은 '취소하다'라는 뜻의 동사다. cancellation은 '취소'라는 뜻의 명사다.

기출 표현 There are cancellations ' 취소가 있다' 덩어리 표현을 암기하자.

해석 만약 취소가 있다면, 우리는 좌석을 얻을 수도 있을 것이다.

정답: (B)

412 **출제 포인트** 조동사(may) 다음의 빈칸은. '동사원형'이 정답이다.

핵심 보카 exceed는 한도나 양을 '초과하다'라는 뜻의 동사다. excess는 '초과'라는 뜻의 명사다. excessive는 '지나친, 과도한'이란 뜻의 형용사다. excessively는 '지나치게, 과도하게'라는 뜻의 부사다.

기출 표현 exceed ten pages '10페이지를 넘다' 덩어리 표현을 암기하자.

해석 어떤 예산 제안서도 10페이지를 초과해서는 안된다.

정답: (A)

413 **출제 포인트** 정관사 the 다음의 빈칸은 '명사'가 정답이다.

핵심 보카 agreement는 '동의→합의→계약서'라는 뜻으로 의미가 파생되어 간다. terms는 '기간, 용어, 조건'이라는 3가지 뜻이 있다. 여기서는 계약 조건이라는 의미로 쓰였다.

기출 표현 the terms of agreement '계약의 조건' 덩어리 표현을 암기하자.

해석 계약 조건을 자세히 검토하다

정답: (D)

414 **출제 포인트** 형용사(poor) 다음의 빈칸은 '명사'가 정답이다.

핵심 보카 performance는 '공연'이라는 뜻으로 익숙할 것이다. 하지만 토익에서는 물건의 '성능'이나 사람의 '실적'이라는 뜻으로 훨씬 더 많이 쓰인다.

기출 표현 poor performance '형편없는 실적' 덩어리 표현을 암기하자.

해석 매니저의 형편없는 실적

정답: (B)

415 This charity is _____ to raise money.

(A) intend
(B) intention
(C) intended
(D) intentional

416 the recently _____ director of accounting

(A) appoint
(B) appointed
(C) appointing
(D) appointment

417 Please contact the _____ directly.

(A) manufacture
(B) manufacturing
(C) manufacturer
(D) manufactured

418 This offer is available _____ to members.

(A) exclusion
(B) exclusionary
(C) exclusively
(D) exclusiveness

415 출제 포인트 'to+동사원형' 형태와 어울리는 단어는 intended이다. 함정 (**D**)에 속지 말자.

핵심 보카 **intend**는 '의도하다'라는 뜻의 동사다. **intention**은 '의도'라는 뜻의 명사다. **intentional**은 '의도적인'이란 뜻의 형용사다. **intended**는 '의도된'이란 뜻의 과거분사로 **be intended to do**의 형태로 주로 출제된다.

기출 표현 **intended to do** '~하려고 의도된' 덩어리 표현을 암기하자.

해석 이 자선 행사는 기금을 모으려고 의도된 것이다.

정답: (C)

416 출제 포인트 명사(**director**) 앞의 빈칸은 '분사'가 정답이다. 현재분사와 과거분사의 의미를 구별할 수 있어야 한다.

핵심 보카 **appoint**는 시간을 '약속하다'와 사람을 '임명하다'라는 뜻의 동사다. 과거분사 **appointed**는 '임명된'이란 뜻이다.

기출 표현 **recently appointed manager** '최근에 임명된 매니져' 덩어리 표현을 암기하자.

해석 최근에 임명된 회계부장

정답: (B)

417 출제 포인트 관사 the 다음의 빈칸은 '명사'가 정답이다.

핵심 보카 **manufacture**는 '제조, 제조하다'라는 뜻의 명사와 동사가 동시에 되는 단어다. **manufacturer**는 '제조업자'라는 뜻의 사람명사에서 '제조업체'라는 뜻의 명사로 의미가 파생된다.

기출 표현 **contact the manufacturer** '제조업체에 연락하다' 덩어리 표현을 암기하자.

해석 제조업체에 직접 연락하세요.

정답: (C)

418 출제 포인트 빈칸을 빼고 해석했는데 의미가 완전하면 '부사'가 정답이다.

핵심 보카 **exclusively**는 '독점적으로'라는 직역의 뜻보다는 '오직(= only)'이라는 뜻으로 알아두자.

기출 표현 **exclusively to members** '오직 회원들에게만' 덩어리 표현을 암기하자.

해석 이 제안은 오직 회원들에게만 이용 가능하다.

정답: (C)

419 our _____ consultants

(A) experienced
(B) experiencing
(C) experience
(D) experiences

420 before _____ with the HR team.

(A) consults
(B) consulting
(C) consulted
(D) to consult

419 　**출제 포인트**　명사(consultants) 앞의 빈칸은 '형용사'가 정답이다. 보기 중에 형용사가
　　　　　　　　없을 때 '분사'가 정답이 될 수 있다.

　핵심 보카　**experience**는 단어의 꼬리가 '–ence'로 끝나기 때문에 '경험'이라는
　　　　　　　　뜻의 명사로만 쓰인다고 생각하기 쉽다. 하지만 '경험하다'라는 뜻의 동
　　　　　　　　사로도 쓰인다. 과거분사 **experienced**는 '경험이 많은'의 뜻으로 주로
　　　　　　　　사람명사와 어울려 출제된다. 반의어 **inexperienced** '경험이 없는'도
　　　　　　　　함께 알아두자.

　기출 표현　**experienced consultant** '경험 많은 상담가' 덩어리 표현을 암기하자.

　해석　우리의 경험이 많은 상담가

정답: (A)

420 　**출제 포인트**　before 다음의 빈칸은 '현재분사'가 정답이다.

　핵심 보카　**consult**는 뒤에 나오는 전치사의 유무에 따라 의미가 달라진다. 전치사
　　　　　　　　with가 나오면 누구와 '상담하다'라는 뜻이고, 전치사가 없으면 자료 등
　　　　　　　　을 '참조하다'라는 뜻이다.

　기출 표현　**before consulting** '상담하기 전에' 덩어리 표현을 암기하자.

　해석　동료들과 상의해보기 전에

정답: (B)

DAY 14
Daily Checkup
기출 표현 암기하기

391	traffic congestion	교훈 혼잡	
392	briefly visit	잠시 방문하다	
393	renowned businessman	저명한 사업가	
394	must be corrected	수정되어야 한다	
395	will be temporarily closed	일시적으로 문을 닫을 것이다	
396	show gratitude	고마움을 표시하다	
397	exact date	정확한 날짜	
398	was founded	설립되었다	
399	enroll in the seminar	세미나에 등록하다	
400	creative contributions	독창적인 기여	
401	The event concluded.	이벤트가 끝났다	
402	intended to facilitate	촉진하려고 의도된	
403	demonstrate ability	능력을 보여주다	
404	notable improvements	주목할 만한 향상	
405	hold a conference	회의를 열다	
406	take into account	고려하다	
407	the terms of contract	계약 조건	
408	be satisfied with	~에 만족하다	
409	retain the receipt	영수증을 보관하다	
410	accept donations	기부를 받다	
411	There are cancellations.	취소가 있다	
412	exceed ten pages	10페이지를 넘다	
413	the terms of agreement	계약의 조건	
414	poor performance	형편없는 실적	
415	intended to do	~하려고 의도된	
416	recently appointed manager	최근에 임명된 매니저	
417	contact the manufacturer	제조업체에 연락하다	
418	exclusively to members	오직 회원들에게만	
419	experienced consultant	경험 많은 상담가	
420	before consulting	상담하기 전에	

DAY **15**

421 Mr. Lee has started a business on _____ .

(A) his
(B) he
(C) his own
(D) himself

422 for _____ on cruise ships

(A) to entertain
(B) entertained
(C) entertainer
(D) entertainment

423 _____ the unfavorable weather conditions

(A) even though
(B) in spite of
(C) as if
(D) nevertheless

424 the _____ product brochures

(A) updated
(B) update
(C) updating
(D) updates

421 출제 포인트 빈칸 앞에 전치사 by와 on의 덩어리 표현을 구별하는 문제다. 전치사 by 다음에 빈칸이 있으면 himself가 정답이다. 하지만 빈칸 앞에 전치사 on이 나왔기 때문에 his own이 정답이다.

핵심 보카 **by oneself**는 '혼자서'라는 뜻이다. **on one's own**은 '혼자의 힘으로' 라는 뜻이다.

기출 표현 **on his own** '그 혼자의 힘으로' 덩어리 표현을 암기하자.

해석 미스터리슨 사업을 혼자의 힘으로 시작했다.

정답: (C)

422 출제 포인트 전치사 사이의 빈칸은 '명사'가 정답이다. 사람 명사의 특징은 단독적으로 쓰일 수 없다는 것이다. 관사나 소유격을 써주거나 복수형태가 되어야 한다.

핵심 보카 **entertain**은 '즐겁게 해주다'라는 뜻의 동사다. **entertainer**는 '연애인'이라는 뜻의 사람 명사다. **entertainment**은 '오락물'이라는 뜻의 명사다.

기출 표현 **entertainment on cruise ships** '유람선상의 오락물' 덩어리 표현을 암기하자.

해석 유람선에서의 오락물을 위해서

정답: (D)

Day 15

423 출제 포인트 빈칸 다음에 명사 덩어리가 나왔기 때문에 '전치사'가 정답이다.

핵심 보카 **even though**는 '반대'를 의미하는 접속사다. **in spite of**는 '반대'를 의미하는 전치사다. **as if**는 '마치 ~인 것처럼' 접속사다. **nevertheless** '그럼에도 불구하고' 접속부사다.

기출 표현 **in spite of** '~임에도 불구하고' 덩어리 표현을 암기하자.

해석 좋지 않은 날씨 상황에도 불구하고

정답: (B)

424 출제 포인트 명사(product) 앞의 빈칸은 '형용사'가 정답이다. 형용사가 보기에 없을 때 '분사'가 정답이 될 수 있다.

핵심 보카 **update**는 '최신정보'라는 뜻의 명사와 새롭게 '갱신하다'라는 뜻의 동사다. **updated**는 '최신의, 개정된'이라는 뜻으로 주로 과거분사 형태로 출제된다.

기출 표현 **updated version** '개정된 버전' 덩어리 표현을 암기하자.

해석 최신의 개정된 제품 안내책자

정답: (A)

425 The company wants to _____ its operating costs.

(A) reduce
(B) reduced
(C) reduces
(D) reduction

426 Ferries are _____ to depart every hour on the hour.

(A) decided
(B) scheduled
(C) measured
(D) distributed

427 the most _____ leader

(A) persuade
(B) persuasive
(C) persuasively
(D) persuasion

428 Our employees have not yet been trained _____ .

(A) adequacy
(B) adequateness
(C) adequately
(D) adequate

425
출제 포인트 **want** 다음에 빈칸은 'to+동사원형'이 정답이다.

핵심 보카 **reduce**는 양이나 정도를 '줄이다'라는 뜻의 동사다. **reduction**은 '감소, 삭감'이라는 뜻의 명사다.

기출 표현 **reduce the costs** '비용을 줄이다' 덩어리 표현을 암기하자.

해석 회사는 운영비를 줄이기를 원한다.

정답: (A)

426
출제 포인트 자주 출제되는 덩어리 표현들을 빠르게 파악할 수 있는 능력을 기르자.

핵심 보카 **schedule**이 '일정'이라는 뜻의 명사로 쓰인다는 것은 잘 알고 있을 것이다. 또한 '일정을 잡다'라는 뜻의 동사로 자주 쓰인다.

기출 표현 **be scheduled to depart** '출발하기로 되어 있다' 덩어리 표현을 암기하자.

해석 여객선이 매시간 정각에 출발하기로 일정 잡혀 있다.

정답: (B)

Day 15

427
출제 포인트 명사(leader) 앞의 빈칸은 '형용사'가 정답이다.

핵심 보카 **persuade**는 '설득하다'라는 뜻의 동사다. **persuasive**는 '설득력 있는'이란 뜻의 형용사다. **persuasively**는 '설득력 있는'이란 뜻의 부사다. **persuasion**은 '설득'이란 뜻의 명사다.

기출 표현 **persuasive leader** '설득력 있는 리더' 덩어리 표현을 암기하자.

해석 가장 설득력 있는 리더

정답: (B)

428
출제 포인트 수동태 다음의 빈칸은 '부사'가 정답이다.

핵심 보카 **adequate**는 '적절한, 충분한'이란 뜻의 형용사다. **adequately**는 '적절히, 충분히'라는 뜻의 부사다.

기출 표현 **adequately trained** '충분히 교육받은' 덩어리 표현을 암기하자.

해석 우리의 직원들은 아직 충분히 교육받지 못했다.

정답: (C)

429 how to write a business _____

    (A) proposal
    (B) propose
    (C) proposed
    (D) proposing

430 Kent Group _____ yesterday that S+V⋯.

    (A) were announcing
    (B) have announced
    (C) announcing
    (D) announced

431 Do not lean anything _____ the walls.

    (A) until
    (B) against
    (C) beneath
    (D) out of

432 _____ Mr. Lee leaves for Paris, S+V⋯.

    (A) Before
    (B) Prior to
    (C) Earlier
    (D) Following

429　**출제 포인트**　자주 출제되는 '복합 명사'를 미리 암기하고 있어야 한다.

　　　핵심 보카　**propose**는 '제안하다'라는 뜻의 동사고, **proposal**은 '제안'이라는 뜻의 명사다. 동사와 명사의 형태에 주의하자.

　　　기출 표현　**business proposal** '사업 제안서' 덩어리 표현을 암기하자.

　　　해석　사업 제안서를 쓰는 방법

정답: (A)

430　**출제 포인트**　단수 주어 다음의 빈칸은 '단수 동사'가 나와야 한다. 부사구 yesterday가 있기 때문에 '과거 동사'가 정답이다.

　　　핵심 보카　**announce**는 '알리다, 발표하다'라는 뜻으로 **that** 절을 목적어로 취하는 동사다.

　　　기출 표현　**They announced that** '그들은 발표했다' 덩어리 표현을 암기하자.

　　　해석　켄트 기업은 어제 발표했다

정답: (D)

Day 15

431　**출제 포인트**　**lean**은 '기대다'라는 뜻의 동사로 전치사 'against'와 어울려 출제된다.

　　　핵심 보카　전치사 **against**의 기본 개념은 뭔가에 맞서는 '반대'의 이미지다. 여기에서 '방어, 대조, 접촉'의 의미가 파생되어 생겨났다.

　　　기출 표현　**lean against the wall** '벽에 기대다' 덩어리 표현을 암기하자.

　　　해석　어떤 것도 벽에 기대에 세우지 마세요.

정답: (B)

432　**출제 포인트**　빈칸 뒤에 주어와 동사가 나왔기 때문에 '접속사'가 정답이다.

　　　핵심 보카　**before**는 '～전에'라는 뜻의 전치사와 접속사로 동시에 쓰인다. **prior to**는 '～전에'라는 뜻의 전치사이다. **following**은 '～후에'라는 뜻의 전치사이다.

　　　기출 표현　**before you leave** '당신이 떠나기 전에' 덩어리 표현을 암기하자.

　　　해석　미스터리가 파리로 떠나기 전에

정답: (A)

433 due to unfavorable weather _____

(A) condition
(B) conditions
(C) conditional
(D) conditioned

434 Please review the manual prior to _____ the water heater.

(A) install
(B) installing
(C) installed
(D) installation

435 the _____ acquisition

(A) strategies
(B) strategic
(C) strategize
(D) strategically

436 after 3 months of a thorough _____

(A) investigate
(B) investigation
(C) investigated
(D) investigative

433 **출제 포인트** 평상시에 '셀 수 없는 명사'를 암기해 놓는 것이 중요하다. 하지만 잘 모르겠으면, 단수명사와 복수명사가 보기에 동시에 있을 때 a가 없다면 '복수명사'를 정답으로 고르자.

핵심 보카 **condition**은 '상태, 조건'이란 뜻의 명사다. **conditional**은 '조건부의'라는 뜻의 형용사다.

기출 표현 **weather conditions** '기상 상태' 덩어리 표현을 암기하자.

해석 좋지 않은 기상 여건 때문에

정답: (B)

434 **출제 포인트** **prior to**는 '~전에'라는 뜻의 전치사다. 전치사와 명사 사이의 빈칸은 '동명사'가 정답이다.

핵심 보카 **install**은 '설치하다'라는 뜻의 동사다. **installation**은 '설치'라는 뜻의 명사다.

기출 표현 **prior to installing** '설치하기 전에' 덩어리 표현을 암기하자.

해석 온수기를 설치하기 전에 설명서를 읽어보세요.

정답: (B)

Day 15

435 **출제 포인트** 명사(acquisition) 앞의 빈칸은 '형용사'가 정답이다.

핵심 보카 **strategy**는 '전략'이라는 뜻의 명사고, **strategic**은 '전략적인'이라는 뜻의 형용사다.

기출 표현 **strategic acquisition** '전략적인 인수' 덩어리 표현을 암기하자.

해석 전략적인 인수

정답: (B)

436 **출제 포인트** 형용사(thorough) 다음의 빈칸은 '명사'가 정답이다.

핵심 보카 **investigate**는 '조사하다'라는 뜻의 동사다. **investigation**은 '조사'라는 뜻의 명사다.

기출 표현 **thorough investigation** '철저한 조사' 덩어리 표현을 암기하자.

해석 3개월간의 철저한 조사 후에

정답: (B)

437 To _____ with the law,

(A) adhere
(B) comply
(C) abide
(D) observe

438 allow employees _____ the project as scheduled

(A) to complete
(B) complete
(C) completing
(D) completed

439 a large variety _____ kitchen utensils

(A) across
(B) into
(C) of
(D) in

440 provide _____ information about the new products

(A) detail
(B) details
(C) detailed
(D) detailing

437 출제 포인트 　보기는 모두 법을 '고수하다, 지키다, 준수하다'라는 의미로 비슷한 뜻을 지닌 단어들이다. 따라서 해석으로 문제를 푸는 것이 아니라 동사의 특징으로 문제를 풀어야 한다.

핵심 보카 　(A) **adhere**는 **to**를 취한다. (B) **comply**는 **with**가 나와야 한다. (C) **abide**는 전치사 **by**가 나와야 한다. (D) **observe**는 전치사 없이 바로 명사가 나와야 한다.

기출 표현 　**comply with the law** '법을 준수하다' 덩어리 표현을 암기하자.

해석 　법을 준수하기 위해서

정답: (B)

438 출제 포인트 　동사 **allow**는 목적어 다음에 'to+동사원형'이 정답이다.

핵심 보카 　**complete**는 '완료된, 완성된, 완전한'이라는 뜻의 형용사와 '완성하다, 완료하다'라는 뜻의 동사로 쓰인다.

기출 표현 　**allow A to do** 'A가 ~할 수 있도록 허용하다' 덩어리 표현을 암기하자.

해석 　직원들이 일정대로 프로젝트를 끝낼 수 있도록 허용하다

정답: (A)

439 출제 포인트 　전치사를 포함한 덩어리 표현들을 암기하자.

핵심 보카 　**variety**는 '다양성'이라는 뜻의 명사다. **a variety of**는 '다양한'이라는 뜻으로 뒤에 복수명사가 나온다는 것이 특징이다.

기출 표현 　**a large variety of** '매우 다양한' 덩어리 표현을 암기하자.

해석 　매우 다양한 주방 용구들

정답: (C)

440 출제 포인트 　명사(information) 앞의 빈칸은 '형용사'가 정답이다.

핵심 보카 　**detail**은 '세부사항, 상세히 설명하다'라는 뜻으로 명사와 동사가 동시에 된다. **detailed**는 '자세한'이란 뜻의 형용사화된 단어다.

기출 표현 　**detailed information** '상세한 정보' 덩어리 표현을 암기하자.

해석 　신제품에 대한 상세한 정보를 제공하다

정답: (C)

Day **15**

441 As _____ in our agreement,

(A) notes
(B) note
(C) noting
(D) noted

442 resolve the _____ issues

(A) complicate
(B) complicating
(C) complicated
(D) complicatedly

443 You are encouraged to _____ safety helmets.

(A) wear
(B) wore
(C) worn
(D) wearing

444 Our new line will be available _____ blue and silver color.

(A) in
(B) of
(C) at
(D) to

441 접속사 As 다음에 주어를 생략하고 바로 뒤에 '과거분사'가 나올 수 있다.

note는 '메모, 필기'라는 뜻의 명사도 되지만 '주목하다, 유념하다, 언급하다'라는 뜻의 동사가 된다는 것이 중요하다.

As noted '언급된 것처럼' 덩어리 표현을 암기하자.

우리의 계약에 언급된 것처럼

정답: (D)

442 명사(issues) 앞이 빈칸은 '형용사'가 정답이다. 보기 중에 형용사가 없을 때 '분사'가 정답이 될 수 있다.

complicated는 '복잡한'이라는 뜻으로 대부분 과거분사의 형태로 정답이 출제되고 있다.

complicated issues '복잡한 문제' 덩어리 표현을 암기하자.

복잡한 문제들을 해결하다

정답: (C)

Day 15

443 to 부정사 다음의 빈칸은 '동사원형'이 정답이다. '착용하다'의 동사 3단 변화는 wear-wore-worn 이다.

encourage는 '용기를 주다'라는 직역의 뜻에서 '격려하다, 권장하다'라는 뜻으로 의미가 파생된다.

be encouraged to do '~하도록 권장된다' 덩어리 표현을 암기하자.

안전 헬멧 착용하는 것이 권장된다.

정답: (A)

444 색깔을 나타내는 명사 앞에는 전치사 'in'이 정답이다.

available은 '이용 가능한, 구입 가능한, 시간이 나는'이란 뜻의 형용사로 토익 최다 빈출 정답 중의 하나다.

in blue '푸른색으로' 덩어리 표현을 암기하자.

우리의 새로운 제품은 푸른색과 은색으로 구매 가능할 것이다.

정답: (A)

445 We are _____ to announce that S+V···.

(A) please
(B) pleased
(C) pleasing
(D) pleasure

446 include the _____ of pay raises

(A) approve
(B) approved
(C) approvingly
(D) approval

447 Mr. Lee _____ office supplies every Monday.

(A) order
(B) ordered
(C) orders
(D) has ordered

448 an unconditional guarantee on _____ purchases

(A) all
(B) every
(C) little
(D) a

445 **출제 포인트** 빈칸 뒤에 'to+동사원형'의 형태와 잘 어울리는 표현을 알고 있어야 한다.

핵심 보카 **please**는 '기쁘게 하다'라는 뜻의 타동사다. **pleasing**은 '기쁨을 주는'이란 뜻의 현재분사다. **pleased**는 '기쁜, 만족하는'이란 뜻의 과거분사다. **pleasant**는 '즐거운, 쾌적한'이란 뜻의 형용사이다. **pleasure**는 '즐거움'이란 뜻의 명사다.

기출 표현 **We are pleased to do** '우리는 ～하게 되어 기쁩니다' 덩어리 표현을 암기하자.

해석 저희는 알리게 되어서 너무 기쁩니다.

정답: (B)

446 **출제 포인트** the _____ of 사이의 빈칸은 '명사'가 정답이다.

핵심 보카 **approve**는 '승인하다'라는 뜻의 동사다. **approval**은 단어의 꼬리가 -al로 끝났지만 '승인'이라는 뜻의 명사다.

기출 표현 **the approval of pay raises** '급여인상의 승인' 덩어리 표현을 암기하자.

해석 급여인상 승인을 포함하다

정답: (D)

Day 15

447 **출제 포인트** 보기 분석을 통해서 시제 문제라는 것을 알 수 있다. every Monday처럼 항상 늘 그러는 경우는 '현재 시제'가 정답이다.

핵심 보카 **order**는 '주문'이라는 명사와 '주문하다'라는 뜻의 동사가 동시에 된다.

기출 표현 **order office supplies** '사무용품을 주문하다' 덩어리 표현을 암기하자.

해석 미스터리는 월요일마다 사무용품을 주문한다.

정답: (C)

448 **출제 포인트** 수량 형용사는 뒤에 나오는 명사의 단 · 복수에 민감하게 반응해야 한다. **all**은 뒤에 셀 수 있는 '복수명사'가 나온다. **every**는 셀 수 있는 '단수명사'가 나온다. **little**은 셀 수 없는 '단수명사'가 나온다. **a**는 셀 수 있는 '단수명사'가 나온다.

핵심 보카 **purchase**는 '구매'라는 명사와 '구매하다'라는 동사가 동시에 된다.

기출 표현 **all purchases** '모든 구매품들' 덩어리 표현을 암기하자.

해석 모든 구매품에 대한 무조건적인 품질보장

정답: (A)

449 observe all _____ regulations

(A) safe
(B) safety
(C) safeties
(D) safely

450 more _____ use of office space

(A) economy
(B) economical
(C) economist
(D) economize

449 명사 앞에는 형용사가 나오는 것이 원칙이다. 하지만 **safety**나 **security**와 같은 '안전'과 관련된 단어는 '명사+명사'의 형태의 '복합 명사'로 출제된다. 오답 (A) 함정에 속지 말자.

핵심 보카 **safe**는 '안전한'이란 뜻의 형용사다. **safety**는 '안전'이란 뜻의 명사다.

기출 표현 **safety regulations** '안전 규정' 덩어리 표현을 암기하자.

해석 모든 안전 규정들을 준수하다

정답: (B)

450 출제 포인트 명사(use) 앞의 빈칸은 '형용사'가 정답이다.

핵심 보카 **economy**는 '경제'라는 뜻의 명사다. **economic**은 '경제의'라는 뜻이고 **economical**은 '경제적인'이란 뜻의 형용사다. **economist**는 '경제학자'라는 뜻의 사람 명사다. **economize**는 '절약하다'라는 뜻의 동사다.

기출 표현 **economical use** '경제적인 사용' 덩어리 표현을 암기하자.

해석 더 경제적인 사무공간의 활용

정답: (B)

Day 15

DAY 15
Daily Checkup
기출 표현 암기하기

421	on his own	그 혼자 힘으로
422	entertainment on cruise ships	유람선상의 오락물
423	in spite of	~임에도 불구하고
424	updated version	개정된 버전
425	reduce the costs	비용을 줄이다
426	be scheduled to depart	출발하기로 되어 있다
427	persuasive leader	설득력 있는 리더
428	adequately trained	충분히 교육받은
429	business proposal	사업 제안서
430	They announced that	그들은 발표했다
431	lean against the wal	벽에 기대다
432	before you leave	당신이 떠나기 전에
433	weather conditions	기상 상태
434	prior to installing	설치하기 전에
435	strategic acquisition	전략적인 인수
436	thorough investigation	철저한 조사
437	comply with the law	법을 준수하다
438	allow A to do	A가 ~할 수 있도록 허용하다
439	a large variety of	매우 다양한
440	detailed information	상세한 정보
441	As noted	언급된 것처럼
442	complicated issues	복잡한 문제
443	be encouraged to do	~하도록 권장된다
444	in blue	푸른색으로
445	We are pleased to	우리는 ~하게 되어 기쁩니다
446	the approval of pay raises	급여인상의 승인
447	order office supplies	사무용품을 주문하다
448	all purchases	모든 구매품들
449	safety regulations	안전 규정
450	economical use	경제적인 사용

DAY **16**

451 It is _____ to drink lots of water.

(A) advisable
(B) advisability
(C) advisably
(D) advising

452 Please _____ customer satisfaction questionnaire.

(A) complete
(B) completion
(C) completed
(D) completely

453 _____ this is a secure project, S+V⋯.

(A) However
(B) Despite
(C) Because
(D) Therefore

454 one of the main _____ of local governments

(A) responsible
(B) responsibly
(C) responsibility
(D) responsibilities

451 `출제 포인트` It is 다음의 빈칸은 '형용사'가 정답이다.

`핵심 보카` advise는 '충고하다, 조언하다'라는 뜻의 동사고, advice는 '충고, 조언'이라는 뜻의 명사. 스펠링이 거의 비슷함으로 주의하자. advisable은 '바람직한'이란 뜻의 형용사다.

`기출 표현` It is advisable to '~하는 것은 바람직하다' 덩어리 표현을 암기하자.

`해석` 물을 많이 마시는 것은 바람직하다.

정답: (A)

452 `출제 포인트` Please 다음의 빈칸은 '동사원형'이 정답이다.

`핵심 보카` complete는 동사뿐만 아니라 형용사로도 쓰인다. 형용사는 '완료된, 완성된, 완전한'이라는 뜻이다. 동사로는 '완성하다, 완료하다'라는 뜻이고, 특히 설문조사나 신청서 등의 목적어가 나오면 '작성하다(= fill out)'라는 뜻이 된다.

`기출 표현` complete the questionnaire '설문지를 작성하다' 덩어리 표현을 암기하자.

`해석` 고객 만족 설문지를 작성해 주세요.

정답: (A)

Day 16

453 `출제 포인트` 보기 분석을 통해서 '전치사, 접속사, 접속부사'를 구별하는 문제임을 알 수 있다. 빈칸 뒤에 주어와 동사가 나왔기 때문에 '접속사'가 정답이다.

`핵심 보카` However는 '반대' 접속부사다. Despite는 '반대' 전치사다. Because는 '이유' 접속사다. Therefore는 '그러므로' 접속부사다.

`기출 표현` Because this is … '왜냐하면 이것이' 덩어리 표현을 암기하자.

`해석` 이것이 안전한 프로젝트이기 때문에

정답: (C)

454 `출제 포인트` one of the 다음에 '복수명사'가 정답이다.

`핵심 보카` responsibility는 '책임'이란 뜻이지만, 독해 구인광고 지문에서는 '담당 업무'라는 뜻으로 더 많이 쓰이고 있다.

`기출 표현` main responsibilities '주요 업무들' 덩어리 표현을 암기하자.

`해석` 지방 정부의 주요 직무들 중의 하나

정답: (D)

455 Our online service _____ you to access your account 24 hours a day.

(A) allowance
(B) allows
(C) allowing
(D) allowable

456 take _____ measures against damage

(A) prevent
(B) prevents
(C) preventive
(D) prevented

457 Please call in advance to _____ for the guided tour.

(A) approve
(B) express
(C) register
(D) record

458 cover a _____ range of topics

(A) diverse
(B) diversify
(C) diversity
(D) diversely

455 `출제 포인트` 한 문장 안에는 본동사가 꼭 있어야 한다. 빈칸은 '동사'자리다.

`핵심 보카` **allow**는 '허락하다, 허용하다'라는 뜻의 동사다. **allowance**는 '허락, 허용치, 용돈'이라는 뜻의 명사다.

`기출 표현` **allow A to do** 'A가 ～할 수 있도록 허용하다' 덩어리 표현을 암기하자.

`해석` 우리의 온라인 서비스는 당신이 24시간 계정에 접근할 수 있도록 허용해 줍니다.

정답: (B)

456 `출제 포인트` 명사(measures) 앞의 빈칸은 '형용사'가 정답이다.

`핵심 보카` **prevent**는 어떤 일을 '예방하다, 방지하다'라는 뜻의 동사로 **prevent A from ～ing**의 형태로 출제된다. **preventive**는 '예방을 위한'이라는 뜻의 형용사다. **prevention**은 '예방'이라는 뜻의 명사다.

`기출 표현` **preventive measures** '예방 조치' 덩어리 표현을 암기하자.

`해석` 파손에 대한 예방 조치를 취하다

정답: (C)

Day 16

457 `출제 포인트` 빈칸 뒤 전치사 **for**와 어울려 쓰이는 자동사를 미리 암기하고 있어야 한다.

`핵심 보카` **register**는 '등록하다'라는 뜻으로 전치사 **for**와 어울려 출제된다. 동의어 **sign up for**와 **enroll in**도 전치사에 주의해서 함께 알아두자.

`기출 표현` **register for** '등록하다' 덩어리 표현을 암기하자.

`해석` 가이드가 딸린 견학을 신청하기 위해 미리 전화하세요.

정답: (C)

458 `출제 포인트` 명사(range) 앞의 빈칸은 '형용사'가 정답이다.

`핵심 보카` **diverse**는 '다양한'이란 뜻의 형용사다. **diversify**는 '다양화하다'라는 뜻의 동사다. **diversity**는 '다양성'이란 뜻의 명사다.

`기출 표현` **a diverse range of** '다양한 범위의' 덩어리 표현을 암기하자.

`해석` 다양한 주제들을 다루다

정답: (A)

459 If the signature is not _____ ,

(A) distinct
(B) distinctly
(C) distinction
(D) distinctively

460 One of the agents at Hana Travel _____ us that S+V···.

(A) inform
(B) informed
(C) have informed
(D) was informed

461 You should be able _____ your identity.

(A) to be defined
(B) to define
(C) defines
(D) defined

462 the _____ rights

(A) exclude
(B) exclusive
(C) exclusion
(D) excluding

459 be동사 다음의 빈칸은 '형용사'가 정답이다. 보기 중에 '-ly'를 삭제하고 남은 것이 형용사다.

distinct는 '뚜렷한(= clear)'이란 뜻의 형용사이고, **distinctive**는 '독특한(= unique)'이란 뜻의 형용사다.

distinct signature '뚜렷한 서명' 덩어리 표현을 암기하자.

만약 서명이 뚜렷하지 않다면

정답: (A)

460 'One of the 복수명사' 다음에 '단수 동사'가 나와야 한다. '명사s'는 복수고, '동사s'는 단수라는 것을 꼭 기억하자. 빈칸 뒤에 목적어가 있기 때문에 수동태가 될 수 없다.

travel agent는 '여행사 직원'이라는 뜻이고, **travel agency**는 '여행사'라는 뜻이다.

He informed us that … '그가 우리에게 알렸다' 덩어리 표현을 암기하자.

하나 트레블의 직원 중의 한 명이 우리에게 알렸다.

정답: (B)

Day 16

461 **able** 다음에는 'to+동사원형'이 정답이다. 빈칸 뒤에 목적어가 나왔기 때문에 수동태가 될 수 없다.

define은 '정의하다, 분명히 밝히다'라는 뜻의 동사다.

be able to do '~할 수 있다' 덩어리 표현을 암기하자.

당신은 자신의 정체성을 분명하게 밝힐 필요가 있다.

정답: (B)

462 명사(rights) 앞의 빈칸은 '형용사'가 정답이다.

exclude는 '제외하다'라는 뜻의 동사다. **exclusive**는 '독점적인'이란 뜻의 형용사다. **exclusively**는 '오직'이라는 뜻의 부사다. **exclusion**은 '제외'라는 뜻의 명사다. **excluding**은 '~제외하고'라는 뜻의 전치사다.

exclusive rights '독점권' 덩어리 표현을 암기하자.

독점적인 권리들

정답: (B)

463 a firm commitment to _____ its efficiency.

(A) increase
(B) increases
(C) increasing
(D) increased

464 This class will _____ all participants a memorable opportunity.

(A) offer
(B) instruct
(C) suggest
(D) recommend

465 Please note _____ the shipping takes three business days.

(A) that
(B) about
(C) them
(D) when

466 strictly _____ information

(A) confidentiality
(B) confiding
(C) confidence
(D) confidential

463 빈칸 앞의 to가 '부정사'인지 '전치사'인지 구분해야 한다. **commitment** 다음의 to는 전치사다. 전치사(to)와 명사(its efficiency) 사이의 빈칸은 '동명사'가 정답이다

　　핵심 보카　**commitment**는 '헌신, 전념, 의지'라는 뜻의 명사다.

　　기출 표현　**commitment to** '~에 대한 헌신' 덩어리 표현을 암기하자.

　　해석　효율성을 증가시키기 위한 굳건한 의지

정답: (C)

464 　출제 포인트　**give, offer, send**와 같은 4형식 동사는 '누구에게 무엇을'에 해당하는 목적어 두 개가 동시에 나올 수 있다.

　　핵심 보카　**offer**는 '제안'이라는 뜻의 명사와 '제공하다'라는 뜻의 동사로 쓰인다.

　　기출 표현　**offer us dinner** '우리에게 저녁을 제공하다' 덩어리 표현을 암기하자.

　　해석　이 클래스는 모든 참석자들에게 기억할 만한 기회를 제공할 것이다.

정답: (A)

Day 16

465 　출제 포인트　note는 that절을 목적어로 취하는 동사다.

　　핵심 보카　**note**는 '메모, 필기'라는 뜻의 명사도 되지만 '주목하다, 유념하다, 언급하다'라는 뜻의 동사가 된다는 것이 중요하다.

　　기출 표현　**Please note that** '주목해 주세요' 덩어리 표현을 암기하자.

　　해석　배송은 영업일 기준 3일이 걸린다는 것을 유념하시기 바랍니다.

정답: (A)

466 　출제 포인트　명사(information) 앞의 빈칸은 '형용사'가 정답이다.

　　핵심 보카　**confidential**은 '기밀의'라는 뜻의 형용사고, **confident**는 '자신감 있는'이란 뜻의 형용사다. **confidentiality**는 '기밀성'이란 뜻의 명사고, **confidence**는 '자신감, 신뢰'라는 뜻의 명사다.

　　기출 표현　**confidential information** '기밀 정보' 덩어리 표현을 암기하자.

　　해석　엄격히 기밀을 요하는 정보

정답: (D)

467 Please _____ the results to the management.

(A) forward
(B) forwards
(C) forwarding
(D) to forward

468 ABC Tours can not provide _____ for airport delays.

(A) compensation
(B) compensating
(C) compensates
(D) compensated

469 unique _____ products

(A) promote
(B) promotes
(C) promotion
(D) promotional

470 Mr. Lee has received _____ from customers.

(A) compliment
(B) compliments
(C) complimentary
(D) complimented

467   Please 다음의 빈칸은 '동사원형'이 정답이다.

forward는 '앞으로'라는 부사뿐만 아니라 받은 내용을 그대로 제3자에게 '전송하다'라는 뜻의 동사로 쓰인다는 것에 주의하자.

forward the results '결과를 전송하다' 덩어리 표현을 암기하자.

결과를 경영진에게 보내세요.

정답: (A)

468   타동사(provide) 다음의 빈칸은 '명사'가 정답이다.

compensate는 '보상하다'라는 뜻의 동사다. **compensation**은 '보상, 보답'이라는 뜻의 명사다.

compensation for delays '지연에 대한 보상' 덩어리 표현을 암기하자.

ABC 여행사는 항공 지연에 대해 보상해 주지 않는다.

정답: (A)

Day
16

469   명사(products) 앞의 빈칸은 '형용사'가 정답이다.

promote는 사람과 관련되어 쓰이면 '승진시키다'라는 뜻이고, 물건과 관련되어 쓰이면 '홍보하다'라는 뜻의 동사다.

promotional products '판촉 상품' 덩어리 표현을 암기하자.

독특한 판촉 상품

정답: (D)

470   타동사(receive) 다음의 빈칸은 '명사'가 정답이다. 단수명사와 복수명사가 동시에 있을 때 관사 a가 없다면 '복수명사'가 정답이다.

compliment는 '칭찬'이라는 명사도 되지만 '칭찬하다'라는 뜻의 동사도 된다. **complimentary**는 '무료의'라는 뜻의 형용사다.

receive compliments '칭찬을 받다' 덩어리 표현을 암기하자.

미스터리는 고객들로부터 칭찬을 받았다.

정답: (B)

471 due _____ our budget limitations

(A) to
(B) from
(C) in
(D) for

472 _____ the permission from the author

(A) into
(B) until
(C) among
(D) without

473 The application form must be filled out _____.

(A) complete
(B) completed
(C) completely
(D) completion

474 neither retailers _____ manufacturers

(A) or
(B) nor
(C) and
(D) but

471 `출제 포인트` **due to**는 '이유'를 의미하는 전치사다.

`핵심 보카` **due**는 '~하기로 예정되어있는'이란 뜻의 형용사로 돈과 관련해서는 '만기가 된, 지불해야 하는'이라는 뜻이다. 하지만 전치사 to와 함께 쓰여 **due to**가 되면 전혀 별개의 의미로 '~때문에'라는 뜻의 전치사가 된다.

`기출 표현` **due to** '~때문에' 덩어리 표현을 암기하자.

`해석` 우리의 예산 제한 때문에

정답: (A)

472 `출제 포인트` **without**은 '~없이'라는 뜻의 전치사다.

`핵심 보카` **permission**은 셀 수 없는 명사로 '허가, 승인'리라는 뜻의 명사다.

`기출 표현` **without permission** '허락 없이' 덩어리 표현을 암기하자.

`해석` 저자의 허락 없이

정답: (D)

473 `출제 포인트` 수동태 다음의 빈칸은 '부사'가 정답이다. **fill out**은 '작성하다'의 뜻으로 하나의 덩어리 표현으로 간주하자.

`핵심 보카` **complete**는 '완전한, 완성하다'라는 뜻의 동사와 형용사로 쓰인다. 특히 목적어가 서류가 나오면 '작성하다'라는 뜻이 된다. **completely**는 '전적으로, 완전히'라는 뜻의 부사다. **completion**은 '완료, 완성'이란 뜻의 명사다.

`기출 표현` **must be filled out completely** '완전하게 작성되어야 한다' 덩어리 표현을 암기하자.

`해석` 신청서가 완전히 작성되어야 한다.

정답: (C)

Day 16

474 `출제 포인트` 상관 접속사 neither 보이면 'nor'가 정답이다.

`핵심 보카` **retailer**는 '소매업자'라는 뜻이고, **manufacturer**는 '제조업자'라는 뜻이다.

`기출 표현` **neither A nor B** 'A도 B도 어느 것도 아니다' 덩어리 표현을 암기하자.

`해석` 소매업자도 제조업체도 아니다

정답: (B)

475 This _____ is tentative and may be changed.

(A) schedule
(B) scheduled
(C) schedules
(D) schedulers

476 I have received numerous _____.

(A) complain
(B) complaint
(C) complainer
(D) complaints

477 a _____ survey

(A) brief
(B) briefly
(C) briefest
(D) briefed

478 the _____ instructions

(A) specific
(B) specify
(C) specifically
(D) specification

475 출제 포인트 This 다음에는 '단수명사'가 정답이다.

핵심 보카 tentative는 '임시의, 잠정적인'이란 뜻의 형용사다.

기출 표현 tentative schedule '임시 스케줄' 덩어리 표현을 암기하자.

해석 이 일정은 잠정적인 상태이기 때문에 변경될 수도 있습니다.

정답: (A)

476 **출제 포인트** numerous 다음에는 '복수명사'가 나와야 한다.

핵심 보카 complain은 '불평하다'라는 뜻의 동사고, complaint는 '불평'이라는 뜻의 명사다. 동사와 명사의 형태를 잘 구분하고 있어야 한다.

기출 표현 numerous complaints '수많은 불평들' 덩어리 표현을 암기하자.

해석 나는 많은 불평들을 받았다.

정답: (D)

477 **출제 포인트** 명사(survey) 앞의 빈칸은 '형용사'가 정답이다. 모르겠다면 단어 꼬리 '-ly를 삭제하고 남은 것이 형용사다.

핵심 보카 brief는 '간단한, 짧은'이라는 형용사는 잘 알고 있을 것이다. 하지만 '간단히 설명하다'라는 뜻의 동사도 된다는 것에 주의하자. briefly는 '간단히, 잠시'라는 뜻의 부사다.

기출 표현 brief survey '간단한 설문조사' 덩어리 표현을 암기하자.

해석 간단한 설문조사

정답: (A)

Day 16

478 **출제 포인트** 명사(instructions) 앞의 빈칸은 '형용사'가 정답이다.

핵심 보카 specific은 '구체적인, 특정한'이란 뜻의 형용사다. specify는 '구체화하다, 상술하다'라는 뜻의 동사다. specifically는 '구체적으로'라는 뜻의 부사다. specification은 '세부사항'이라는 뜻의 명사다.

기출 표현 specific instructions '구체적인 지시사항' 덩어리 표현을 암기하자.

해석 구체적인 지시사항들

정답: (A)

479 instructors capable _____ all levels of skiers

(A) of teaching
(B) to teach
(C) teaching
(D) teaches

480 higher than originally _____

(A) predict
(B) predicted
(C) predicting
(D) prediction

479 `출제 포인트` capable과 한 덩어리로 어울려 쓰이는 전치사는 무엇일까?

`핵심 보카` **capable**은 '가능한, 할 수 있는'이란 뜻으로 뒤에 전치사 **of**와 어울려 출제된다. 반면에 같은 의미의 **able**은 뒤에 "**to**+동사원형'이 나온다.

`기출 표현` **capable of teaching** '가르칠 수 있는' 덩어리 표현을 암기하자.

`해석` 모든 수준의 스키어들을 가르칠 능력이 있는 강사들

정답: (A)

480 `출제 포인트` than 다음에 주어를 생략하고 바로 '과거분사'가 나올 수 있다.

`핵심 보카` **predict**는 '예상하다, 예측하다'라는 뜻의 동사다. **prediction**은 '예측, 예언'이란 뜻의 명사다.

`기출 표현` **than originally predicted** '원래 예상했던 것 보다' 덩어리 표현을 암기하자.

`해석` 원래 예상했던 것보다 더 높은

정답: (B)

Day 16

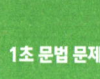
DAY 16
Daily Checkup
기출 표현 암기하기

451	It is advisable to	~하는 것은 바람직하다
452	complete the questionnaire	설문지를 작성하다
453	Because this is ⋯	왜냐하면 이것이⋯
454	main responsibilities	주요 업무들
455	allow A to do	A가 ~할 수 있도록 허용하다
456	preventive measures	예방 조치
457	register for	등록하다
458	a diverse range of	다양한 범위의
459	distinct signature	뚜렷한 서명
460	He informed us that ⋯	그가 우리에게 알렸다
461	be able to do	~할 수 있다
462	exclusive rights	독점적인 권리
463	commitment to	~에 대한 헌신
464	offer us dinner	우리에게 저녁을 제공하다
465	Please note that	주목해 주세요
466	confidential information	기밀 정보
467	forward the results	결과를 전송하다
468	compensation for delays	지연에 대한 보상
469	promotional products	판촉 상품
470	receive compliments	칭찬을 받다
471	due to	~때문에
472	without permission	허락 없이
473	must be filled out completely	완전하게 작성되어야 한다
474	neither A nor B	A도 B도 어느 것도 아니다
475	tentative schedule	임시 스케줄
476	numerous complaints	수많은 불평들
477	brief survey	간단한 설문조사
478	specific instructions	구체적인 지시사항
479	capable of teaching	가르칠 수 있는
480	than originally predicted	원래 예상했던 것 보다

DAY 17

481 _____ I stayed in New York, I visited museums every day.

(A) Throughout
(B) Within
(C) During
(D) While

482 Mr. Lee is _____ for handling financial risks.

(A) responsible
(B) responsibleness
(C) responsibly
(D) responsibility

483 will be towed away at the owner's _____

(A) expense
(B) fee
(C) toil
(D) fare

484 the most _____ complaint of shoppers

(A) frequent
(B) frequency
(C) frequents
(D) frequently

481 출제 포인트 during과 while의 차이점을 알아야 한다.

핵심 보카 **during**과 **while**은 모두 '~동안'이란 뜻이다. 차이점은 **during**은 '전치사'로 뒤에 명사가 나온다. 반면에 **while**은 '접속사'로 뒤에 주어와 동사가 나온다.

기출 표현 **While I stayed** '내가 머무는 동안' 덩어리 표현을 암기하자.

해석 뉴욕에 머무는 동안, 나는 매일 미술관을 방문했다.

정답: (D)

482 출제 포인트 be동사 다음의 빈칸은 '형용사'가 정답이다.

핵심 보카 **responsible**은 '책임이 있는'이란 뜻의 형용사로 전치사 for와 어울려 자주 출제된다. **responsibility**는 '책임, 담당 업무'라는 뜻의 명사이다.

기출 표현 **be responsible for** '~에 책임이 있다' 덩어리 표현을 암기하자.

해석 미스터리는 재정적 위협을 해결할 책임이 있다.

정답: (A)

483 출제 포인트 돈과 관련된 단어의 정확한 뉘앙스를 알고 있어야 한다.

핵심 보카 **expense**는 어떤 물건이나 일에 지불되는 지출 비용을 의미한다. **fee**는 입장료나 수수료 등 서비스를 받고 내는 돈을 말한다. **toil**은 도로나 다리를 이용할 때 내는 통행료를 의미한다. **fare**는 기차나 버스 등의 교통수단 이용 요금을 의미한다.

기출 표현 **at the owner's expense** '소유주의 비용으로' 덩어리 표현을 암기하자.

해석 차가 소유주의 비용으로 견인될 것이다.

정답: (A)

484 출제 포인트 명사(complaint) 앞의 빈칸은 '형용사'가 정답이다.

핵심 보카 **frequent**는 '빈번한, 잦은'이란 뜻의 형용사다. **frequently**는 '빈번하게, 자주'라는 뜻의 부사다. **frequency**는 '빈도'라는 뜻의 명사다.

기출 표현 **frequent complaint** '빈번한 불평' 덩어리 표현을 암기하자.

해석 쇼핑객들의 가장 빈번한 불평

정답: (A)

485 take on the _____ of several charity efforts

(A) coordinate
(B) coordinator
(C) coordination
(D) coordinated

486 on behalf _____ the president

(A) by
(B) of
(C) in
(D) along

487 the problem with _____ itinerary

(A) her
(B) she
(C) herself
(D) hers

488 because of a lack _____ funding

(A) of
(B) from
(C) with
(D) for

485 `출제 포인트` the _____ of 사이의 빈칸은 '명사'가 정답이다.

`핵심 보카` **coordinate**는 '조정하다'라는 뜻의 동사다. **coordination**은 '조정, 조화'라는 뜻의 명사다. **coordinator**는 우리가 흔히 말하는 '코디'로 '진행자'라는 뜻의 사람 명사다.

`기출 표현` **take on the coordination** '통합 조정을 떠맡다' 덩어리 표현을 암기하자.

`해석` 여러 자선 활동들을 통합 조정하는 일을 맡다

정답: (C)

486 `출제 포인트` 정답을 바로 고를 수 있도록 자주 어울려 쓰이는 덩어리 표현들을 최대한 많이 암기해 놔야 한다.

`핵심 보카` **behalf**는 '이익, 대리'라는 뜻의 명사로 **on behalf of**의 형태로 출제된다.

`기출 표현` **on behalf of** '~를 대신해서' 덩어리 표현을 암기하자.

`해석` 사장님을 대신해서

정답: (B)

487 `출제 포인트` 명사(itinerary) 앞의 빈칸은 '소유격'이 정답이다.

`핵심 보카` **itinerary**는 '일정표'라는 뜻의 명사다.

`기출 표현` **travel itinerary** '여행 일정표' 덩어리 표현을 암기하자.

`해석` 그녀의 여행 일정에 대한 문제

정답: (A)

488 `출제 포인트` lack은 전치사 of와 어울려 출제된다.

`핵심 보카` **lack**은 '부족'이라는 뜻의 명사와 '부족하다'라는 뜻의 동사로 동시에 사용된다.

`기출 표현` **lack of funding** '자금의 부족' 덩어리 표현을 암기하자.

`해석` 자금의 부족 때문에

정답: (A)

489 at no extra _____

    (A) charge
    (B) frequency
    (C) value
    (D) product

490 give the clients your _____ that S+V⋯.

    (A) assurance
    (B) assuredly
    (C) assured
    (D) assure

491 I found the plot too _____.

    (A) predicting
    (B) predicted
    (C) predictable
    (D) predictably

492 an _____ story

    (A) amaze
    (B) amazing
    (C) amazingly
    (D) amazement

489 출제 포인트 여러 가지 의미를 가진 **charge**는 무엇인가를 '부과'하는 뉘앙스를 떠올리면 이해하기 쉽다.

핵심 보카 돈과 관련되면 '요금, 청구하다'라는 뜻이고, 업무와 관련되면 '책임, 맡기다'라는 뜻이다. **free of charge** '무료로'와 **in charge of** '책임지고 있는'이 자주 출제된다.

기출 표현 **at no extra charge** '추가 비용 없이' 덩어리 표현을 암기하자.

해석 추가적인 비용 없이

정답: (A)

490 **출제 포인트** 소유격(your) 다음의 빈칸은 '명사'가 정답이다.

핵심 보카 **assure**는 '보증하다, 확신시키다'라는 뜻의 동사다. **assured**는 '자신하는, 확신하는'이라는 뜻의 과거분사다. **assuredly**는 '분명히, 틀림없이'라는 뜻의 부사다. **assurance**는 '확신, 자신'이라는 뜻의 명사다.

기출 표현 **give assurance** '확신을 주다' 덩어리 표현을 암기하자.

해석 고객들에게 확신을 주다

정답: (A)

491 **출제 포인트** **find**는 '무엇을 어떤 상태라고 생각하다'라는 의미로 목적어 다음의 빈칸은 '형용사'가 정답이다

핵심 보카 **predict**는 '예상하다, 예측하다'라는 뜻의 동사다. **predictable**은 '예측할 수 있는'이란 뜻의 형용사다.

기출 표현 **predictable plot** '예상할 수 있는 줄거리' 덩어리 표현을 암기하자.

해석 나는 그 줄거리가 너무 예상 가능하다고 생각했다.

정답: (C)

492 **출제 포인트** 명사(story) 앞의 빈칸은 '형용사'가 정답이다.

핵심 보카 **amaze**는 '놀라게 하다'라는 뜻의 타동사다. **amazing**은 '놀라운'이라는 뜻의 형용사다. **amazingly**는 '놀랍게도'라는 뜻의 부사다. **amazement**는 '놀라움'이란 뜻의 명사다.

기출 표현 **amazing story** '놀라운 이야기' 덩어리 표현을 암기하자.

해석 놀라운 이야기

정답: (B)

Day 17

493 Potted plants need to be watered _____ .

(A) regular
(B) regularly
(C) regularity
(D) regulate

494 Doctors _____ this headache medication to millions of people worldwide.

(A) arrange
(B) prescribe
(C) oversee
(D) select

495 The article was _____ reported.

(A) mistake
(B) mistook
(C) mistaken
(D) mistakenly

496 in an effort _____ overall production

(A) improved
(B) has improved
(C) to improve
(D) improving

493 출제 포인트 수동태 다음의 빈칸은 '부사'가 정답이다.

핵심 보카 **regularly**는 '규칙적으로, 정기적으로'라는 뜻의 부사다.
동의어 **routinely**도 함께 알아두자.

기출 표현 **regularly water** '정기적으로 물을 주다' 덩어리 표현을 암기하자.

해석 화분에 정기적으로 물을 줄 필요가 있다.

정답: (B)

494 출제 포인트 prescribe는 medication과 같이 약을 나타내는 명사와 어울려 출제된다.

핵심 보카 (A) **arrange** 준비하다, (B) **prescribe** 처방하다, (C) **oversee** 감독하다, (D) **select** 선택하다.

기출 표현 **prescribe the medication** '약을 처방하다' 덩어리 표현을 암기하자.

해석 의사들은 전 세계적으로 수백만 명의 사람들에게 이 두통약을 처방한다.

정답: (B)

495 출제 포인트 수동태 사이의 빈칸은 '부사'가 정답이다.

핵심 보카 **mistake**는 '실수, 오해하다'라는 뜻으로 명사와 동사가 동시에 된다. **mistaken**은 '잘못 알고 있는'이란 뜻의 형용사다. **mistakenly**는 '실수로'라는 뜻의 부사다.

기출 표현 **was mistakenly reported** '실수로 보도되었다' 덩어리 표현을 암기하자.

해석 기사가 실수로 보도 되었다.

정답: (D)

496 출제 포인트 **effort** 다음에는 'to+동사원형'이 정답이다.

핵심 보카 **improve**는 '향상시키다'라는 뜻의 타동사와 '개선되다'라는 뜻의 자동사가 동시에 되는 단어다.

기출 표현 **in an effort to improve** '증가시킬 노력으로' 덩어리 표현을 암기하자.

해석 전반적인 생산량을 증가시킬 노력으로

정답: (C)

Day
17

497 Our study _____ that S+V···.

(A) points
(B) withdraws
(C) indicates
(D) appears

498 work _____ hours

(A) reduce
(B) reduction
(C) reduced
(D) reducing

499 You need to present your identification _____ enter the facility.

(A) in order to
(B) when
(C) during
(D) in front of

500 Amazon is offering _____ of up to 50 percent.

(A) discount
(B) discounts
(C) discounter
(D) discounting

497 `출제 포인트` 명사절 접속사 that과 어울리는 동사는 'indicate'이다.

`핵심 보카` **indicate**는 어떤 현상을 보여주는 것을 의미한다. indicate 대신에 **suggest**나 **show**도 같은 의미다.

`기출 표현` **Our study indicates that** … '우리의 연구조사에 따르면' 덩어리 표현을 암기하자.

`해석` 우리의 연구조사에 따르면

정답: (C)

498 `출제 포인트` 명사(hours) 앞의 빈칸은 '분사'가 정답이다. 분사도 일종의 변형된 '형용사'이기 때문이다.

`핵심 보카` **reduce**는 양이나 정도를 '줄이다'라는 뜻의 동사다. **reduced**는 '감소한'이란 뜻의 과거분사다.

`기출 표현` **reduced hours** '줄어든 시간' 덩어리 표현을 암기하자.

`해석` 단축 근무를 하다

정답: (C)

499 `출제 포인트` 동사원형(enter) 앞에 빈칸이 있을 때 'to부정사'가 정답이다.

`핵심 보카` **in order to**는 '~하기 위해서'라는 뜻의 부정사 표현이다.

`기출 표현` **in order to enter** '들어가기 위해서' 덩어리 표현을 암기하자.

`해석` 그 시설에 들어가기 위해서는 신분증을 제시할 필요가 있다.

정답: (A)

Day 17

500 `출제 포인트` 빈칸 앞에 관사 a가 없이 보기 중에 단수명사와 복수명사가 동시에 있다면 대부분 '복수명사'가 정답이다.

`핵심 보카` **discount**는 '할인'이라는 뜻으로 '셀 수 있는 명사'다.

`기출 표현` **offer discounts** '할인들을 제공하다' 덩어리 표현을 암기하자.

`해석` 아마존은 최고 50퍼센트의 할인을 제공하고 있다.

정답: (B)

501 Applicants _____ are interested in attending the seminar should register by May 20.

(A) which
(B) when
(C) what
(D) who

502 Mr. Lee was _____ rejected by another university.

(A) to initiate
(B) initially
(C) initiating
(D) initialized

503 in _____ for the upcoming inspection

(A) prepare
(B) prepared
(C) preparatory
(D) preparation

504 You should _____ inspect kitchen area.

(A) thoroughness
(B) thorough
(C) thoroughly
(D) most thorough

501 `출제 포인트` 빈칸 앞에 사람 명사(applicants)가 있고, 뒤에 동사(are)가 나오면 '주격 관계대명사' **who**가 정답이다.

`핵심 보카` **applicant**은 '지원자, 신청자'라는 뜻의 사람 명사다.

`기출 표현` **applicants who are interested in** '~에 관심이 있는 지원자들' 덩어리 표현을 암기하자.

`해석` 세미나 참석에 관심이 있는 지원자들은 5월 20일까지 등록해야 한다.

정답: (D)

502 `출제 포인트` be동사와 과거분사, 즉 수동태 사이의 빈칸은 '부사'가 정답이다.

`핵심 보카` **initial**은 '처음의, 초기의'라는 뜻의 형용사다. **initially**는 '처음에, 초기에'라는 뜻의 부사다. **initiate**는 '시작하다'라는 뜻의 동사다.

`기출 표현` **was initially rejected** '처음에는 거절되었다' 덩어리 표현을 암기하자.

`해석` 미스터리는 또 다른 대학으로부터 처음에는 거절당했다.

정답: (B)

503 `출제 포인트` 전치사 사이의 빈칸은 '명사'가 정답이다.

`핵심 보카` **prepare**는 미리 '준비하다'라는 뜻의 동사다. **preparation**은 '준비, 대비'라는 뜻의 명사다.

`기출 표현` **in preparation for** '~의 준비를 위해서' 덩어리 표현을 암기하자.

`해석` 다가오는 점검에 대비해서

정답: (D)

504 `출제 포인트` 조동사와 동사원형 사이의 빈칸은 '부사'가 정답이다.

`핵심 보카` **thorough**는 '철저한'이란 뜻의 형용사다. **thoroughly**는 '철저하게'란 뜻의 부사다.

`기출 표현` **thoroughly inspect** '철저하게 조사하다' 덩어리 표현을 암기하자.

`해석` 당신은 부엌을 철저하게 조사해야 한다.

정답: (C)

505 All the staff are required _____ to the regulations.

(A) to adhere
(B) adheres
(C) adhering
(D) have adhered

506 The response from clients has been _____ positive.

(A) overwhelming
(B) overwhelmingly
(C) overwhelmed
(D) overwhelm

507 The board of directors _____ next Friday.

(A) to convene
(B) convening
(C) will convene
(D) convened

508 one of the toughest _____

(A) challenge
(B) challenging
(C) challenged
(D) challenges

505

be required 다음에 빈칸은 'to+동사원형'이 정답이다.

핵심 보카 adhere는 '고수하다'라는 뜻의 자동사로 뒤에 전치사 to가 나와야 한다.

기출 표현 are required to do '~하는 것이 요구된다' 덩어리 표현을 암기하자.

해석 모든 직원들은 규정을 준수해야 한다.

정답: (A)

506

출제 포인트 be동사와 형용사(positive) 사이의 빈칸은 '부사'가 정답이다.

핵심 보카 overwhelm은 '압도하다'라는 뜻의 동사다. overwhelming은 '압도적인'이란 뜻의 형용사다. overwhelmingly는 '압도적으로'라는 뜻의 부사다.

기출 표현 overwhelmingly positive '압도적으로 긍정적인' 덩어리 표현을 암기하자.

해석 고객들의 반응이 압도적으로 긍정적이다.

정답: (B)

507

출제 포인트 부사구 next Friday가 나왔기 때문에 '미래시제'가 정답이다.

핵심 보카 convene은 '모이다, 소집하다'라는 뜻의 동사다. convention은 전문직 종사자들이나 정당 등의 대규모 '총회'라는 뜻의 명사다.

기출 표현 will convene '모일 것이다' 덩어리 표현을 암기하자.

해석 이사회가 다음 주 금요일에 소집될 것이다.

정답: (C)

Day 17

508

출제 포인트 one of the 다음에 '복수명사'가 정답이다.

핵심 보카 challenge는 '도전, 도전하다'라는 뜻으로 명사와 동사가 동시에 된다. challenging은 '도전적인, 힘든'이란 뜻으로 현재분사가 형용사로 굳어진 단어다.

기출 표현 tough challenges '어려운 도전들' 덩어리 표현을 암기하자.

해석 가장 어려운 도전들 중의 하나

정답: (D)

509 We suggest _____ the manual thoroughly.

(A) to read
(B) read
(C) were read
(D) reading

510 Sales staff should handle customer complaints more _____ .

(A) attention
(B) attentive
(C) attentively
(D) attentiveness

509 **출제 포인트** suggest는 '동명사'를 목적어로 취하는 동사다.

핵심 보카 **suggest**는 밑에 깔아둔 생각을 바탕으로 머릿속에 있는 것을 끄집어 내어 설명하는 것을 나타내는 동사로 '제안하다(= **propose**)'에서 넌지시 '보여주다(= **show**)와 '암시하다(= **indicate**)'의 뜻으로 의미가 확장되어 간다.

기출 표현 **suggest reading** '읽을 것을 제안하다' 덩어리 표현을 암기하자.

해석 우리는 그 설명서를 철저하게 읽을 것을 제안합니다.

정답: (D)

510 **출제 포인트** '주어+동사+목적어'의 완전한 문장 다음의 빈칸은 '부사'가 정답이다.

핵심 보카 **attend**는 2가지 뜻이 있다. 바로 뒤에 목적어가 나오면 '참석하다'라는 뜻이고, 전치사 to가 나오면 '주의를 기울여 돌보다'라는 뜻이다. 그래서 명사도 2가지 형태로 나눠진다. **attendance**는 '참석'이라는 뜻이고, **attention**은 '주의'라는 뜻이다. 사람 명사 **attendee**는 '참석자'라는 뜻이고 **attendant**는 '시중드는 사람'을 의미한다.

기출 표현 **more attentively** '더 주의 깊게' 덩어리 표현을 암기하자.

해석 판매 직원들은 고객 불평을 더 주의 깊게 처리해야 한다.

정답: (C)

Day 17

DAY 17
Daily Checkup
기출 표현 암기하기

481	While I stayed	내가 머무는 동안
482	be responsible for	~에 책임이 있다
483	at the owner's expense	소유주의 비용으로
484	frequent complaint	빈번한 불평
485	take on the coordination	통합 조정을 떠맡다
486	on behalf of	~를 대신해서
487	travel itinerary	여행 일정표
488	a lack of funding	자금의 부족
489	at no extra charge	추가 비용 없이
490	give assurance	확신을 주다
491	predictable plot	예상할 수 있는 줄거리
492	amazing story	놀라운 이야기
493	regularly water	정기적으로 물을 주다
494	prescribe the medication	약을 처방하다
495	was mistakenly reported	실수로 보도되었다
496	in an effort to improve	증가시킬 노력으로
497	Our study indicates that …	우리의 연구조사에 따르면
498	reduced hours	줄어든 시간
499	in order to enter	들어가기 위해서
500	offer discounts	할인들을 제공하다
501	applicants who are interested in	~에 관심 있는 지원자들
502	was initially rejected	처음에는 거절되었다
503	in preparation for	~의 준비를 위해서
504	thoroughly inspect	철저하게 조사하다
505	are required to do	~하는 것이 요구된다
506	overwhelmingly positive	압도적으로 긍정적인
507	will convene	모일 것이다
508	tough challenges	어려운 도전들
509	suggest reading	읽을 것을 제안하다
510	more attentively	더 주의 깊게

DAY 18

511 It is _____ that each employee wear protective clothing.

(A) prone
(B) vital
(C) poised
(D) ready

512 become an _____ popular venue

(A) increase
(B) increasing
(C) increases
(D) increasingly

513 Mr. Lee conducts the workshops _____ the country.

(A) into
(B) throughout
(C) during
(D) as

514 in many _____ of customers

(A) survey
(B) surveys
(C) surveying
(D) surveyed

511 `출제 포인트` It is 다음의 빈칸은 'VIPS' 형용사가 정답이다.

`핵심 보카` 'VIPS' 형용사는 다음과 같다. **vital** 매우 중요한, **important** 중요한, **imperative** 반드시 해야 하는, **essential** 필수적인, **necessary** 필요한.

`기출 표현` **It is vital that**··· '~하는 것이 필수적이다' 덩어리 표현을 암기하자.

`해석` 직원들이 보호 장구를 착용하는 것이 필수적이다.

정답: (B)

512 `출제 포인트` 형용사(popular) 앞의 빈칸은 '부사'가 정답이다.

`핵심 보카` **increasing**은 '증가하는'이란 뜻의 형용사이다. 여기에 부사 꼬리 ~ly를 붙여 **increasingly**가 되면 '증가하게'라고 직역하지 말고 '점점 더'라는 뜻의 의역으로 알아두자.

`기출 표현` **increasingly popular** '점점 더 인기 있는' 덩어리 표현을 암기하자.

`해석` 점점 더 인기 있는 장소가 되다

정답: (D)

513 `출제 포인트` 전치사는 뒤에 나오는 명사와 한 덩어리로 암기해야 한다.

`핵심 보카` **through**는 '~관통하는'이라는 뜻의 전치사다. 여기에 −out을 붙여 **throughout**이 되어 뒤에 장소 명사가 나오면 '그 장소 전역에 걸쳐서'라는 뜻이 된다.

`기출 표현` **throughout the country** '전국에 걸쳐서' 덩어리 표현을 암기하자.

`해석` 미스터리는 전국에 걸쳐서 워크샵을 진행한다.

정답: (B)

Day
18

514 `출제 포인트` 수량 형용사 **many** 다음의 빈칸은 '복수명사'가 정답이다.

`핵심 보카` **survey**는 '설문조사'라는 뜻의 명사다.

`기출 표현` **many surveys** '많은 설문조사들' 덩어리 표현을 암기하자.

`해석` 고객들에 대한 많은 설문조사에서

정답: (B)

515 unless _____ by an original receipt

    (A) will accompany
    (B) accompanying
    (C) to accompany
    (D) accompanied

516 the company's _____ conditions

    (A) finances
    (B) financed
    (C) financial
    (D) financially

517 Access to customer information is _____ to authorized personnel only.

    (A) restrict
    (B) restricted
    (C) restriction
    (D) restrictively

518 _____ the telephone

    (A) answer
    (B) respond
    (C) talk
    (D) reply

515 출제 포인트 접속사 **unless** 다음에 주어를 생략하고 바로 '과거분사'가 나올 수 있다.

핵심 보카 **company**는 '회사'라는 뜻으로 주로 쓰이지만 '동행'이라는 뜻도 된다. 여기에 ac-를 붙여 **accompany**가 되면 '동반하다'라는 뜻의 동사가 된다.

기출 표현 **unless accompanied by** '만약 동반하지 않으면' 덩어리 표현을 암기하자.

해석 만약 원본 영수증을 동반하지 않으면

정답: (D)

516 출제 포인트 명사(conditions) 앞의 빈칸은 '형용사'가 정답이다.

핵심 보카 **finance**는 '자금'이라는 뜻의 명사뿐만 아니라 '재정을 조달하다'라는 뜻의 동사로도 사용된다. **financing**은 '자금조달'이란 뜻의 명사로 굳어진 단어다. **financial**은 '재정의, 금융의'라는 뜻의 형용사이다.

기출 표현 **financial conditions** '재정적인 상태' 덩어리 표현을 암기하자.

해석 회사의 재정 상태

정답: (C)

517 출제 포인트 동사 **restrict**는 주로 'be restricted to'의 수동태 형태로 출제된다.

핵심 보카 **strict**는 '엄격한'이란 뜻의 형용사다. 여기에 re-를 붙여 **restrict**가 되면 '제한하다, 한정하다'라는 뜻의 동사가 된다. **restriction**은 '제한, 구속'이라는 뜻의 명사다.

기출 표현 **restricted to authorized personnel** '인가받은 직원들에게만 제한된' 덩어리 표현을 암기하자.

해석 고객 정보에 대한 접근은 오직 인가받은 직원들에게만 한정된다.

정답: (B)

Day
18

518 출제 포인트 의미는 같지만 쓰임이 다른 '자동사'와 '타동사'를 구별해야 한다.

핵심 보카 **respond**는 '응답하다'라는 뜻으로 뒤에 전치사 to가 나온다. 하지만 **answer**는 '대답하다'라는 뜻으로 전치사 없이 바로 목적어가 나와야 한다.

기출 표현 **answer the telephone** '전화를 받다' 덩어리 표현을 암기하자.

해석 전화를 받다

정답: (A)

519 in the _____ stage of the project

(A) initial
(B) initially
(C) initiate
(D) initiation

520 follow the _____ instructions

(A) attach
(B) attaches
(C) attached
(D) to attach

521 Workers need written _____ from a immediate supervisor.

(A) authorize
(B) authorized
(C) authoritative
(D) authorization

522 _____ the weather is nice, let's go to the park.

(A) Following
(B) Since
(C) Despite
(D) Therefore

519 　**출제 포인트**　명사(stage) 앞의 빈칸은 '형용사'가 정답이다.

　핵심 보카　initial은 '처음의, 초기의'라는 뜻의 형용사다. initially는 '처음에, 초기에'라는 뜻의 부사다. initiate는 '시작하다'라는 뜻의 동사다. initiation은 '시작, 개시'라는 뜻의 명사다.

　기출 표현　initial stage '초기의 단계' 덩어리 표현을 암기하자.

　해석　프로젝트의 처음 단계에서

　　　　　　　　　　　　　　　　　　　　　　　　　　　정답: (A)

520 　**출제 포인트**　명사(instructions) 앞에 빈칸은 '분사'가 정답이다.

　핵심 보카　attach는 '첨부하다'라는 뜻의 동사다. 반의어 detach는 '떼어내다'라는 뜻의 동사다. attached는 '첨부된'이란 뜻으로 과거분사 형태로 정답으로 자주 출제된다.

　기출 표현　attached instructions '첨부된 설명서' 덩어리 표현을 암기하자.

　해석　첨부된 지시사항을 따르다

　　　　　　　　　　　　　　　　　　　　　　　　　　　정답: (C)

521 　**출제 포인트**　형용사 역할을 하는 분사(written) 다음의 빈칸은 '명사'가 정답이다.

　핵심 보카　'저자'라는 뜻의 author에서 파생된 authorize는 '허가하다, 권한을 부여하다'라는 뜻의 동사가 된다. authorization은 '허가, 인가'라는 뜻의 명사다.

　기출 표현　written authorization은 '서면 허가' 덩어리 표현을 암기하자.

　해석　직원들은 직속 상관으로부터 서면 허가를 받을 필요가 있다.

　　　　　　　　　　　　　　　　　　　　　　　　　　　정답: (D)

522 　**출제 포인트**　빈칸 다음에 주어와 동사가 나왔기 때문에 '접속사'가 정답이다.

　핵심 보카　since는 전치사와 접속사가 동시에 된다. 전치사일 경우는 '~이래로'라는 뜻이고, 접속사일 경우는 '~이래로, ~때문에'라는 뜻이다. 접속사일 경우만 '이유'의 의미를 가지고 있다.

　기출 표현　Since the weather is nice '날씨가 좋으니까' 덩어리 표현을 암기하자.

　해석　날씨가 좋으니까 우리 공원에 가요.

　　　　　　　　　　　　　　　　　　　　　　　　　　　정답: (B)

Day
18

523 in an effort to improve employee _____

(A) productivity
(B) possibility
(C) complexity
(D) necessity

524 an _____ of construction materials

(A) estimates
(B) estimate
(C) estimated
(D) estimating

525 You are _____ for promotion.

(A) usual
(B) eligible
(C) valuable
(D) wanting

526 even _____ ties between the two countries

(A) strong
(B) stronger
(C) strengthen
(D) strongest

523 　**출제 포인트**　자주 출제되는 '복합 명사'는 평소에 암기해 두어야 한다.

　핵심 보카　(A) **productivity** 생산성, (B) **possibility** 가능성, (C) **complexity** 복잡성, (D) **necessity** 필요성.

　기출 표현　**employee productivity** '직원 생산성' 덩어리 표현을 암기하자.

　해석　직원 생산성을 향상시킬 노력으로

정답: (A)

524 　**출제 포인트**　전치사 of 바로 앞의 빈칸은 '명사'가 정답이다. 부정관사 an 다음에는 '단수 명사'가 나와야 한다.

　핵심 보카　**estimate**는 '추정하다'라는 뜻의 동사와 '견적서'라는 뜻의 명사로 쓰인다.

　기출 표현　**an estimate of the cost** '비용에 대한 견적서' 덩어리 표현을 암기하자.

　해석　건축 자재에 대한 견적서

정답: (B)

525 　**출제 포인트**　자주 출제되는 어휘들을 최대한 많이 암기해 놓자. 보기 중에서 전치사 for와 어울리는 형용사는 'eligible'이다.

　핵심 보카　**eligible**은 '자격이 있는'이라는 뜻의 형용사로 전치사 for나 부정사 to와 함께 어울려 출제된다.

　기출 표현　**eligible for promotion** '승진할 자격이 있는' 덩어리 표현을 암기하자.

　해석　당신은 승진할 자격이 있습니다.

정답: (B)

Day 18

526 　**출제 포인트**　보기를 통해 '비교급'과 '최상급'을 구별하는 문제임을 알 수 있다. **even**은 '심지어'라는 뜻의 부사다. 하지만 '비교급' 앞에 쓰이면 '훨씬'이라는 뜻으로 의미가 변한다.

　핵심 보카　**strong**은 '강력한'이란 뜻의 형용사다. **strength**는 '힘, 강점'이란 뜻의 명사다. **strengthen**은 '강화하다'라는 뜻의 동사다.

　기출 표현　**even stronger** '훨씬 더 강력한' 덩어리 표현을 암기하자.

　해석　두 나라 사이의 훨씬 더 강력한 연대

정답: (B)

527 Mr. Lee is _____ to conserving the environment

(A) dedication
(B) dedicated
(C) dedicating
(D) dedicative

528 The Banquet Hall _____ for the welcome reception.

(A) reservation
(B) has been reserved
(C) reserving
(D) to be reserved

529 a _____ rise in demand

(A) notice
(B) noticing
(C) noticeable
(D) noticeably

530 The company has signed agreement to _____ several properties in Busan.

(A) acquire
(B) acquired
(C) acquiring
(D) acquires

527 출제 포인트 토익은 be동사 다음에 순수한 '형용사'가 정답이 되는 경우가 대부분이다. 하지만 dedicated는 주로 과거분사 형태로 정답이 출제되고 있다.

핵심 보카　dedicated는 '헌신적인'이라는 뜻의 과거분사로 전치사 to와 어울려 출제된다. 동의어 **committed**와 **devoted**도 함께 알아두자.

기출 표현　**dedicated to** '~하는 것에 헌신적인' 덩어리 표현을 암기하자.

해석　미스터리는 환경을 보호하는데 헌신적이다.

정답: (B)

528 출제 포인트　빈칸은 동사 자리다. 빈칸 뒤에 목적어가 없기 때문에 '수동태'가 정답이다.

핵심 보카　**reserve**는 '예약하다'라는 뜻에서 '보유하다'라는 의미로 파생된다. 스펠링이 비슷한 **preserve** '보존하다'도 함께 알아두자.

기출 표현　**has been reserved** '예약 되었다' 덩어리 표현을 암기하자.

해석　연회장이 환영회를 위해서 예약되어 있다.

정답: (B)

529 출제 포인트　명사(rise) 앞의 빈칸은 '형용사'가 정답이다. **rise**는 '오르다'라는 동사와 '증가'라는 뜻의 명사로 동시에 쓰인다.

핵심 보카　**notice**는 '공지'라는 뜻의 명사와 '알아차리다'라는 뜻의 동사다. **noticeable**은 '눈에 띄는'이라는 뜻의 형용사다.

기출 표현　**a noticeable rise** '눈에 띄는 증가' 덩어리 표현을 암기하자.

해석　수요에 있어서 눈에 띄는 증가

정답: (C)

Day 18

530 출제 포인트　'주어+동사+목적어'의 완전한 문장 다음의 'to+동사원형'은 '~하기 위해서'라고 해석된다.

핵심 보카　**acquire**는 지식을 '습득하다'와 기업을 '인수하다'라는 뜻의 동사다.

기출 표현　**acquire the property** '부동산을 매입하다' 덩어리 표현을 암기하자.

해석　그 회사는 부산에 있는 여러 부동산을 구매하는 계약에 서명했다.

정답: (A)

531 the _____ efforts to attract young adults

(A) deliberates
(B) deliberate
(C) deliberately
(D) deliberating

532 A new parking lot is currently under _____.

(A) construct
(B) constructive
(C) construction
(D) constructed

533 an exceptionally _____ worker

(A) energy
(B) energize
(C) energetic
(D) energetically

534 It is _____ to make hotel reservations in advance.

(A) necessary
(B) necessarily
(C) necessitate
(D) necessity

531 출제 포인트 명사(efforts) 앞의 빈칸은 '형용사'가 정답이다. 형용사를 모를 경우 보기 중에 -ly를 삭제하고 남은 것이 형용사다.

    핵심 보카 **deliberate**은 '신중한, 의도적인'이란 형용사와 '심사숙고하다'라는 뜻의 동사로 동시에 쓰인다. **deliberatlely**는 '신중하게, 고의적으로'라는 뜻의 부사다.

    기출 표현 **deliberate efforts** '의도적인 노력' 덩어리 표현을 암기하자.

    해석 젊은 층들을 끌어들이려는 의도적인 노력

                                                         정답: (B)

532 출제 포인트 전치사(under) 다음의 빈칸은 '명사'가 정답이다.

    핵심 보카 **construct**는 '건설하다'라는 뜻의 동사다. **constructive**는 '건설적인'이란 뜻의 형용사다. **construction**은 '건설'이라는 뜻의 명사다.

    기출 표현 **under construction** '공사 중인' 덩어리 표현을 암기하자.

    해석 새로운 주차장이 현재 공사 중이다.

                                                         정답: (C)

533 출제 포인트 명사(worker) 앞의 빈칸은 '형용사'가 정답이다.

    핵심 보카 **energetic**은 '활기찬'이란 뜻의 형용사다. **energize**는 '활기를 붇돋우다'라는 뜻의 동사다.

    기출 표현 **energetic worker** '활기찬 직원' 덩어리 표현을 암기하자.

    해석 특히 활기찬 직원

Day 18

                                                         정답: (C)

534 출제 포인트 It is 다음의 빈칸은 '형용사'가 정답이다.

    핵심 보카 **necessary**는 '필요한'이란 뜻의 형용사다. **necessarily**는 '반드시, 필연적으로'라는 뜻의 부사다. **necessitate**는 '필요하게 만들다'라는 뜻의 동사다. **necessity**는 '필요, 필수품'이라는 뜻의 명사다.

    기출 표현 **It is necessary to do** '~하는 것이 필요하다' 덩어리 표현을 암기하자.

    해석 미리 호텔 예약을 하는 것은 꼭 필요하다.

                                                         정답: (A)

535 equipped with _____ cameras

(A) automatic
(B) automatically
(C) automaticity
(D) automated

536 A new policy for refunds _____ as of next month.

(A) will be implemented
(B) are implementing
(C) to implement
(D) implement

537 Green Energy has announced to _____ that S+V···.

(A) invest
(B) investors
(C) investments
(D) investing

538 There is some _____ regarding the price.

(A) confuse
(B) confusion
(C) confused
(D) confusing

535
출제 포인트 명사(cameras) 앞의 빈칸은 '형용사'가 정답이다.

핵심 보카 **automatic**은 '자동의'라는 뜻의 형용사다. **automatically**는 '자동적으로'라는 뜻의 부사다. **automate**는 '자동화하다'라는 뜻의 동사다.

기출 표현 **automatic cameras** '자동 카메라' 덩어리 표현을 암기하자.

해석 자동 카메라를 장착한

정답: **(A)**

536 **출제 포인트** 빈칸은 '동사' 자리이고, 빈칸 뒤에 목적어가 없기 때문에 '수동태'가 정답이다.

핵심 보카 **implement**는 명사로 착각하기 쉽다. 하지만 '시행하다, 이행하다'라는 뜻의 동사로 토익에 많이 출제되는 단어다.

기출 표현 **will be implemented** '시행될 것이다' 덩어리 표현을 암기하자.

해석 환불에 대한 새로운 정책이 다음 달부터 시행될 것이다.

정답: **(A)**

537 **출제 포인트** 사람명사와 사물명사를 의미상 구별할 수 있어야 한다. announce는 전치사 to 다음에 '사람명사'가 정답이다.

핵심 보카 **invest**는 '투자하다'라는 뜻으로 전치사 in과 어울려 출제된다. **investor**는 '투자자'라는 뜻의 사람 명사다. **investment**는 '투자'라는 뜻의 개념 명사다.

기출 표현 **announce to investors** '투자자들에게 알리다' 덩어리 표현을 암기하자.

해석 그린 에너지사는 투자자들에게 알렸다.

정답: **(B)**

Day 18

538 **출제 포인트** There is 다음에는 '단수명사'가 정답이다.

핵심 보카 **confuse**는 '혼란시키다'라는 뜻의 동사다. **confusion**은 '혼란, 혼동'이란 뜻의 명사다.

기출 표현 **There is some confusion.** '약간의 혼란이 있다' 덩어리 표현을 암기하자.

해석 새로운 시스템에 대한 약간의 혼란이 있다.

정답: **(B)**

539 Your salary will be _____ deposited into your bank account.

(A) automated
(B) automatic
(C) automatically
(D) automate

540 _____ sales experience would be helpful, S+V⋯.

(A) Otherwise
(B) Although
(C) Despite
(D) Regarding

539 출제 포인트 be동사와 과거분사, 즉 수동태 사이의 빈칸은 '부사'가 정답이다.

핵심 보카 deposit은 동사일 경우는 '예금하다'라는 뜻이고, 명사로 쓰일 경우는 '보증금'이라는 뜻이다.

기출 표현 will be automatically deposited '자동적으로 입금될 것이다' 덩어리 표현을 암기하자.

해석 당신의 월급이 은행 계좌에 자동적으로 입금될 것이다.

정답: (C)

540 출제 포인트 '전치사'와 '접속사'를 구별하는 문제다. 빈칸 다음에 주어와 동사가 나왔기 때문에 '접속사'가 정답이다. '~임에도 불구하고' although, though, even though, even if '접속사를 암기하자.

핵심 보카 (A) otherwise는 '그렇지 않으면' 접속부사다. (B) although는 '반대' 접속사다. (C) despite는 '반대' 전치사다. (D) regarding은 '~대해서' 전치사다.

기출 표현 Although S+V … '비록 ~임에도 불구하고' 덩어리 표현을 암기하자.

해석 판매 경험이 도움이 됐음에도 불구하고

정답: (B)

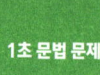
DAY 18
Daily Checkup
기출 표현 암기하기

511	It is vital that …	~하는 것이 필수적이다
512	increasingly popular	점점 더 인기 있는
513	throughout the country	전국에 걸쳐서
514	many surveys	많은 설문조사들
515	unless accompanied by	만약 동반하지 않으면
516	financial conditions	재정적인 상태
517	restricted to authorized personnel	인가받은 직원들에게만 제한된
518	answer the telephone	전화를 받다
519	initial stage	초기의 단계
520	attached instructions	첨부된 설명서
521	written authorization	서면 허가
522	Since the weather is nice	날씨가 좋으니까
523	employee productivity	직원 생산성
524	an estimate of the cost	비용에 대한 견적서
525	eligible for promotion	승진할 자격이 있는
526	even stronger	훨씬 더 강력한
527	dedicated to	~하는 것에 헌신적인
528	has been reserved	예약 되었다
529	a noticeable rise	눈에 띄는 증가
530	acquire the property	부동산을 매입하다
531	deliberate efforts	의도적인 노력
532	under construction	공사 중인
533	energetic worker	활기찬 직원
534	It is necessary to do	~하는 것이 필요하다
535	automatic cameras	자동 카메라
536	will be implemented	시행될 것이다
537	announce to investors	투자자들에게 알리다
538	There is some confusion.	약간의 혼란이 있다
539	will be automatically deposited	자동적으로 입금될 것이다
540	Although S+V …	비록 ~임에도 불구하고

DAY **19**

541 Mr. Lee _____ presented the advantages of the new technology.

(A) convinces
(B) convince
(C) convincingly
(D) convincing

542 in _____ with safety regulations

(A) accordance
(B) accordingly
(C) according
(D) accorded

543 have been _____ damaged while in transit

(A) severe
(B) severely
(C) severeness
(D) severity

544 one of the most _____ authors in the world

(A) accomplishes
(B) accomplishment
(C) accomplished
(D) accomplish

541 `출제 포인트` 주어와 동사 사이의 빈칸은 '부사'가 정답이다.

`핵심 보카` **convince**는 '설득하다, 확신시키다'라는 뜻의 동사다. **convincing**은 '설득력 있는, 확신을 주는'이라는 뜻의 형용사다. **convincingly**는 '설득력 있게'라는 뜻의 부사다.

`기출 표현` **convincingly present** '설득력 있게 제시하다' 덩어리 표현을 암기하자.

`해석` 미스터리는 새로운 기술의 장점을 설득력 있게 발표했다.

정답: (C)

542 `출제 포인트` 전치사(in)와 전치사(with) 사이에 빈칸은 '명사'가 정답이다. **according to** '~에 따라서'라는 뜻의 전치사다. 오답에 속지 말자!

`핵심 보카` **accord**는 '일치하다, 조화하다'라는 뜻의 동사다. **accordance**는 '일치, 조화'라는 뜻의 명사다.

`기출 표현` **in accordance with** '~에 따라 준수하여' 덩어리 표현을 암기하자.

`해석` 안전 규정에 따라서

정답: (A)

543 `출제 포인트` 수동태 사이의 빈칸은 '부사'가 정답이다.

`핵심 보카` **severe**는 '극심한, 열악한'이란 뜻의 형용사다. **severely**는 '극심하게, 엄격하게'라는 뜻의 부사다.

`기출 표현` **severely damaged** '심하게 손상된' 덩어리 표현을 암기하자.

`해석` 운송 중에 심하게 손상되었다.

정답: (B)

544 `출제 포인트` 명사(authors) 앞에 '분사'가 나올 수 있다.

`핵심 보카` **accomplished**는 이미 상당한 업적을 성취하여 자리를 잡은 '뛰어난, 숙련된'이란 뜻의 형용사화된 과거분사다.

`기출 표현` **accomplished author** '유명작가' 덩어리 표현을 암기하자.

`해석` 세계에서 가장 뛰어난 작가들 중의 한 사람

정답: (C)

Day 19

545 show commitment _____ the company

(A) over
(B) in
(C) to
(D) against

546 The committee unanimously _____ Mr. Lee as the Employee of the Year.

(A) select
(B) selecting
(C) selected
(D) was selected

547 the _____ advertising strategy

(A) revising
(B) revision
(C) revise
(D) revised

548 the _____ of its market share

(A) expand
(B) expands
(C) expansion
(D) expansive

545 commitment 다음에는 전치사 to와 함께 어울려 출제된다.

핵심 보카 **commitment**는 '헌신, 전념'이라는 뜻의 명사다. 동의어 **dedication** 과 **devotion**도 전치사 **to**와 어울려 쓰인다.

기출 표현 **commitment to the company** '회사에 대한 헌신' 덩어리 표현을 암 기하자.

해석 회사에 대한 헌신을 보이다

정답: (C)

546 **출제 포인트** 주어(committee)가 단수이기 때문에 '단수 동사'가 나와야 한다. 그리고 빈칸 뒤에 목적어가 나왔기 때문에 '능동태'가 정답이다.

핵심 보카 **unanimously**는 '만장일치로'라는 뜻의 부사다.

기출 표현 **unanimously select** '만장일치로 선택하다' 덩어리 표현을 암기하자.

해석 위원회는 이달의 직원으로 미스터리를 만장일치로 선택했다.

정답: (C)

547 **출제 포인트** **advertising**은 '광고'라는 뜻으로 동명사가 명사로 완전히 굳어진 단어 다. 명사 앞의 빈칸은 '형용사'가 정답이다. 형용사가 없을 때 '분사'가 정 답이 될 수 있다.

핵심 보카 **revise**는 '수정하다'라는 뜻의 동사다. **revision**은 '수정'이란 뜻의 명 사다.

기출 표현 **revised advertising strategy** '수정된 광고 전략' 덩어리 표현을 암 기하자.

해석 수정된 광고 전략

정답: (D)

Day 19

548 **출제 포인트** 관사 the와 전치사 of 사이의 빈칸은 '명사'가 정답이다.

핵심 보카 **expand**는 '확장하다'라는 뜻의 동사다. **expansion**은 '확장'이란 뜻이 명사다.

기출 표현 **the expansion of market share** '시장 점유율의 확장' 덩어리 표현 을 암기하자.

해석 시장 점유율의 확대

정답: (C)

549 We sincerely apologize _____ any inconvenience.

(A) to
(B) for
(C) from
(D) around

550 _____ to unexpected system failures

(A) nevertheless
(B) however
(C) because
(D) owing

551 It is _____ walking distance.

(A) across
(B) within
(C) in front of
(D) nearby

552 The work is proceeding _____ .

(A) steady
(B) steadily
(C) steadiness
(D) steadied

549 사과의 이유가 무엇인지는 전치사 '**for**' 다음에 나온다.

apologize는 '사과하다'라는 뜻의 동사다. **apology**는 '사과'라는 뜻의 명사다.

apologize for any inconvenience '어떤 불편에 대해서도 사과드립니다' 덩어리 표현을 암기하자.

저희가 끼친 불편함에 대해서 진심으로 사과드립니다.

정답: (B)

550 빈칸 뒤의 to와 어울리는 덩어리 표현을 알고 있어야 한다.

owing to는 '~때문에'라는 뜻의 전치사다. '이유'를 의미하는 전치사 **because of**와 **due to**도 함께 암기해 두자.

owing to '~때문에' 덩어리 표현을 암기하자.

예상치 못한 시스템의 고장 때문에

정답: (D)

551 전치사는 뒤에 나오는 명사와의 어울림을 잘 파악해야 한다.

within은 시간의 범위뿐만 아니라 '특정 거리 이내에'로도 사용된다.

within walking distance '걸어갈 수 있는 거리에' 덩어리 표현을 암기하자.

걸어갈 수 있는 거리에 있다.

정답: (B)

552 자동사 다음의 빈칸은 '부사'가 정답이다.

proceed는 '나아가다, 진행되다'라는 뜻의 자동사이다. **proceeds**처럼 복수형이 되면 '수익금'이라는 뜻이 된다는 것에 주의하자.

proceed steadily '꾸준히 진행되다' 덩어리 표현을 암기하자.

일이 꾸준히 진행 중이다.

정답: (B)

Day 19

553 The goal of this program _____ all customer complaints quickly.

(A) had resolved
(B) is to resolve
(C) is resolve
(D) resolve

554 We are committed to _____ high quality services.

(A) offering
(B) offer
(C) offered
(D) be offered

555 Employees are advised to keep a _____ receipt and submit it upon arrival.

(A) valid
(B) detailed
(C) unclaimed
(D) tentative

556 If the city council _____ a building plan tomorrow, S+V···.

(A) approves
(B) approvable
(C) approvingly
(D) approval

553 **출제 포인트** '목적, 목표'에 해당하는 명사 **purpose**, **goal**, **aim**, **objective**가 나오면 'is to+동사원형'이 정답이다.

핵심 보카 **resolve**는 '결심하다, 해결하다'라는 뜻의 동사다. **resolution**은 '결심, 해결'이라는 뜻의 명사다.

기출 표현 **resolve customer complaints** '고객 불만을 해결하다' 덩어리 표현을 암기하자.

해석 이 프로그램의 목적은 모든 고객 불만들을 신속하게 해결하는 것이다.

정답: (B)

554 **출제 포인트** 빈칸 앞의 **to**가 '전치사'인지 '부정사'인지 구별할 수 있어야한다.

핵심 보카 **committed**는 '헌신적인, 전념하는'이라는 뜻의 과거분사로 '전치사' **to**와 잘 어울려 출제된다. 동의어 **dedicated**와 **devoted**도 뒤에 전치사 **to**가 나온다.

기출 표현 **committed to offering** '제공하는데 전념하는' 덩어리 표현을 암기하자.

해석 우리는 고품질의 서비스를 제공하는 데 최선을 다하고 있습니다.

정답: (A)

555 **출제 포인트** 단어를 개별적으로 외우지 말고, 서로 잘 어울려 다니는 '덩어리 표현'을 최대한 많이 암기해 두어야 한다.

핵심 보카 (A) **valid receipt** 유효한 영수증, (B) **detailed information** 자세한 정보, (C) **unclaimed item** 주인 없는 물건, (D) **tentative schedule** 임시 일정표.

기출 표현 **valid receipt** '유효한 영수증' 덩어리 표현을 암기하자.

해석 직원들은 유효한 영수증을 보관하고 있다가 도착하자마자 제출해야 한다.

정답: (A)

Day 19

556 **출제 포인트** 접속사(If) 다음에 주어와 동사가 나와야 한다. 빈칸은 '동사 자리'다.

핵심 보카 **approve**는 '승인하다'라는 뜻의 동사다. **approval**은 '승인'이라는 뜻의 명사다.

기출 표현 **approve a building plan** '건축 계획을 승인하다' 덩어리 표현을 암기하자.

해석 만약 시 의회가 내일 건축 계획을 승인한다면

정답: (A)

557 Mr. Lee has many friends and _____ .

(A) acquainted
(B) acquainting
(C) acquaintance
(D) acquaintances

558 They are concerned _____ the security.

(A) of
(B) in
(C) about
(D) through

559 The washing machine _____ .

(A) repairs
(B) is repairing
(C) has repaired
(D) is being repaired

560 Mr. Lee entered customer data _____ in the new system.

(A) accurate
(B) accurately
(C) accuracy
(D) accurateness

557 **출제 포인트** and 앞뒤에 빈칸이 있으면 같은 형태의 품사가 나와야 한다. and 앞에 복수명사(friends)가 나왔기 때문에 빈칸도 '복수명사'가 정답이다.

핵심 보카 acquaint는 '익히다, 숙지시키다'라는 뜻의 동사다. acquaintance는 '숙지'라는 뜻의 명사다. 하지만 토익에서는 아는 사람을 의미하는 '지인'이라는 뜻의 사람 명사로 더 많이 출제된다.

기출 표현 many friends and acquaintances '많은 친구들과 지인들' 덩어리 표현을 암기하자.

해석 미스터리는 친구와 지인이 많다.

정답: (D)

558 **출제 포인트** concerned과 어울려 쓰이는 전치사는 무엇일까?

핵심 보카 전치사 about의 기본 기념은 '주변'이다. 주변이라는 이미지로부터 '대략'과 '~에 대해서'라는 의미로 파생되어 간다.

기출 표현 concerned about the security '보안에 대해 걱정하는' 덩어리 표현을 암기하자.

해석 그들은 보안에 대해서 걱정한다.

정답: (C)

559 **출제 포인트** 세탁기가 수리되는 것이기 때문에 '수동태'가 되어야 한다.

핵심 보카 repair는 '수리'라는 뜻의 명사와 '수리하다'의 뜻의 동사가 동시에 되는 단어다.

기출 표현 is being repaired '수리되고 있는 중이다' 덩어리 표현을 암기하자.

해석 세탁기가 수리되고 있는 중이다.

정답: (D)

Day 19

560 **출제 포인트** '주어+동사+목적어'의 완전한 문장 다음의 빈칸은 '부사'가 정답이다.

핵심 보카 accurate은 '정확한'이란 뜻의 형용사다. accurately는 '정확하게'라는 뜻의 부사다. accuracy는 '정확도'라는 뜻의 명사다.

기출 표현 enter the data accurately '자료를 정확하게 입력하다' 덩어리 표현을 암기하자.

해석 미스터리는 새로운 시스템에 고객 데이터를 정확하게 입력했다.

정답: (B)

561 Mr. Lee _____ declined the offer.

(A) respectfully
(B) respected
(C) respecting
(D) respectful

562 All articles must be written _____ for the publication.

(A) expressing
(B) expresses
(C) expressly
(D) expressive

563 one of the most popular tourist _____ in the city

(A) attract
(B) attractive
(C) attraction
(D) attractions

564 begin _____ at 9:00 in the morning

(A) precise
(B) precisely
(C) precision
(D) preciseness

561 `출제 포인트` 주어와 동사 사이의 빈칸은 '부사'가 정답이다.

`핵심 보카` **decline**은 '하락, 쇠퇴, 줄어들다'라는 뜻으로 명사와 동사가 동시에 된다. 주의할 점은 목적어로 제안이나 초대가 나오면 '거절하다'라는 뜻이 된다는 것이다.

`기출 표현` **respectfully decline the invitation** '정중하게 초대를 거절하다' 덩어리 표현을 암기하자.

`해석` 미스터리는 정중하게 초대를 거절했다.

정답: (A)

562 `출제 포인트` 수동태 다음의 빈칸은 '부사'가 정답이다.

`핵심 보카` '밖으로(ex)+누르다(press)'의 어원을 가지고 있는 **express**는 감정을 '표현하다'라는 동사와 '신속한, 급행의'라는 형용사가 동시에 되는 단어다. **expressly**는 '분명히, 명확하게'라는 뜻의 부사다.

`기출 표현` **must be written expressly** '명확하게 작성되어야 한다' 덩어리 표현을 암기하자.

`해석` 모든 기사들은 공개를 위해서 명확하게 작성되어야 한다.

정답: (C)

563 `출제 포인트` one of the 다음에는 '복수명사'가 정답이다.

`핵심 보카` 매력이 있으면 끌리게 되어 있다. **attract**는 '끌어당기다'라는 뜻의 동사다. **attractive**는 '마음을 끄는'이라는 뜻에서 '매력적인'이라는 의미가 된다. **attraction**은 '매력'이라는 뜻에서 '관광명소'라는 의미로 발전하게 된다.

`기출 표현` **popular tourist attractions** '인기 있는 관광명소' 덩어리 표현을 암기하자.

`해석` 이 도시에서 가장 인기 있는 관광명소 중 하나

정답: (D)

Day 19

564 `출제 포인트` 시간 앞에 빈칸이 있을 때 '**precisely**'가 정답이다.

`핵심 보카` **precise**는 '정확한'이란 뜻의 형용사다. **precisely**는 '정확히'라는 뜻의 부사다. **precision**은 '정확'이란 뜻이고, **preciseness**는 '정밀성'이란 뜻의 명사다.

`기출 표현` **precisely at 9 o'clock** '9시 정각에' 덩어리 표현을 암기하자.

`해석` 아침 9시에 정확히 시작한다.

정답: (B)

565 according to sales _____

    (A) performed
    (B) performing
    (C) performance
    (D) performer

566 All _____ will receive gift voucher.

    (A) Participating
    (B) Participants
    (C) Participation
    (D) Participant

567 _____ who wish to participate in the seminar must register in advance.

    (A) This
    (B) These
    (C) That
    (D) Those

568 _____ of the passengers is properly seated.

    (A) Every
    (B) All
    (C) Each
    (D) Much

565 출제 포인트 　according to는 '~에 따르면'이라는 뜻의 전치사이다. 따라서 빈칸은 '명사' 자리이다.

핵심 보카 　perform은 '공연하다, 수행하다'라는 뜻의 동사다. performer는 '연주자'라는 뜻의 사람 명사다. performance '공연, 실적'이라는 뜻의 개념 명사다.

기출 표현 　sales performance '판매 실적' 덩어리 표현을 암기하자.

해석 　판매 실적에 따르면

정답: (C)

566 출제 포인트 　수량 형용사 All 다음의 빈칸은 '복수명사'가 정답이다.

핵심 보카 　participant는 '참가자'라는 뜻의 사람 명사다. participation은 '참석'이라는 뜻의 개념 명사다.

기출 표현 　all participants '모든 참가자들' 덩어리 표현을 암기하자.

해석 　모든 참석자들은 상품권을 받을 것이다.

정답: (B)

567 출제 포인트 　'사람들'이라는 의미로 쓰이는 Those는 동사가 바로 나오지 않고, 주어와 동사가 멀리 떨어져 있는 문장구조를 취한다.

핵심 보카 　'이것' this의 복수형은 these다. '저것' that의 복수형은 those다.

기출 표현 　Those who '~하는 사람들' 덩어리 표현을 암기하자.

해석 　세미나에 참석하고 싶은 사람들은 미리 등록해야 한다.

정답: (D)

568 출제 포인트 　수량 형용사는 단·복수에 민감하게 반응해야 한다. Each of the '복수명사' 다음에는 '단수동사'가 나온다. 반면에 All of the '복수명사' 다음에 '복수동사'가 나온다.

핵심 보카 　passenger는 '승객'이란 뜻의 명사다.

기출 표현 　each of the passengers '각각의 승객들' 덩어리 표현을 암기하자.

해석 　각각의 승객들이 제자리에 앉아 있다.

정답: (C)

Day
19

569 The opening ceremony was well _____.

(A) publicize
(B) publicizing
(C) publicized
(D) publicity

570 Mr. Lee was _____ the outstanding candidates.

(A) on
(B) among
(C) during
(D) up

569 출제 포인트 well은 '잘'이라는 뜻의 부사다. be동사 다음에 빈칸이 있고, 뒤에 마침표가 나와서 끊기면 '수동태'가 정답이다.

핵심 보카 public은 '공공의'라는 뜻의 형용사와 '대중'이라는 뜻의 명사다. publicize는 '알리다, 홍보하다'라는 뜻의 동사다. publication은 '출판물'이란 뜻의 명사다. publicity는 '홍보'라는 뜻의 명사다.

기출 표현 well publicized '잘 홍보된' 덩어리 표현을 암기하자.

해석 개업식이 잘 홍보되었다.

정답: (C)

570 출제 포인트 전치사 among은 많은 것들에 둘러싸여 있는 '매몰'의 이미지가 기본 개념이다. '~의 사이에'라는 의미에서 '~중 하나'라는 예시의 의미가 생겨났다. among 다음에는 항상 '복수명사'가 나온다는 것이 특징이다.

핵심 보카 candidate는 선거의 '후보자'라는 뜻과 일자리의 '지원자'라는 뜻이 있는데, 토익에서는 주로 '지원자'라는 뜻으로 쓰인다. 동의어 applicant도 함께 알아두자.

기출 표현 among the candidates '지원자들 중에서' 덩어리 표현을 암기하자.

해석 미스터리는 뛰어난 지원자들 중의 한 명이다.

정답: (B)

Day
19

DAY 19
Daily Checkup
기출 표현 암기하기

541	convincingly present	설득력 있게 제시하다
542	in accordance with	~에 따라 준수하여
543	severely damaged	심하게 손상된
544	accomplished author	유명작가
545	commitment to the company	회사에 대한 헌신
546	unanimously select	만장일치로 선택하다
547	revised advertising strategy	수정된 광고 전략
548	the expansion of market share	시장 점유율의 확장
549	apologize for any inconvenience	어떤 불편에 대해서도 사과드립니다
550	owing to	~때문에
551	within walking distance	걸어갈 수 있는 거리에
552	proceed steadily	꾸준히 진행되다
553	resolve customer complaints	고객 불만을 해결하다
554	committed to offering	제공하는데 전념하는
555	valid receipt	유효한 영수증
556	approve a building plan	건축 계획을 승인하다
557	many friends and acquaintances	많은 친구들과 지인들
558	concerned about the security	보안에 대해 걱정하는
559	is being repaired	수리되고 있는 중이다
560	enter the data accurately	자료를 정확하게 입력하다
561	respectfully decline the invitation	정중하게 초대를 거절하다
562	must be written expressly	명확하게 작성되어야 한다
563	popular tourist attractions	인기있는 관광명소
564	precisely at 9 o'clock	9시 정각에
565	sales performance	판매 실적
566	all participants	모든 참가자들
567	Those who	~하는 사람들
568	each of the passengers	각각의 승객들
569	well publicized	잘 홍보된
570	among the candidates	지원자들 중에서

DAY 20

571 information _____ reimbursement procedures

(A) regard
(B) regards
(C) regarding
(D) regarded

572 because it _____ authentic artworks

(A) feature
(B) features
(C) to feature
(D) featuring

573 All employees _____ to participate in the seminar.

(A) to invite
(B) invite
(C) inviting
(D) are invited

574 If you are _____ in attending the workshop,

(A) interest
(B) interesting
(C) interests
(D) interested

571

571 출제 포인트 about 대용의 전치사에는 regarding과 concerning이 있다.

핵심 보카 **regard**는 명사로 '관심, 평가, 존경'이라는 뜻이고, 동사는 '간주하다'라는 뜻이다. ~ing을 붙여 **regarding**이 되면 '~관해서'라는 뜻의 전치사가 된다. 비슷한 의미로 **concerning**도 '~관해서'라는 뜻의 전치사이다.

기출 표현 **information regarding the procedures** '절차에 대한 정보' 덩어리 표현을 암기하자.

해석 환급 절차에 대한 정보

정답: (C)

572 출제 포인트 접속사(because) 다음에는 주어와 동사가 나와야 한다. 주어가 단수 it이기 때문에 동사도 단수가 나와야 한다. '동사s'는 단수라는 사실을 꼭 기억하자.

핵심 보카 **feature**는 명사와 동사가 동시에 되는 단어다. 명사는 '특징'이라는 뜻이고, 동사는 '특별히 포함하다'라는 뜻이다.

기출 표현 **feature authentic artworks** '진품들을 특별히 포함하다' 덩어리 표현을 암기하자.

해석 왜냐하면 그것이 진품들을 특별히 포함하기 때문에

정답: (B)

573 출제 포인트 수동태 다음에 'to+동사원형'이 나오는 문장구조에 익숙해 져야 한다.

핵심 보카 **invite**는 '초대하다'라는 뜻에서 '요청하다'의 의미로 확장되어 간다.

기출 표현 **are invited to participate** '참석하도록 요청받는다' 덩어리 표현을 암기하자.

해석 모든 직원들은 세미나에 참석하도록 요청받는다.

정답: (D)

574 출제 포인트 be동사 다음에 과거분사, 즉 '수동태'가 정답이다.

핵심 보카 **interest**는 '이익, 이자, 관심'이라는 뜻의 명사와 '관심을 갖게 하다'라는 뜻의 동사가 동시에 되는 단어다. **interesting**은 '흥미로운'이란 뜻이고, **interested**는 '관심 있는'이란 뜻으로 전치사 **in**과 어울려 출제된다.

기출 표현 **If you are interested in** '만약 ~에 관심이 있다면' 덩어리 표현을 암기하자.

해석 만약 당신이 워크샵 참석에 관심이 있다면

정답: (D)

Day 20

575 The executive board has not _____ next year's budget plan yet.

(A) final
(B) finally
(C) finalized
(D) finalize

576 It is imperative that computer passwords _____ kept confidential.

(A) were
(B) be
(C) being
(D) had been

577 The ability _____ the confidence is essential.

(A) to gain
(B) gains
(C) be gained
(D) gain

578 Mr. Lee is scheduled _____ from his vacation next week.

(A) returning
(B) returns
(C) returned
(D) to return

575 **출제 포인트** 현재완료의 형태일 경우 has 다음의 빈칸은 '과거분사'가 정답이다.

핵심 보카 final은 '마지막의'이란 뜻의 형용사다. finally는 '마침내'라는 뜻의 부사다. finalize는 '마무리하다, 종결하다'라는 뜻의 동사다.

기출 표현 have not finalized '아직 마무리하지 못했다' 덩어리 표현을 암기하자.

해석 경영진은 내년의 예산 계획을 아직 마무리하지 못했다.

정답: (C)

576 **출제 포인트** It is imperative that 다음에는 조동사 should를 생략하고 '동사원형'이 나와야 한다.

핵심 보카 imperative는 반드시 해야 하는 '필수적인'이란 뜻의 형용사다.

기출 표현 It is imperative that '~하는 것이 필수적이다' 덩어리 표현을 암기하자.

해석 컴퓨터 비밀번호가 기밀인 상태로 반드시 유지되어야 한다.

정답: (B)

577 **출제 포인트** ability 다음의 빈칸은 'to+동사원형'이 정답이다.

핵심 보카 gain은 '얻다'라는 뜻의 동사다.

기출 표현 ability to gain confidence '신뢰를 얻을 수 있는 능력' 덩어리 표현을 암기하자.

해석 신뢰를 얻을 수 있는 능력은 필수적이다.

정답: (A)

578 **출제 포인트** be scheduled 다음에 'to+동사원형'이 정답이다.

핵심 보카 schedule은 명사뿐만 아니라 '일정을 잡다'라는 뜻의 동사로 자주 쓰인다.

기출 표현 is scheduled to do '~하기로 되어 있다' 덩어리 표현을 암기하자.

해석 미스터리는 다음 주에 휴가에서 돌아오기로 되어 있다.

정답: (D)

Day
20

579 I look forward to _____ from you soon.

(A) hear
(B) hears
(C) heard
(D) hearing

580 Employees are invited _____ an annual workshop.

(A) attends
(B) to attend
(C) attending
(D) having attended

581 Please take it to any _____ service center for prompt repair.

(A) authorized
(B) authorization
(C) authority
(D) authorize

582 a _____ amount of time to ask questions

(A) generous
(B) generously
(C) generosity
(D) generousness

579 　**출제 포인트** look forward to에서 to는 전치사이다. 따라서 빈칸은 '동명사'가 정답이다.

　핵심 보카 **forward**는 '앞으로'라는 부사와 '전송하다'라는 뜻의 동사로 쓰인다.

　기출 표현 **look forward to hearing** '소식 듣기를 기대합니다' 덩어리 표현을 암기하자.

　해석 나는 당신으로부터 곧 소식을 듣기를 기대합니다.

정답: (D)

580 　**출제 포인트** be invited 다음의 빈칸은 'to+동사원형'이 정답이다.

　핵심 보카 **invite**는 '초대하다'라는 뜻에서 '요청하다'라는 의미로 파생된다.

　기출 표현 **are invited to attend** '참석하는 것이 권장된다' 덩어리 표현을 암기하자.

　해석 직원들은 연례 워크샵에 참석하도록 권해진다.

정답: (B)

581 　**출제 포인트** 명사 앞의 빈칸은 '형용사'가 정답이다. 하지만 보기 중에 형용사가 없을 때 '분사'가 정답이 될 수 있다.

　핵심 보카 '저자'라는 뜻의 **author**에서 파생된 **authorize**는 '허가하다, 권한을 부여하다'라는 뜻의 동사다. **authorization**은 '허가, 인가'라는 뜻의 명사다. **authority**는 '권한, 권위자, 정부당국'이라는 뜻의 명사다.

　기출 표현 **authorized service center** '공인된 서비스 센터' 덩어리 표현을 암기하자.

　해석 신속한 수리를 위해서 공인된 서비스 센터로 가지고 가세요.

정답: (A)

582 　**출제 포인트** 명사(amount) 앞의 빈칸은 '형용사'가 정답이다.

　핵심 보카 **generous**는 '관대한, 너그러운'이란 뜻의 형용사다. **generously**는 '관대하게, 아낌없이'라는 뜻의 부사다. **generosity**는 '관대함, 너그러움'이란 뜻의 명사다.

　기출 표현 **a generous amount of time** '넉넉한 양의 시간' 덩어리 표현을 암기하자.

　해석 질문할 수 있는 넉넉한 시간

정답: (A)

Day 20

583 _____ in medical technology have allowed doctors to diagnose illnesses more accurately.

(A) Advance
(B) Advancing
(C) Advancement
(D) Advances

584 The laboratory is fully equipped _____ state-of-the-art equipment.

(A) by
(B) with
(C) in
(D) to

585 Please read the terms and _____ of the contract very carefully.

(A) condition
(B) conditions
(C) conditional
(D) conditioning

586 Any person _____ in a legal case is advised to consult a lawyer.

(A) involving
(B) involves
(C) involve
(D) involved

583 출제 포인트 ┃ 빈칸은 주어 자리, 즉 '명사'가 나와야 한다. 뒤에 복수 동사 have allowed 가 나왔기 때문에 '복수명사'가 정답이다.

핵심 보카 ┃ **advance**는 '전진, 진보, 발전, 사전의, 나아가다, 발전하다'의 뜻으로 명사, 형용사, 동사로 다양한 품사로 쓰인다.

기출 표현 ┃ **advances in medical technology** '의료 기술의 발전' 덩어리 표현 을 암기하자

해석 ┃ 의학 기술의 발전은 의사들이 질병을 더 정확하게 진단하게 해주었다.

정답: (D)

584 출제 포인트 ┃ **equipped**는 전치사 with와 어울려 출제된다.

핵심 보카 ┃ **equip**은 '장비를 갖추다'라는 뜻의 동사. **equipment**는 '장비'라는 뜻으로 셀 수 없는 명사라는 것이 중요하다.

기출 표현 ┃ **fully equipped with** '~을 완벽하게 갖춘' 덩어리 표현을 암기하자.

해석 ┃ 그 실험실은 최신식 장비를 완전히 갖추고 있다.

정답: (B)

585 출제 포인트 ┃ 등위 접속사 **and**를 중심으로 앞뒤를 같은 형태로 일치시켜야 한다. 빈 칸 앞에 복수명사(terms)가 나왔기 때문에 빈칸 뒤에도 '복수명사'가 정 답이다.

핵심 보카 ┃ **terms**는 '기간, 용어, 조건'이라는 3가지 뜻이 있다. '계약서' contract와 어울려 자주 출제된다.

기출 표현 ┃ **terms and conditions** '계약 조건' 덩어리 표현을 암기하자.

해석 ┃ 계약 조건들을 아주 꼼꼼하게 읽어보시기 바랍니다.

정답: (B)

586 출제 포인트 ┃ 과거분사 involved는 전치사 in과 어울려 출제된다. 과거분사가 앞에 있 는 명사(person)를 수식해 주는 문장구조다.

핵심 보카 ┃ **involve**는 '포함하다, 관련시키다'라는 뜻의 동사다. **involved**는 '관련 된, 연루된'이란 뜻의 과거분사다.

기출 표현 ┃ **any person involved in the case** '그 사건에 연루된 사람' 덩어리 표현을 암기하자.

해석 ┃ 그 법률 사건에 관련된 사람은 변호사와 상담해야 한다.

정답: (D)

Day 20

587 If you _____ have any question, please contact us.

(A) would
(B) could
(C) should
(D) will

588 new _____ to product development

(A) approach
(B) approaches
(C) approaching
(D) approached

589 _____ you will find my resume and a reference letter.

(A) Enclosed
(B) Enclosure
(C) Enclosing
(D) Enclose

590 in order to enhance their products' _____

(A) to market
(B) marketed
(C) marketable
(D) marketability

587 **출제 포인트** 가정법 If와 어울려 '혹시'라고 해석되는 조동사는 무엇일까?

핵심 보카 should는 '~해야 한다'라는 뜻의 조동사다. 하지만 가정법 If와 함께 쓰이면 '혹시'라는 뜻이 된다.

기출 표현 If you should have any question, '만약 혹시 질문이 있으면' 덩어리 표현을 암기하자.

해석 만약 혹시 질문이 있으면, 저희에게 연락하세요.

정답: (C)

588 **출제 포인트** 형용사(new) 다음의 빈칸은 '명사'가 정답이다. 빈칸 앞에 a가 없기 때문에 '복수명사'가 정답이다.

핵심 보카 approach는 '접근, 접근하다'라는 뜻으로 동사와 명사가 동시에 되는 단어다. 주의할 것은 approach는 '셀 수 있는 명사'라는 사실이 중요하다. 반면에 동의어 access는 '셀 수 없는 명사'라는 것을 꼭 기억하자.

기출 표현 new approaches '새로운 접근법' 덩어리 표현을 암기하자.

해석 제품 개발의 새로운 접근법

정답: (B)

589 **출제 포인트** 이력서나 추천서가 동봉되었다는 사실을 강조하고 싶어서 과거분사 'Enclosed'를 문장의 제일 앞으로 도치시킨 문장이다.

핵심 보카 enclosed는 '동봉된'이란 뜻으로 과거분사 형태로 정답이 출제된다.

기출 표현 Enclosed is a resume. '이력서가 동봉되어 있습니다.' 덩어리 표현을 암기하자.

해석 귀하께서는 저의 이력서와 추천서가 동봉되어 있다는 것을 아실 겁니다.

정답: (A)

590 **출제 포인트** 소유격(products) 다음의 빈칸은 '명사'가 정답이다. 단어의 꼬리가 '~ity'로 끝난 것이 명사이다.

핵심 보카 market이 '시장'이라는 뜻은 잘 알고 있을 것이다. 이 단어가 '상품을 내놓다'라는 뜻의 동사가 된다는 것도 꼭 알아두자. marketability는 '시장성'이라는 뜻의 명사다.

기출 표현 products' marketability '상품들의 시장성' 덩어리 표현을 암기하자.

해석 상품들의 시장성을 높이기 위해서

정답: (D)

Day 20

591 Mr. Lee is well _____ by his peers.

(A) respects
(B) respect
(C) respective
(D) respected

592 for its long-term _____ during processing

(A) stable
(B) stabilize
(C) stability
(D) stabilized

593 The Sports complex, _____ will accommodate 75,000 spectators, is currently under construction.

(A) who
(B) whose
(C) which
(D) that

594 The council has begun accepting _____ for Educational Excellence Awards.

(A) nominates
(B) nominations
(C) nominated
(D) nominate

591

출제 포인트 순수한 '형용사'와 '과거분사'의 의미 차이를 알아야 한다.

핵심 보카 **respect**는 '존경, 존경하다'라는 뜻으로 명사와 동사가 동시에 된다. **respectful**은 '존경하는, 공손한'이란 뜻의 형용사다. 하지만 **respective**는 '순서대로, 각각의'라는 뜻의 형용사로 의미가 완전히 달라진다.

기출 표현 **well respected** '매우 존경받는' 덩어리 표현을 암기하자.

해석 미스터리는 동료들에게 매우 존경받는다.

정답: (D)

592

출제 포인트 소유격(its) 다음의 빈칸은 '명사'가 정답이다.

핵심 보카 **stable**은 '안정된'이란 뜻의 형용사다. **stabilize**는 '안정시키다'라는 뜻의 동사다. **stability**는 '안정성'이란 뜻의 명사다.

기출 표현 **long-term stability** '장기간의 안정성' 덩어리 표현을 암기하자.

해석 처리 과정 동안의 장기간의 안정성을 위해서

정답: (C)

593

출제 포인트 빈칸 앞에 사물 명사(complex)가 있고, 뒤에 동사(will)가 나오면 '주격 관계대명사' **which**가 정답이다.

핵심 보카 **complex**는 '복잡한'이란 뜻의 형용사도 되지만, '복합 건물'이란 뜻의 사물 명사도 된다.

기출 표현 **accommodate many spectators** '많은 관중을 수용하다' 덩어리 표현을 암기하자.

해석 75,000명의 관중을 수용할 수 있는 스포츠 단지가 현재 공사 중이다.

정답: (C)

594

출제 포인트 타동사(accept) 다음의 빈칸은 '명사'가 정답이다.

핵심 보카 **nominate**는 후보로 '지명하다, 추천하다'라는 뜻의 동사다. **nomination**은 '지명, 추천'이라는 뜻의 명사다.

기출 표현 **accept nominations** '후보 추천을 받다' 덩어리 표현을 암기하자.

해석 위원회가 교육 우수상에 대한 후보 신청을 받기 시작했다.

정답: (B)

Day
20

595 The delivery date for your order _____ on the shipping method.

(A) have depended
(B) will depend
(C) depending
(D) are depended

596 The medical center has opened a new wellness _____.

(A) facilitator
(B) facility
(C) facilitate
(D) faculty

597 Dr. Bella established _____ as one of the famous physicians in America.

(A) hers
(B) herself
(C) her
(D) She

598 _____ three business days in advance

(A) at least
(B) instead of
(C) by means of
(D) so that

595 　**출제 포인트**　빈칸은 동사 자리이다. 주어가 The delivery date 단수이기 때문에 '단수 동사'가 나와야 한다. is, was, has, does, gets처럼 동사에 **s**가 붙은 것이 단수 동사다.

　핵심 보카　**depend**는 자동사로 전치사 **on**이 바로 뒤에 나온다. '의존하다'라는 뜻에서 '~에 달려있다'라는 의미로 파생된다.

　기출 표현　**depend on the shipping method** '배송 방법에 달려있다' 덩어리 표현을 암기하자.

　해석　귀하의 주문 배송날짜는 운송 방법에 달려있습니다.

정답: (B)

596 　**출제 포인트**　동사와 목적어를 한 덩어리로 암기해야 한다.

　핵심 보카　**facility**는 특정한 장비나 '시설물'을 갖춘 방이나 '건물'을 의미한다. 주로 복수형의 형태 **facilities**로 쓰인다. 스펠링이 비슷한 **faculty**는 '교수진'이라는 뜻으로 독해에서 **professors**로 패러프레이징 된다.

　기출 표현　**open a new wellness facility** '새로운 의료 시설을 열다' 덩어리 표현을 암기하자.

　해석　그 의료 센터는 새로운 건강 시설을 열었다.

정답: (B)

597 　**출제 포인트**　주어(Dr. Juliet)와 목적어가 같은 사람이기 때문에 '셀프대명사'가 정답이다.

　핵심 보카　**establish**는 '설립하다'라는 의미에서 '확립하다'라는 뜻으로 의미가 발전하였다. **establishment**는 이미 설립된 '사업체, 회사, 시설'이라는 전혀 다른 의미가 있다는 것에 주의하자.

　기출 표현　**Dr. Bella established herself.** '벨라 박사는 자신의 자리를 확고히 잡았다' 덩어리 표현을 암기하자.

　해석　벨라 박사는 미국에서 가장 유명한 의사 중에 한 사람으로 자리를 확고히 잡았다.

정답: (B)

Day 20

598 　**출제 포인트**　숫자 앞에 빈칸이 있을 때 정답으로 자주 출제되는 '부사' 어휘들을 암기하자.

　핵심 보카　숫자 앞에 자주 출제되는 단어에는 '**at lease** 적어도, **approximately** 대략, **nearly** 거의, **up to** 최고' 등이 있다.

　기출 표현　**at least** '적어도' 덩어리 표현을 암기하자.

　해석　적어도 3일 전에 미리

정답: (A)

599 The City Community is sponsoring local artists, _____ paintings will be on display from this spring.

(A) who
(B) which
(C) that
(D) whose

600 Mr. Lee joined the BBC and worked as a _____ in Spain.

(A) correspond
(B) corresponding
(C) correspondent
(D) correspondence

599 빈칸 앞에 명사(artists)가 있고, 뒤에도 명사(paintings)가 나오면 '소유격 관계대명사' **whose**가 정답이다.

앞에 나온 명사의 종류가 사람이면 **who**를, 사물이면 **which**를 사용한다. 반면에 **that**은 앞의 명사가 사람이건 사물이건 구분할 필요 없이 모두 쓸 수 있다. 하지만 관계대명사 **that**의 제약조건 2가지는 앞에 콤마나 전치사가 나올 수 없다는 사실을 명심하자.

on display '진열 중인' 덩어리 표현을 암기하자.

시 공동체가 지역 예술가들을 후원해주고 있다. 그들의 그림들이 올해 봄부터 전시될 것이다.

정답: (D)

600 '사람 명사'와 '개념 명사'와의 의미상 차이를 구별할 수 있어야 한다.

correspond는 '일치하다, 서신을 주고받다'라는 뜻의 동사다.
correspondence는 '일치, 편지, 서신교환'이라는 뜻의 불가산명사다.
correspondent는 '특파원, 기자'라는 뜻의 사람 명사다.

as a correspondent '특파원으로서' 덩어리 표현을 암기하자.

미스터리는 BBC에 입사해서 스페인에서 특파원으로 일했다.

정답: (C)

Day 20

DAY 20
Daily Checkup
기출 표현 암기하기

571	information regarding the procedures	절차에 대한 정보
572	feature authentic artworks	진품들을 특별히 포함하다
573	are invited to participate	참석하도록 요청받는다
574	If you are interested in	만약 ~에 관심이 있다면
575	have not finalized	아직 마무리하지 못했다
576	It is imperative that ⋯	~하는 것이 필수적이다
577	ability to gain confidence	신뢰를 얻을 수 있는 능력
578	is scheduled to do	~하기로 되어 있다
579	look forward to hearing	소식 듣기를 기대합니다
580	are invited to attend	참석하는 것이 권장된다
581	authorized service center	공인된 서비스 센터
582	a generous amount of time	넉넉한 양의 시간
583	advances in medical technology	의료 기술의 발전
584	fully equipped with	~을 완벽하게 갖춘
585	terms and conditions	계약 조건
586	any person involved in the case	그 사건에 연루된 사람
587	If you should have any problem	만약 혹시 질문이 있으면
588	new approaches	새로운 접근법
589	Enclosed is a resume.	이력서가 동봉되어 있습니다.
590	products' marketability	상품들의 시장성
591	well respected	매우 존경받는
592	long-term stability	장기간의 안정성
593	accommodate many spectators	많은 관중을 수용하다
594	accept nominations	후보 추천을 받다
595	depend on the shipping method	배송 방법에 달려있다
596	open a new wellness facility	새로운 의료 시설을 열다
597	Dr. Bella established herself.	벨라 박사는 자신의 자리를 확고히 잡았다.
598	at least	적어도
599	on display	진열 중인
600	as a correspondent	특파원으로서

부록
1초 덩어리표현 600

DAY 01
1초 덩어리표현 600

001	a building permit	건축 허가증
002	increase in profits	수익의 증가
003	proceed cautiously	조심스럽게 진행하다
004	proposed site	제안된 부지
005	renew the contract	계약을 갱신하다
006	the restoration of the monument	기념비의 복원
007	will begin shortly	곧 시작할 것이다
008	will be held	열릴 것이다
009	expensive ticket	비싼 입장권
010	use caution	주의하다
011	published report	발표된 보고서
012	knowledgeable guide	박학다식한 가이드
013	shipping charges	운송비
014	work hard	열심히 일하다
015	two forms of identification	두 가지 유형의 신분증
016	promptly at 7:00 P.M.	7시 정각에
017	place an advertisement	광고하다
018	welcome reception	환영회
019	apparent enthusiasm	분명한 열정
020	as a result of	~의 결과로서
021	the dedication of	~의 헌신
022	expand the business	사업을 확장하다
023	fascinating biography	매력적인 자서전
024	anticipated popularity	예상되는 인기
025	should arrive early	일찍 도착해야 한다
026	obtain permission	허가를 받다
027	be famous for	~로 유명하다
028	without delay	지체없이
029	personally responsible	개인적으로 책임이 있는
030	work more efficiently	더 효율적으로 일하다

DAY 02
1초 덩어리표현 600

031	relocate the company	회사를 이전하다
032	opportunity to join	참여할 수 있는 기회
033	even higher	훨씬 더 높은
034	have already submitted	이미 제출했다
035	within three days	3일 이내에
036	students who wish to	~하기를 원하는 학생들
037	located in Seoul	서울에 위치한
038	highly regarded	매우 존경받는
039	fair distribution	공정한 분배
040	familiarize yourself with it	그것에 익숙해지다
041	after acquiring	습득한 후에
042	confirm a reservation	예약을 확인하다
043	innovative technique	혁신적인 기술
044	valid coupon	유효한 쿠폰
045	be sure to include	꼭 포함하세요
046	extensive knowledge	폭넓은 지식
047	local farmers	지역 농부들
048	such as	예를 들면 ~와 같은
049	when designing	디자인할 때
050	authentic artifacts	진품의 공예품
051	extended hours	연장된 시간
052	unlimited access	무제한적인 접근
053	under the supervision of	~의 감독하에서
054	rigidly follow	엄격하게 따르다
055	contribute equally to	동등하게 기여하다
056	budgetary constraint	예산의 제약
057	implement a new policy	새로운 정책을 시행하다
058	in response to	~에 응하여
059	be requested to do	~하도록 요청받다
060	This laptop is guaranteed.	이 노트북은 품질이 보증된다.

부록

DAY 03
1초 덩어리표현 600

061	benefit from	이익을 얻다
062	respond to	~에 응답하다
063	each of the qualifications	각각의 자격조건들
064	confidential documents	기밀 문서
065	a letter of reference	추천서
066	recruit technicians	기술자를 채용하다
067	no change	변화가 없는
068	so understanding	매우 이해심 있는
069	her originality	그녀의 독창성
070	their own house	그들 소유의 집
071	as smoothly as possible	가능한 원활하게
072	acknowledge the receipt of	~을 받았음을 알리다
073	exhibit new works	새로운 작품을 전시하다
074	approximately 10 minutes	대략 10분
075	damaged luggage	파손된 수하물
076	easily accessible	쉽게 접근할 수 있는
077	temporarily suspended	일시적으로 중단된
078	refer to him	그에게 문의하다
079	meet the requirements	필수조건을 충족하다
080	consist of	~로 구성되다
081	review the documents	서류를 검토하다
082	financial consultant	재정 고문
083	valuable information	귀중한 정보
084	freelance professionals	프리랜서 전문가
085	place an advertisement	광고하다
086	rapidly approaching	빠르게 다가오는
087	conveniently located	편리하게 위치된
088	broaden the road	도로를 넓히다
089	despite the short deadline	짧은 마감일에도 불구하고
090	make a contribution	기여를 하다

DAY 04
1초 덩어리표현 600

091	strictly forbidden	엄격히 금지된
092	refrain from using	사용하는 것을 삼가하다
093	wish to pursue	추구하길 원하다
094	stain removal	얼룩 제거
095	strictly prohibited	엄격히 금지된
096	obtain a driver's license	운전 면허증을 획득하다
097	give it to me	그것을 저에게 주세요
098	make no exceptions	예외를 두지 않다
099	need assistance	도움이 필요하다
100	limited time	제한된 시간
101	the remainder of the week	그 주의 나머지 기간
102	complimentary tickets	무료 티켓
103	although S+V	비록 ~임에도 불구하고
104	no later than	~보다 늦지 않게
105	comfortable pace	편안한 속도
106	highly recommended	매우 추천받는
107	remind me of the fact	나에게 그 사실을 알리다
108	the development of vaccines	백신의 개발
109	by 6 PM	오후 6시까지
110	qualified applicant	자격을 갖춘 지원자
111	successful commercially	상업적으로 성공한
112	careful evaluation	신중한 평가
113	as a token of our appreciation	감사의 표시로써
114	his promotion	그의 승진
115	process more quickly	더 빠르게 처리하다
116	finally accept	마침내 수락하다
117	hesitant to apply	지원하기를 망설이는
118	throughout the year	일 년 내내
119	currently under construction	현재 공사 중인
120	quality control director	품질 관리 감독자

DAY 05
1초 덩어리표현 600

121	boost revenue	수익을 늘리다
122	due to a flight delay	비행 지연 때문에
123	in an effort to do	~할 노력으로
124	place an emphasis on	~에 대해 강조하다
125	surpass our expectations	우리의 기대를 능가하다
126	secure location	안전한 장소
127	Economists predict that ···	경제학자들은 예상한다
128	simply call me	그저 저에게 전화하세요
129	during your absence	부재중에
130	protective goggles	보호 안경
131	focus on	~에 집중하다
132	increase considerably	상당히 증가하다
133	promising candidate	유망한 후보자
134	not necessarily	반드시 ~하는 것은 아니다
135	highly critical	매우 비판적인
136	prominent architecture firm	저명한 건축 회사
137	necessary revisions	필요한 수정
138	appropriate place	적절한 장소
139	reliable product	믿을 수 있는 제품
140	than previously expected	이전에 예상했던 것 보다
141	later than expected	기대했던 것보다 더 늦게
142	public areas	공공의 장소
143	significant contribution	상당한 기여
144	host a celebration	축하행사를 주최하다
145	exceptional service	놀라운 서비스
146	specialize in	전문적으로 취급하다
147	without leaving	남기지 않고
148	every region	모든 지역
149	lower than anticipated	예상보다 더 낮은
150	ahead of schedule	일정보다 빠른

DAY 06
1초 덩어리표현 600

151	deliver a speech	연설을 하다
152	estimated time of arrival	도착 예정 시간
153	upon receipt of the parcel	소포 수령 즉시
154	at 7:00 A.M.	오전 7시에
155	conduct a survey	연구조사를 하다
156	enthusiastic support	열정적인 지원
157	will soon	곧 할 것이다
158	leading company	선도하는 회사
159	until it stops raining	비가 그칠 때까지
160	prompt payment	신속한 지불
161	sophisticated machine	정교한 기계
162	favorable reviews	호의적인 평가
163	agreeable schedule	알맞은 일정
164	able to accommodate	수용할 수 있는
165	your health	당신의 건강
166	the movie I saw	내가 봤던 그 영화
167	so persuasive that …	너무 설득력이 있어서
168	a letter of recommendation	추천장
169	written notification	서면 통지
170	beneficial effect	이로운 효과
171	within 24 hours	24시간 이내에
172	lasting impression	지속적인 인상
173	accidentally delete	실수로 삭제하다
174	a large selection of	매우 다양한
175	provided that	만약 ~라면
176	considerate man	사려 깊은 남자
177	leading distributor	선도적인 유통업체
178	speak to me	나에게 말해 주세요
179	the freshest vegetables	가장 신선한 야채
180	informative presentation	유익한 발표

부록

DAY 07
1초 덩어리표현 600

181	clearly displayed	명확히 게시된
182	due largely to	주로 ~때문에
183	outline the new strategy	새로운 전략을 요약하다
184	minimal effort	최소한의 노력
185	familiar with safety regulations	안정 규정에 익숙한
186	same-day delivery	당일 배송
187	host a celebration	기념행사를 열다
188	contact us	우리에게 연락하세요
189	the terms of employment	고용의 조건
190	nearly 50 years	거의 50년
191	before 9 A.M.	오전 9시 전에
192	in order to maintain	유지하기 위해서
193	to assist you	당신을 돕기 위해서
194	comply with the regulations	규정을 준수하다
195	be expected to do	~할 것으로 예상된다
196	sales representative	판매 직원
197	over the past six months	지난 6개월 동안
198	should supply	제공해야 한다
199	as his occupation	그의 직업으로써
200	formally approve	공식적으로 승인하다
201	for renovations	보수 공사를 위해
202	strict guidelines	엄격한 지침
203	as soon as I get there	내가 거기 도착하자마자
204	job openings	일자리
205	submit their resume	이력서를 제출하다
206	satisfactory wage level	만족스러운 임금 수준
207	cooperate with government	정부와 협력하다
208	A study indicates that …	연구조사에 따르면
209	designated areas	지정된 지역
210	provide participants with translation	참가자들에게 통역을 제공하다

DAY 08
1초 덩어리표현 600

211	additional information	추가적인 정보	
212	have yet to	아직 ~해야 한다	
213	in addition to	게다가	
214	not only A but also B	A뿐만 아니라 B도 또한	
215	register for the conference	회의에 등록하다	
216	excellence in communication	소통의 탁월함	
217	will be postponed	연기될 것이다	
218	strategically placed	전략적으로 놓여있는	
219	make it accessible	그것을 이용 가능한 상태로 만들다	
220	commercial use	상업적인 사용	
221	Starting on Monday	월요일부터	
222	redeemable gift certificate	교환 가능한 상품권	
223	The purpose of this report	이 보고서의 목적	
224	bold marketing strategy	과감한 마케팅 전략	
225	conveniently located	편리하게 위치된	
226	Delays are expected	지연이 예상된다	
227	at any ticket booth	어떤 매표소에서라도	
228	simplify matters	문제를 단순화하다	
229	be subject to	~하기 쉽다	
230	have successfully completed	성공적으로 마무리했다	
231	handle the problem himself	문제를 직접 처리하다	
232	become effective	효력이 발생하다	
233	excluding drinks	음료수를 제외하고	
234	including you	당신을 포함해서	
235	whereas	반면에	
236	consistently praise	끊임없이 칭찬하다	
237	directly report	직접 보고하다	
238	to construct a warehouse	창고를 짓기 위해서	
239	enclosed documents	동봉된 서류	
240	several concerns	여러 가지 우려들	

부록

DAY 09
1초 덩어리표현 600

341	investment analyst	투자 분석가
242	perishable items	부패하기 쉬운 물건
243	process patent applications	특허 신청을 처리하다
244	have the right to do	~할 수 있는 권리가 있다
245	submit the receipts	영수증을 제출하다
246	make payments	지불을 하다
247	be courteous	정중하세요
248	It is customary to	~하는 것의 관례이다
249	avoid operating simultaneously	동시에 작동하는 것을 피하다
250	fully refundable	완전히 환불 가능한
251	aggressively search	적극적으로 찾다
252	before leaving the office	사무실을 떠나기 전에
253	recognizable voice	알아볼 수 있는 목소리
254	for structural repairs	구조상의 수리를 위해서
255	closely review	면밀하게 검토하다
256	cooperative project	협력 프로젝트
257	skillfully design	솜씨 있게 디자인하다
258	accomplish the goals	목표를 성취하다
259	challenging task	도전적인 일
260	in observance of	~을 기념하여
261	ideally suited	이상적으로 적합한
262	affordable price	저렴한 가격
263	budget decision	예산 결정
264	defective merchandise	결함 있는 상품
265	provide customers with it	고객들에게 그것을 제공하다
266	be required to do	~하는 것이 요구된다
267	rise sharply	급격하게 오르다
268	Register today.	오늘 등록하세요.
269	consistently excellent	한결같이 훌륭한
270	The objective is to …	목적은 ~하는 것이다

DAY 10
1초 덩어리표현 600

271	highly qualified applicants	매우 자격을 갖춘 지원자들
272	either A or B	A 또는 B 둘 중 하나
273	excellent result	훌륭한 결과
274	continually improve	꾸준히 향상시키다
275	technical problem	기술적인 문제
276	responsible for	~에 대해 책임이 있는
277	before announcing	발표하기 전에
278	near the entrance	출구 근처에
279	As projected	예상한 대로
280	rewarding career	보람 있는 직업
281	as flexible as possible	가능한 융통성 있는
282	plan to increase	증가시킬 계획이다
283	increase dramatically	급격하게 증가하다
284	react promptly to	~에 신속하게 반응하다
285	by replacing	교체함으로써
286	will surpass	뛰어넘을 것이다
287	work very hard	매우 열심히 일하다
288	carefully examine	주의 깊게 조사하다
289	address vital issues	중요한 문제들을 해결하다
290	in the lobby	로비에서
291	reach an agreement	합의에 도달하다
292	personal information	개인 정보
293	surprisingly accurate	놀랍게도 정확한
294	distinctive taste	독특한 맛
295	can be purchased	구매될 수 있다
296	surprised at the news	그 소식에 놀란
297	relatively high	비교적 높은
298	trained mechanic	훈련받은 정비사
299	originally started	처음에 시작했다
300	following the final approval	최종 승인 후에

DAY 11
1초 덩어리표현 600

301	should be ordered	주문되어야 한다
302	at all times	항상
303	gladly replace	기꺼이 교체해 주다
304	a better alternative	더 좋은 대안
305	until further notice	추후 공지가 있을 때까지
306	according to our records	우리의 기록에 따르면
307	reasonable prices	적절한 가격
308	rarely affect	거의 영향을 주지 않는다
309	all participants	모든 참가자들
310	It is essential that	그것은 필수적이다
311	will be delayed	연기될 것이다
312	on a regular basis	정기적으로
313	her colleagues	그녀의 동료들
314	inspect the system thoroughly	시스템을 철저하게 점검하다
315	three decades ago	30년 전에
316	preferred means	선호되는 수단
317	eventually consolidated	드디어 통합되었다
318	monitor the process	처리과정을 감시하다
319	steady growth	꾸준한 성장
320	Funds were allocated	자금이 할당 되었다
321	habitually greet	습관적으로 인사하다
322	in a timely fashion	늦지 않고 제때에
323	attractive benefits	매력적인 혜택들
324	extensive knowledge	폭넓은 지식
325	frequently disrupted	자주 중단되는
326	on developing a new chair	새로운 의자 개발에 대해서
327	a degree in accounting	회계학 학위
328	should be prepared	준비되어야 한다
329	periodically check	정기적으로 점검하다
330	accommodate 500 passengers	500명의 승객을 수용하다

DAY 12
1초 덩어리표현 600

331	very profitable	매우 수익성 있는
332	generous donation	관대한 기부
333	ideal location	이상적인 장소
334	an alternative supplier	대안의 공급 업체
335	congratulate A on B	A에게 B에 대해서 축하하다
336	a leave of absence	휴직
337	recent survey	최근의 설문조사
338	incorporate A into B	A를 B에 포함시키다
339	outstanding expenses	미지불 비용
340	scientific journal	과학 학술지
341	adversely affect	악영향을 끼치다
342	a wide range of	매우 다양한
343	withstand the competition	경쟁을 견뎌내다
344	be appreciative of	~대해 감사하다
345	reschedule the appointment	약속을 변경하다
346	vacant position	빈자리, 공석
347	for further information	추가적인 정보를 위해서
348	declare bankruptcy	파산 선고하다
349	submit the entry	출품작을 제출하다
350	seating arrangements	자리 배치
351	work persistently	지속적으로 일하다
352	concerned about	~에 대해 걱정하는
353	outgoing personality	외향적인 성격
354	urgent need	긴급한 필요
355	open until 10 P.M.	저녁 10시까지 문을 여는
356	deserve a promotion	승진할 만하다
357	more productive way	더 생산적인 방법
358	sufficient time	충분한 시간
359	desirable place	매우 탐나는 장소
360	due to its accessibility	접근성 때문에

부록

DAY 13
1초 덩어리표현 600

361	a scheduling conflict	일정 충돌
362	interpret cautiously	조심스럽게 해석하다
363	depend heavily on	심하게 의존한다
364	attend the seminar	세미나에 참석하다
365	both A and B	A와 B 둘 다
366	right across from	바로 건너편에
367	not yet	아직
368	immediate supervisor	직속 상관
369	training session	연수
370	impressive qualifications	인상적인 자격요건
371	the majority of	대다수의
372	in compliance with	~을 준수하여
373	decline the invitation respectfully	공손하게 초대를 거절하다
374	progress steadily	꾸준하게 진행되다
375	a significant increase	상당한 증가
376	It's likely to rain.	비가 내릴 것 같다
377	possible outcome	가능한 결과
378	in times of prosperity	번영의 시기에
379	reliable analysis	신뢰할 만한 분석
380	revised copy	수정된 복사본
381	will be assigned	할당될 것이다
382	will be divided equally	똑같이 분배될 것이다
383	of all the applicants	모든 지원자들 중에서
384	the release of a new film	새로운 영화의 공개
385	will be paid electronically	전자적으로 지불 될 것이다
386	has been promoted	승진되었다
387	in a timely manner	제때에
388	notify you of my resignation	당신에게 나의 사직에 대해서 알리다
389	must be reviewed	검토 되어야한다
390	competitive prices	경쟁력 있는 가격

DAY 14
1초 덩어리표현 600

391	traffic congestion	교혼 혼잡
392	briefly visit	잠시 방문하다
393	renowned businessman	저명한 사업가
394	must be corrected	수정되어야 한다
395	will be temporarily closed	일시적으로 문을 닫을 것이다
396	show gratitude	고마움을 표시하다
397	exact date	정확한 날짜
398	was founded	설립되었다
399	enroll in the seminar	세미나에 등록하다
400	creative contributions	독창적인 기여
401	The event concluded.	이벤트가 끝났다
402	intended to facilitate	촉진하려고 의도된
403	demonstrate ability	능력을 보여주다
404	notable improvements	주목할 만한 향상
405	hold a conference	회의를 열다
406	take into account	고려하다
407	the terms of contract	계약 조건
408	be satisfied with	~에 만족하다
409	retain the receipt	영수증을 보관하다
410	accept donations	기부를 받다
411	There are cancellations.	취소가 있다
412	exceed ten pages	10페이지를 넘다
413	the terms of agreement	계약의 조건
414	poor performance	형편없는 실적
415	intended to do	~하려고 의도된
416	recently appointed manager	최근에 임명된 매니져
417	contact the manufacturer	제조업체에 연락하다
418	exclusively to members	오직 회원들에게만
419	experienced consultant	경험 많은 상담가
420	before consulting	상담하기 전에

DAY 15
1초 덩어리표현 600

421	on his own	그 혼자 힘으로
422	entertainment on cruise ships	유람선상의 오락물
423	in spite of	~임에도 불구하고
424	updated version	개정된 버전
425	reduce the costs	비용을 줄이다
426	be scheduled to depart	출발하기로 되어 있다
427	persuasive leader	설득력 있는 리더
428	adequately trained	충분히 교육받은
429	business proposal	사업 제안서
430	They announced that	그들은 발표했다
431	lean against the wal	벽에 기대다
432	before you leave	당신이 떠나기 전에
433	weather conditions	기상 상태
434	prior to installing	설치하기 전에
435	strategic acquisition	전략적인 인수
436	thorough investigation	철저한 조사
437	comply with the law	법을 준수하다
438	allow A to do	A가 ~할 수 있도록 허용하다
439	a large variety of	매우 다양한
440	detailed information	상세한 정보
441	As noted	언급된 것처럼
442	complicated issues	복잡한 문제
443	be encouraged to do	~하도록 권장된다
444	in blue	푸른색으로
445	We are pleased to	우리는 ~하게 되어 기쁩니다
446	the approval of pay raises	급여인상의 승인
447	order office supplies	사무용품을 주문하다
448	all purchases	모든 구매품들
449	safety regulations	안전 규정
450	economical use	경제적인 사용

DAY 16
1초 덩어리표현 600

451	It is advisable to	~하는 것은 바람직하다
452	complete the questionnaire	설문지를 작성하다
453	Because this is …	왜냐하면 이것이…
454	main responsibilities	주요 업무들
455	allow A to do	A가 ~할 수 있도록 허용하다
456	preventive measures	예방 조치
457	register for	등록하다
458	a diverse range of	다양한 범위의
459	distinct signature	뚜렷한 서명
460	He informed us that …	그가 우리에게 알렸다
461	be able to do	~할 수 있다
462	exclusive rights	독점적인 권리
463	commitment to	~에 대한 헌신
464	offer us dinner	우리에게 저녁을 제공하다
465	Please note that	주목해 주세요
466	confidential information	기밀 정보
467	forward the results	결과를 전송하다
468	compensation for delays	지연에 대한 보상
469	promotional products	판촉 상품
470	receive compliments	칭찬을 받다
471	due to	~때문에
472	without permission	허락 없이
473	must be filled out completely	완전하게 작성되어야 한다
474	neither A nor B	A도 B도 어느 것도 아니다
475	tentative schedule	임시 스케줄
476	numerous complaints	수많은 불평들
477	brief survey	간단한 설문조사
478	specific instructions	구체적인 지시사항
479	capable of teaching	가르칠 수 있는
480	than originally predicted	원래 예상했던 것 보다

부록

DAY 17
1초 덩어리표현 600

481	While I stayed	내가 머무는 동안
482	be responsible for	~에 책임이 있다
483	at the owner's expense	소유주의 비용으로
484	frequent complaint	빈번한 불평
485	take on the coordination	통합 조정을 떠맡다
486	on behalf of	~를 대신해서
487	travel itinerary	여행 일정표
488	a lack of funding	자금의 부족
489	at no extra charge	추가 비용 없이
490	give assurance	확신을 주다
491	predictable plot	예상할 수 있는 줄거리
492	amazing story	놀라운 이야기
493	regularly water	정기적으로 물을 주다
494	prescribe the medication	약을 처방하다
495	was mistakenly reported	실수로 보도되었다
496	in an effort to improve	증가시킬 노력으로
497	Our study indicates that …	우리의 연구조사에 따르면
498	reduced hours	줄어든 시간
499	in order to enter	들어가기 위해서
500	offer discounts	할인들을 제공하다
501	applicants who are interested in	~에 관심이 있는 지원자들
502	was initially rejected	처음에는 거절되었다
503	in preparation for	~의 준비를 위해서
504	thoroughly inspect	철저하게 조사하다
505	are required to do	~하는 것이 요구된다
506	overwhelmingly positive	압도적으로 긍정적인
507	will convene	모일 것이다
508	tough challenges	어려운 도전들
509	suggest reading	읽을 것을 제안하다
510	more attentively	더 주의 깊게

DAY 18
1초 덩어리표현 600

511	It is vital that …	～하는 것이 필수적이다
512	increasingly popular	점점 더 인기 있는
513	throughout the country	전국에 걸쳐서
514	many surveys	많은 설문조사들
515	unless accompanied by	만약 동반하지 않으면
516	financial conditions	재정적인 상태
517	restricted to authorized personnel	인가받은 직원들에게만 제한된
518	answer the telephone	전화를 받다
519	initial stage	초기의 단계
520	attached instructions	첨부된 설명서
521	written authorization	서면 허가
522	Since the weather is nice	날씨가 좋으니까
523	employee productivity	직원 생산성
524	an estimate of the cost	비용에 대한 견적서
525	eligible for promotion	승진할 자격이 있는
526	even stronger	훨씬 더 강력한
527	dedicated to	～하는 것에 헌신적인
528	has been reserved	예약 되었다
529	a noticeable rise	눈에 띄는 증가
530	acquire the property	부동산을 매입하다
531	deliberate efforts	의도적인 노력
532	under construction	공사 중인
533	energetic worker	활기찬 직원
534	It is necessary to do	～하는 것이 필요하다
535	automatic cameras	자동 카메라
536	will be implemented	시행될 것이다
537	announce to investors	투자자들에게 알리다
538	There is some confusion.	약간의 혼란이 있다
539	will be automatically deposited	자동적으로 입금될 것이다
540	Although S+V …	비록 ～임에도 불구하고

부록

DAY 19
1초 덩어리표현 600

541	convincingly present	설득력 있게 제시하다
542	in accordance with	~에 따라 준수하여
543	severely damaged	심하게 손상된
544	accomplished author	유명작가
545	commitment to the company	회사에 대한 헌신
546	unanimously select	만장일치로 선택하다
547	revised advertising strategy	수정된 광고 전략
548	the expansion of market share	시장 점유율의 확장
549	apologize for any inconvenience	어떤 불편에 대해서도 사과드립니다
550	owing to	~때문에
551	within walking distance	걸어갈 수 있는 거리에
552	proceed steadily	꾸준히 진행되다
553	resolve customer complaints	고객 불만을 해결하다
554	committed to offering	제공하는데 전념하는
555	valid receipt	유효한 영수증
556	approve a building plan	건축 계획을 승인하다
557	many friends and acquaintances	많은 친구들과 지인들
558	concerned about the security	보안에 대해 걱정하는
559	is being repaired	수리되고 있는 중이다
560	enter the data accurately	자료를 정확하게 입력하다
561	respectfully decline the invitation	정중하게 초대를 거절하다
562	must be written expressly	명확하게 작성되어야 한다
563	popular tourist attractions	인기있는 관광명소
564	precisely at 9 o'clock	9시 정각에
565	sales performance	판매 실적
566	all participants	모든 참가자들
567	Those who	~하는 사람들
568	each of the passengers	각각의 승객들
569	well publicized	잘 홍보된
570	among the candidates	지원자들 중에서

DAY 20
1초 덩어리표현 600

571	information regarding the procedures	절차에 대한 정보
572	feature authentic artworks	진품들을 특별히 포함하다
573	are invited to participate	참석하도록 요청받는다
574	If you are interested in	만약 ~에 관심이 있다면
575	have not finalized	아직 마무리하지 못했다
576	It is imperative that …	~하는 것이 필수적이다
577	ability to gain confidence	신뢰를 얻을 수 있는 능력
578	is scheduled to do	~하기로 되어 있다
579	look forward to hearing	소식 듣기를 기대합니다
580	are invited to attend	참석하는 것이 권장된다
581	authorized service center	공인된 서비스 센터
582	a generous amount of time	넉넉한 양의 시간
583	advances in medical technology	의료 기술의 발전
584	fully equipped with	~을 완벽하게 갖춘
585	terms and conditions	계약 조건
586	any person involved in the case	그 사건에 연루된 사람
587	If you should have any problem	만약 혹시 질문이 있으면
588	new approaches	새로운 접근법
589	Enclosed is a resume.	이력서가 동봉되어 있습니다.
590	products' marketability	상품들의 시장성
591	well respected	매우 존경받는
592	long-term stability	장기간의 안정성
593	accommodate many spectators	많은 관중을 수용하다
594	accept nominations	후보 추천을 받다
595	depend on the shipping method	배송 방법에 달려있다
596	open a new wellness facility	새로운 의료 시설을 열다
597	Dr. Bella established herself.	벨라 박사는 자신의 자리를 확고히 잡았다.
598	at least	적어도
599	on display	진열 중인
600	as a correspondent	특파원으로서

부록

 Epilogue

토익 점수가 빨리 오르지 않는 이유는 틀린 문제에 대한 충분한 분석 없이 그냥
정답만 빨리 채점하고 넘어가기 때문이다.

- 감으로 찍어서 맞췄는지
- 시간이 부족해서 틀렸는지
- 해석이 되지 않아서 틀렸는지
- 잘못 생각해서 실수로 틀렸는지
- 문제의 의도를 잘 몰라서 틀렸는지

즉, 자신이 왜 틀렸는지 충분한 시간을 가지고 문제점을 분석 하고 이유를 찾아
보는 과정이 중요한데, 그냥 단지 정답 확인만 하고 넘어가는 수준에서 공부하
게 된다. 그날 많이 맞으면 기분 좋고, 많이 틀리면 그냥 기분 나쁘고 또 좌절하
게 되고…. 토익 공부에도 거쳐야 하는 단계가 있다.

토익 점수를 효과적으로 빨리 점수를 올리기 위해서는 이 세 단계를 거쳐야 한
다. 문제를 충분히 분석하는 중간 과정 없이 바로 정답만 확인하고 또 다른 새로
운 문제만 많이 풀기 때문에 점수가 쉽게 오르지 않는다. 많은 문제를 풀어서 감

각을 유지하는 것은 어느 정도 토익 점수가 나오는 고득점자들이 해야 할 방식이다.

테스트 후 바로 정답을 확인하려는 유혹을 버리자. 시간이 조금 많이 걸리고, 틀린 문제를 대할 때마다 좌절감도 많이 들 것이다. 충분한 시간을 가지고 다시 한번 문제를 풀어 보고 정답 확인과 해설을 참고하는 습관을 들이자. 이때 틀린 이유를 문제 옆에 간단히 메모를 해 두고 시간이 날 때마다 계속 반복해서 보자.

해설을 봐도 이해되지 않는 문제는 반드시 질문을 통해서 확실히 이해하고 넘어가야 한다. 그리고 틀린 문제는 한번만 보고 넘어가면 절대로 안 된다. 어떤 방식으로든 그 문제가 자신의 것이 될 때까지 주기적으로 반복해서 복습해야 한다. '반복이 중요하다.

토익 점수를 빨리 올리고 싶다면? 그럼 틀린 이유를 충분히 분석하고 질문을 통해서 막힌 부분을 하나씩 뚫어 나가자. 15년간 전문 토익강사로 활동하면서 가지고 있는 모든 노하우를 초간단 토익 시리즈와 유튜브 동영상 강의를 통해서 아낌없이 무료 공개할 예정이다. 토익 공부를 하다가 모르는 문제가 있거나 도움이 필요하다면 저자의 공식홈페이지 (www.supersimpletoeic.com)으로 와서 질문을 하길 바란다. 단지 토익점수 하나 때문에 원서조차 쓰지 못하는 일이 여러분들에게 일어나서는 절대 안 된다.

저자 Mr. 슈퍼 심플 토익